天津市高等学校创新团队

（政治文化传承与政治文明建设）

培养计划资助

比较政治研究

Comparative Political Studies

第三辑

常士閛　高春芽　张三南　主编

天津出版传媒集团

天津人民出版社

图书在版编目（CIP）数据

比较政治研究. 第三辑 / 常士誾，高春芽，张三南
主编. -- 天津：天津人民出版社，2020.12
ISBN 978-7-201-16864-7

Ⅰ. ①比… Ⅱ. ①常… ②高… ③张… Ⅲ. ①比较政
治学－文集 Ⅳ. ①D0-53

中国版本图书馆 CIP 数据核字(2020)第 243899 号

比较政治研究·第三辑
BIJIAO ZHENGZHI YANJIU DISANJI

出　　版	天津人民出版社
出 版 人	刘　庆
地　　址	天津市和平区西康路35 号康岳大厦
邮政编码	300051
邮购电话	(022)23332469
电子信箱	reader@tjrmcbs.com
策划编辑	王　康
责任编辑	林　雨
特约编辑	安　洁
装帧设计	明轩文化·魏程程
印　　刷	天津新华印务有限公司
经　　销	新华书店
开　　本	710 毫米×1000 毫米　1/16
印　　张	15.75
插　　页	2
字　　数	240 千字
版次印次	2020 年 12 月第 1 版　2020 年 12 月第 1 次印刷
定　　价	78.00 元

序

徐大同

综观人类历史,政治制度是反映一个社会治乱或兴衰、文明或腐朽的重要标志。自进入文明社会以来,人类对优良的生活一直孜孜以求。柏拉图的《理想国》、亚里士多德的《政治学》和《雅典政制》无不在探讨什么是"善",以及达至"善"的方式,进而阐述或设计了诸多理想的政治生活。在此过程中,希腊的贤哲已经为比较政治研究提供了大量的实例和资料。之后各世代、各国的学者也有关于比较政治研究的论述,但比较政治学成为一门独立学科和"科学"是在第二次世界大战以后。随着行为主义实证科学的流行以及战后摆脱殖民地压迫的新兴国家的出现,大批政治学者开始从比较的角度研究政治和发展的关系问题,发展至今,西方的比较政治学研究视域也大大扩展,研究体系也日趋完善和科学。

同样,中国人自古以来也有关于"小康社会"和"大同社会"的理想,并在实践中形成了自己独具特色的政治制度,在古代文明中处于领先地位,成为周边邻国乃至西方国家学习的榜样。只是到了近代,传统的政治制度不能适应世界的变化和需要,最终不能抵御西方列强和邻国的侵略。在中西政治文明的碰撞中,先进的中国人尝试过多种制度和理论的实验,西方世界的器物、政治以及其他制度和思想都曾被认为是救亡图存的良药。歧路的代价最终磨炼和提高了中国人的比较和甄别能力,最终中国人民选择了马克思列宁主义,建立了符合中国国情的社会主义制度。虽然我们走过一些弯路,但历史证明了马克思主义指导下的中国特色社会主义制度具有无比强大的生命力和优越性。我们仍旧要坚定不移地走中国特色社会主义道路,坚持道路自信、理论自信和制度自信。只有坚持这条道路,才能够实现中华民族的伟大复兴。要更好地坚持这条道路,就必须加强理论的研究和学习。

就当代而言,世界上各种主义百家争鸣,民族政治制度各具特色,又皆有利弊得失,我们要善于借鉴世界上一切先进的东西,其中包括政治制度和政治思想。对各种政治思想和制度开展比较研究,将有益于我们取其精华,以丰富、发展我们的社会主义制度。

值此《比较政治研究》论辑出版之际,我有幸受邀为本辑作序。在耄耋之年,能目睹天津师范大学政治与行政学院在比较政治学领域开创出一片新天地,我深感欣慰。借此机会,希望学术同人能一起努力、互相切磋,以中国的国情为出发点,以适应中国现代化建设需要为目的,借鉴国外比较政治研究的理论,发展我们中国自己的比较政治学理论,从而为实现中华民族的伟大复兴贡献出我们一份绵薄的力量。

是为序。

2014 年 12 月 1 日

目 录

比较政治学理论研究

民族国家研究

后冷战时期新加坡国族巩固问题研究[*]

常士闿

（天津师范大学政治文化与政治文明建设研究院）

[内容摘要]新加坡为东南亚四小龙之一,也是多民族国家。自 1965 年 8 月独立以来,在人民行动党的领导下,新加坡在经济发展和现代化发展进程中,实现了民族和谐和政治稳定。国族在坚实的经济基础上建立起来;冷战以后,面对国内外多元文化的挑战,新加坡通过共同价值的塑造和民主政治的建设等有效的措施,维护和巩固了新加坡国族。本文通过以国家的一体化和凝聚力为基本的理论基础,对新加坡国族巩固问题进行了分析和研究。

[关键词]后冷战　国族　共同价值　民主

大多数发展中国家独立于冷战时代。在这样一个时代诞生的发展中国家,在国家建构上都不同程度地存在外交和政治上的选边站问题,也即选择社会主义苏联模式抑或是选择以美国为代表的西方模式的问题。冷战结束后,苏联的解体和美国的霸权国家力量的上升,都不同程度地给独立后的国家带来不同程度的影响,尤其对那些内部族际关系复杂紧张的国家影响更为深刻。南斯拉夫一分为五,捷克斯洛伐克一分为二,巴尔干半岛也处在急

---

* 本论文为作者主持的国家社会科学基金重点课题《多民族发展中国家政治整合经验教训及其对我启示研究》（课题号 18AZZ001）成果之一。

剧的变革之中,就连地处亚洲战略要冲的新加坡也深感压力。在这样一个由多个种族组成的国家会不会也出现东方的"巴尔干"? 然而,新加坡继续保持了国族的巩固。是怎样的机制使新加坡实现了这样一个奇迹? 这也是本文所要回答的问题。

一、从国族建构走向国族巩固的新加坡

新加坡本是马来人的一个小渔村,19世纪英国殖民者到达这里,利用这里得天独厚的天然良港条件建立了殖民地。二战后,新加坡已经发展成为东南亚的一个较为富裕的地方。1959年,新加坡成立自治邦,1963年加入马来西亚联邦,1965年8月9日脱离马来西亚联邦独立。

独立初期的新加坡主要由华人、马来人、印度人和其他种族组成,其中华人占人口多数,约为76%。与世界上的大多数国家相比,新加坡建国时,国家本来就是在现有国家或政权的基础上建立起来的,带有典型的国族国家特点。吉登斯(Anthony Giddens)曾指出:"在多数后殖民民族－国家中,'民族'的出现并不先于国家,所以这些国家常常不无道理地被称作为国族。"①什么是"国族国家"? 对此有不同的认识。林茨(Juan J. Linz)在总结美国等西方国家和发展中国家的建国经验时指出,只有在同质性的民族－国家中才能建立起公民的高度认同和忠诚,但在多民族国家中是不可能的。而适合于多民族国家的则是一种"国家－民族(state－nation)"②。在此,美国和瑞士最为典型。在南亚印度,尼赫鲁妥善处理了国内存在的族际紧张关系,并在"1950年代和1960年代早期就成为一个民主的'国家－民族(state－nation)'。但是,如果印度教民族主义者在1990年代赢得了政权,而且企图把这个拥有1.1亿穆斯林人口的国家变成印度民族－国家,那么毫无疑问,公共暴力将会增加,印度的民主受到严重的威胁"③。

---

① [英]安东尼·吉登斯:《民族—国家与暴力》,胡宗泽等译,生活·读书·新知三联书店,1998年,第321页。

②③ [美]胡安·J. 林茨:《民主转型与巩固的问题:南欧、南美和后共产主义欧洲》,孙龙等译,浙江人民出版社,2008年,第36页。

朱伦在《五十国民族政策研究》中指出：应把学界很多人惯用的民族（nation）译作"国族"，"民族主义"就是"国族主义"。① 因而民族－国家就是"国族－国家"。在这里，国族是一个主体。构成这一主体的可能是一个同质的民族，也可能是由不同民族成员组成的。与之不同的是，周平教授侧重于从国家监督层面认识"国族"，指出"国族是指取得了国家形式（或国家外衣）的民族"。并认为："国族的根本特性并不是历史文化特性，而是国家特性或政治特性。但国家并不是抽象的，而是具体的，是某个民族国家的国族。在这里，'国家权力与占有一块领土合并在一起'，因此，国家因素既是国族形成的根本条件，也是解释国族的根本性因素。"②笔者认为，国族实质上就是由有着不同族群背景的公民身份的人组成的独立的国家。

在国族这样一个政治共同体中，其一，不管成员的族群身份如何，都拥有了共同的国民身份，在对外身份识别中，以国名为限制词，称其为某某国的人，如新加坡人；其二，不同族群都隶属于一定政权和法律的管辖；其三，以国立族，而不是如早期欧洲的民族国家那样，以族立国。

新加坡建国时正是凭借人民行动党的力量，运用国家权威，将具有不同种族背景的族群纳入了政府的管辖范围。是时，新加坡存在各种困难和挑战，在人民行动党的领导下，新加坡逐渐从独立初期的困难局面中走出来，到80年代中期，新加坡创造了举世瞩目的经济奇迹，1966—1984年其年均经济增长率超过9%，人均国民生产总值由1959年的405美元增加到1994年的1.83万美元，名列世界第12位，成为闻名遐迩的"亚洲四小龙"之一。

新加坡的发展为新加坡的国族建设提供了坚实的物质基础，但站立起来的新加坡依然存在自身的问题。早在1968年9月，新加坡从马来西亚独立出来不久，李光耀就指出："所有的新国家都面临着确定身份的严重问题，因为在他们从殖民政权承袭下来的疆界内，往往居住着许多种族或部族。我们问一问自己：什么是新加坡人？起先我们不想做新加坡人。我们想成为马来西亚人。这种想法发展了，于是我们决心成为马来西亚人。但是，在

---

① 朱伦主编：《五十国民族政策研究》，中国社会科学出版社，2018年，第1页。
② 周平：《多民族国家的政治整合》，中央编译出版社，2012年，第238页。

成为马来西亚人的 23 个月中,马来西亚各党派都经受一种困难,我们终于又成为新加坡人……新加坡人是一个出身、成长或居住在新加坡的人,他愿意维持现在这样一个多元族群、宽宏大量、乐于助人、向前看的社会,并时刻准备为之献出生命。"①

虽然新加坡建国后取得的不菲成就为各个不同民族共存提供了基础,但现代化的发展,多元文化的发展和影响,尤其是西方文化价值观的影响,国族的巩固依然是一个艰巨的任务。李光耀在谈新加坡时指出:"一个真正的国家,是人民不分种族、宗教,团结一致,必要时愿意为彼此牺牲。但新加坡是在人民没有共同点的基础上建立的,今天的'新加坡人'只算是个概念,然而是一个脆弱的国家,也是还在创造中的国家。"②新加坡面临着国族巩固的新问题。李光耀道出了新加坡的矛盾,即形式上,新加坡获得了国家的外在形式,国族因国而成"族",而这个"族"的内部却是由异质的族群组成的。它在名义上成为国家,而实际内容,也就是文化和认同上的联结存在着种种脆弱性。英国学者梅奥尔(James Mayall)在总结世界上多数国家问题后指出:"世界的大多数国家都仅仅是名义上的民族国家。换言之,在他们的国家权威体系与大众的情感和政治忠诚之间往往只存在非常细微的连接。"③尤其冷战结束后,东欧巴尔干现象④在世界上不少国家发酵,影响深远,新加坡虽然有了自己的国家主体,但如何使多元的民族群体的团结得以巩固,不至沦为东方的"巴尔干"? 也就成为后冷战时代新加坡国族建构的一个重要问题。

---

① [英]亚力克斯·乔西:《李光耀》,上海人民出版社,1976 年,第 367 ~ 368 页。
② 新加坡国家档案馆编:《李光耀执政方略》,人民出版社,2015 年,第 120 页。
③ [英]詹姆斯·梅奥尔:《民族主义与国际社会》,王光忠等译,中央编译出版社,2009 年,第132 页。
④ 巴尔干现象:地理上巴尔干半岛(Balkan Peninsula)是一个历史和地理上的名词,用以描述欧洲的东南隅位于亚得里亚海和黑海之间的陆地,详细的范围有不同说法。巴尔干一词由土耳其语的"山脉"一词派生出来的。巴尔干又有"欧洲火药桶"的绰号。在巴尔干地区,几乎所有的国家都居住着不同宗教和不同文化的少数民族,所谓"你中有我,我中有你"。一方面,由于政权的更替,许多少数民族的角色发生了变化,一些原来的统治者成为被统治者,而一些原来的被统治者则成为统治者,位置的变换,造成心态的极度变化,报复与仇视心态广泛存在。另一方面,长期的战争与动乱,更使巴尔干地区国家和人民之间的仇恨与不信任情绪进一步加深。近代以来,这块土地频繁发生战乱,并且每一次战争,都对欧亚大陆的地缘政治格局产生了重大的影响。

二、共同价值：一种超民族的精神纽带

新加坡于 1965 年 8 月独立。之后，推行出口导向型战略，重点发展劳动密集型的加工产业，在短时间内实现了经济腾飞，一跃成为全亚洲最富裕的国家，被誉为"亚洲四小龙"①之一。新加坡取得如此骄人的成绩，不仅在于新加坡政府强有力的管理，与新加坡所坚持的价值观也有着密切的联系。

新加坡位于东南半岛顶端。作为一个小国，内有多个种族，其中华人数居优。19 世纪初，地处中国大陆东南沿海的华人漂洋过海来到这一海岛，也把儒家的理念带到这里，在英国殖民统治的地方开始扎根和延续。在印度人和马来人文化存在的社会中，成为一种影响巨大的文化价值。独立后的一段时间中，李光耀等人力推儒家文化，在华人社会中获得了相当的影响。由于儒家思想重"群"，强调"和而不同"的包容精神，与印度文化和马来文化存在着某种异曲同工之处。尽管儒家文化的尊崇者人数居多，但不等于这种文化就是整个新加坡的文化。在新加坡的文化中，印度文化和马来文化都有各自的信众。在一个多民族国家中如果推行某个民族的文化而忽视其他民族的文化，势必带来民族群体之间的冲突。新加坡价值观念的特点恰恰就是它的兼容性，也就是作为一种超越种族之上的"共同价值"，具有兼容性，对国家的所有种族具有普遍性。

其实，在建国之初，新加坡政府就意识到新加坡面临着移民社会存在的风险。因为在移民社会中，移民本身来源于不同的文化背景的国家，而且移民的主要特点在于逐利。天下熙熙皆为利来，天下攘攘，皆为利去。不同种族的人之所以移民到新加坡，皆因利益驱动。因而在利益影响下的不同族群对新加坡缺乏应有的国家认同。显然，移民环境下的新加坡外散之心有之，内聚之心不足。李光耀曾经把新加坡比作虾米，而周边的国家是鱼，身处危险的环境中，团结使国家获得生存，内斗则易带来各个击破。为了实现

---

① 亚洲四小龙指亚洲的中国香港、中国台湾、新加坡和韩国。这些国家推行出口导向型战略，重点发展劳动密集型的加工产业，在短时间内实现了经济的腾飞，成为全亚洲最富裕国家。

民族团结,首先就要做到人心齐。实际上建国之初,新加坡政府就要求在重大场合国民要通读国民信约,以培养新加坡公民履行国家义务的观念,以增强国家的凝聚力。新加坡政府在总结老一代人所具有的优良精神的基础上,于1991年1月15号通过国会颁布了《共同价值观白皮书》,其内容为:国家至上,社会为先,家庭为根,社会为本;社会关怀,尊重个人;协商共识,避免冲突;种族和谐,宗教宽容。在这样一个"共同价值观"中,国家和社会作为两个重要的德目处在优先地位上。因为国家和社会是个人和民族群体的最终的归宿。在现代社会中,个人可以选择国家,如移民,但不能离开国家。个人可以有自己的个性,但不能离开社会;而就社会而言,家庭是社会成员的诞生和成长之地。而处在社会中的成员无论是个人还是民族群体都以和谐为基本要求,遇到矛盾冲突,共商解决而不是零和博弈。

新加坡提出"共同价值观"的时代是在20世纪90年代。冷战结束,西方为其价值观的胜利欢呼雀跃,美国学者福山发表了《历史的终结》,宣称从此以后,世界将归向"自由民主"①,一切与这一政治体制相悖的其他体制最终将走向失败,唯有选择西方的体制才有光辉的前景。在这一个背景下,由新加坡和马来西亚政府首脑最初提出的"东亚价值"观受到了来自西方的批判。各种著作和论文在对亚洲价值观的批判中,自然也对新加坡的"共有价值"提出了种种质疑和否定。比如新加坡的共有价值观不过是威权政府为了维护其统治的一种社会意识形态,是为专制寻找借口。②

然而90年代的世界是一个处在急剧变革的时代,最为典型的莫过于苏联和东欧国家的剧变,其中一个重要的方面就是放弃了原来的意识形态和价值观。众所周知,在一个多民族国家中,同质性的"质"并不会自发的产生。这里的"质"在同质性的民族那里主要体现为"种族"和"血缘"。因为"同质(homogeneity)"就是从"同基因"的角度设立的。而在多民族国家中,这个"质"存在着差异,但不是不能改变的,即可能由于"种"的不同,长期受到思想和文化观念的影响,而在心理和精神气质上发生变化。今天的拉丁

---

① [美]弗朗西斯·福山:《历史的终结》,远方出版社,1998年,第385页。
② 转引自金英君:《"亚洲价值观"之争:现代化进程中价值本土化的合法性研究》,北京大学出版社,2015年,第7页。

美洲国家即为代表,其经过一个长期的文化、心理和日常生活等诸多方面的塑造过程。而对于一个年轻的国家,尚且又处在各种多元文化,特别是西方文化影响的国家而言,后加的价值观和精神方面的塑造就产生了重要的作用。当苏联和东欧国家放弃了原有的价值观,社会陷入为多元价值观捆绑的状态,原生的民族的或种族情感就会油然而生,族群民族主义、极端民族主义和分裂主义乘势而起。苏联和东欧国家的悲剧不能不对那些多民族的发展中国家造成重要的影响,同时也引起了处在地缘政治夹缝中的小国新加坡领导人的思考。李光耀在回应西方的攻击时指出:"外界力量是每一个成员都无法控制的,他们会激起离心力,打击亚细亚的团结。外界力量也可能触发内部的连锁反应,足以推翻任何的现政权,并且把过去几十年的成就一笔勾销。"①

在一个多民族国家中,更换价值观,解构国家和政治认同,容易带来国家失去灵魂和精神支柱,甚至带来国家的解体。因此建立一种超越不同种族的"国家文化"成了实现国家凝聚力的关键。新加坡前高级部长拉惹勒南指出:在"一个多元族群的社会里,必须关注如何去创建一个各族共有的国家文化的问题。新加坡很需要一个和谐安定的文化环境。在这种文化环境中,各种不同族群和不同特色的文化能够生存,而且能在和平的状态中茁壮成长,彼此互为影响、吸收、相结合,而至逐渐自然地形成一种整体的国家文化。这是我们长远的最高理想"②。正是在这种价值观的影响下,新加坡利用不同的形式,努力培育公民文化,并力求通过长期实践培育起一个支持国家的族体——"新加坡人"。

共同价值落实在制度上,新加坡政府发展了组屋制度。1989年,政府颁布了"种族融合政策"。规定在各区内的组屋单位按人口比例分配给不同种族居民。③ 此后曾有工人党对此项政策提出反对意见。对此建房局指出:"一些国家暴乱情况显示,如果各族群形成自己的社区,这将很容易挑起各

① [新加坡]李光耀:《李光耀40年政论选》,现代出版社,1994年,第555页。
② 冯仲汉专访:《新加坡总理公署前高级部长拉惹勒南回忆录》,《新明日报》(新加坡)有限公司,1991年,第119页。
③ [新加坡]吴元华:《新加坡良治之道》,中国社会科学出版社,2014年,第166页。

族之间的紧张关系。废除组屋种族比例政策是危险的做法。这样做将造成我们的组屋区、学校、邻里商店、社区和康乐设施以种族分化,最终政治也是如此。"①不仅如此,新加坡也在原有的人民协会制度的基础上,进一步扩大了这一机制的内容。2010 年在纪念人民协会成立 50 周年的晚宴上,李显龙总理指出:"即使是 50 年后的今天,维护社区凝聚力仍是重要的任务。"②由于人民协会制度关系到共同价值的实现,是国家实现向社会的渗透并影响社会,实现民族团结的重要机制。伴随着新加坡社会不同族群相互嵌入机制的形成,各种事务越来越复杂。进入 21 世纪以来,东南亚也出现了宗教极端主义、民族分离主义和国际恐怖主义,并向新加坡蔓延。"9·11"事件及其随后美国发动的反恐战争,促使一些穆斯林极端主义者将东南亚作为他们关注的地方。尽管新加坡在此方面没有受到更大的冲击,但为了巩固新加坡国族安全,新加坡在强化反恐机制的同时,也注意加强了与各族群和宗教领袖的对话。2002 年,吴作栋提出在新加坡建立"族群互信圈"的政策建议并将其变成了一种政策实践。具体内容就是将选区内的不同族群、各种宗教的信徒以及社区、教育和商业组织的领袖吸纳进"族群互信圈"中。其任务就是促进各种宗教以及社区之间的沟通,避免让诸如恐怖行为等外来因素破坏社会和谐和族际关系。

三、核心渗透:党群关系建设

一个国家能够凝聚在一起,一个强健的纽带是重要机制,其中,一个强健的权威是重要的保证。在此方面,新加坡的人民行动党则是代表。该党成立于 1954 年,1965 年新加坡从马来西亚独立后,人民行动党成为执政党,一直领导着新加坡的国家建设和发展。到 20 世纪 90 年代,人民行动党将新加坡变成了亚洲首屈一指的发达国家。然而在取得成就的同时,无论是人民行动党党首还是后来的领导人吴作栋和李显龙,都保持了清醒的认识。

---

① 《联合早报》,2006 年 2 月 14 日。转引自吴元华《新加坡良治之道》,中国社会科学出版社,2014 年,第 167 页。

② 《总理:基层领袖应不断自我更新》,《联合早报》,2010 年 7 月 5 日。

在谈到人民行动党的执政权力时,2009 年 11 月,李光耀曾以苏联为例,指出那个看起来牢不可破的政权还是在执政 70 年后,于 1991 年突然间瓦解。因此,行动党如果辜负了选民的期望,有朝一日其政府也将被另一个政党所取代。① 在他看来,没有永远执政的行动党。如果人民行动党变质,变得贪腐无能,反对党组成一个能取代执政党的强大团队,行动党就会被人民推翻。不仅如此,新加坡是一个多种族国家,形式上新加坡采取了一党独大制,但多党存在一定的合法性。对于新加坡这样一个有着复杂的种族和文化特点的国家,如果现有的政党格局发生变化,势必给新加坡的政治整合和经济发展带来难以预料的不利影响。在谈到对两党制问题的看法时,李光耀指出:"我无法预测未来的变数。但有一件事我很肯定——如果新加坡最终决定朝两党制方向前进,我们将注定平庸。如果我们对自己说,'没关系',就让新加坡成为一座普通的城市吧,何必尝试做得比其他城市或国家好? 那么我们将失去光芒,变成一个暗淡的小红点。我们倘若走上这条路,我将为新加坡感到惋惜……两党制最大的问题是,最好的人才不会选择从政。当选是充满风险的事。选战有可能招来对手的挖苦与羞辱,甚至恶毒的谩骂。要是你有才干,事业有成,何必冒这么大的风险参选,赌上自己和家人的利益? 你多半会选择避开战场,过你的安逸生活……"②并认为,不管他们做出怎样的决定,李光耀笃定,如果新加坡出现一个愚笨的政府,这个国家将会沉沦,化为乌有。

人民行动党关乎新加坡的国族巩固。这里存在着两个方面,一方面,对于新加坡这样一个多种族的国家,没有一个强有力的中心力量,不同种族实现和谐共存会存在相当的困难。毕竟新加坡独立时间不是很长,内外多元因素的影响和作用,要使不同种族和文化传统的群体最终实现融合还有很长的路要走。对此,李光耀早已明确提出。另一方面,在一党独大没有其他政党相匹敌的条件下,很容易导致这一政党走向人民的对立面。在一个多民族国家中,国族形成的核心离不开执政党。在一些国家,如苏联、墨西哥

---

① 新加坡行动党报《行动报》,2009 年 11 月,第 10 页。
② Lee Kuan Yew, *One Man's View of the World*, Singapore, The Straits Times Press, 2013, p. 212.

等一个政党领导过的国家中,由于一党独大或一党制,使政治发展走向与人民相脱节,最终被人民唾弃。要防止政党与人民相脱节,就需要在思想上和工作机制上强化党和人民之间的联系。其途径就是人民行动党的组织要渗透到基层、社区中去,居民委员会也就成为载体。其主要工作是:①为居民和政府之间提供有效的沟通渠道;②在他们所属的组屋区为居民主办各种活动;③协助维持和改善组屋区的居住条件;④参与和协助推行选区的活动;⑤促进睦邻关系和种族和谐。

进入 21 世纪以来,随着通信技术的发展,传统的面对面接待方式在多元的利益要求面前捉襟见肘。反对党也加强了在社区的活动和影响,为争取选民,人民行动党不断探索新的途径和形式。2001 年 12 月 15 日,《联合早报》刊登了《议员须"绞尽脑汁"增加与居民沟通渠道》一文,提出传统的议员与选民见面制度已经不适应新的形势,应该开辟议员出席基层组织的会议、晚间或周末访问咖啡馆、利用电子邮件与手机等新渠道,保持与选民的联系,了解选民的关切。

四、半民主制①:巩固国族的政治机制

在当代多民族国家,国家是各个不同民族群体的落脚之处,一定的政治体制成为将不同民族组织起来的重要纽带和桥梁。按照目前学界存在的观点,一个多民族国家的建立,需要将民族国家和民主国家结合起来。但今天的"民族国家"并非是同质的国家。同样,今天的"民主国家"之民是由异质性的多元群体组成的。在这样一个高度复杂的社会中,如何将这些复杂的"民"组织起来并保证国家的政治稳定,是多民族国家面临的一个大难题。在对 20 世纪 80 年代末和 90 年代初中国成功和苏联解体进行对比之后,李光耀指出:"苏联改革失败并最终解体的原因是戈尔巴乔夫先搞政治改革,这样就丧失了保证他改革成功的三个基本条件,即改革需要一定程度的政

---

① 较长时间以来,不少学者将新加坡归于威权政治或半威权政治类型。根据 2018 年"民主指数"报告,新加坡属于半民主(flawed democracy)体制,在全球 167 个不同类型政体中,居第 66 位。参见 2019 年维基全球民主指数(Democracy Index – Wikipedia)。

治社会稳定。如果苏联的政治开放不是走在经济改革的前头,而是跟随在后面,苏联的社会及经济改革会更大胆和更成功。换句话说,只有当基本改革都走上了轨道,才便于推行改革开放政策。改革意味着破旧立新。当旧的已破,新的未立,社会面临着许多痛苦与不幸,容易产生不满和躁动。这时候,人民必须能够忍受痛苦与不幸,克制不满和躁动。但是政治开放却加强了人们的期望和欲望,加大了人们的不满和躁动,使得各项强硬政策难以推行。于是,继续推行基本但痛苦的改革的决心因此而遭到削弱,各项政策也无法以同样的魅力和真诚的决心去推行,最后导致更大的混乱。"①

20 世纪 80 年代以来,民主化浪潮在世界不少国家日益高涨。新加坡国内也受到世界民主化浪潮的影响。面对纷至沓来的民主之潮,对于一个多民族的新加坡,如何避免东欧和苏联的悲剧,总结经验教训是前提。20 世纪 90 年代前后,中国的改革开放所取得的巨大进步,这种状况使李光耀深有感触。他指出,如果中国不采取果断措施平息 1989 年春夏之交的政治风波,中国今天的发展就不会成功。邓小平的改革开放采取的是先改革后开放,或是先经济后民主的思路;而苏联则倒过来,采取先民主后经济的政策。结果前者取得了成功,后者导致苏联解体。他也总结了 2000 年前后出现在印尼、菲律宾、马来西亚、泰国、韩国、日本等国家的民主。虽然人民选择了自己的领袖,但他们的领袖还是让人感到失望。在总结经验教训的基础上,李光耀一方面认识到了新加坡需要有好的政府,只有好政府才有好的治理和效率,人民才能幸福;另一方面,面对民主化浪潮的影响和社会的现实要求,新加坡在改善治理的同时,增加了不少民主政治的内容,新加坡的民主已经不是传统意义上的威权政治,而是属于一种半民主体制。将民主与治理有机地结合在一起,表明了新加坡政治上的一大变化:

其一,民主价值和程序安排。民主是一个复杂的体系,有它的基本原则:①要有价值共识和程序共识。前者是基础,强调的是"人民当家做主",后者则是要有法定的程序。尤其是后者,在形成机制共识后,尊重程序尤其重要。无视程序的民主是能演变为"街头民主"。这种民主不是民主,只能

---

① 参见吕元礼:《新加坡为什么能》(下卷),江西人民出版社,2007 年,第 48 页。

是动乱。②要有妥协精神。也就是在一个充满了零和博弈的社会中是不可能发展民主的。民主存在于和平与妥协精神中,在总结到韩国和台湾的民主精神时指出,这些民主都不是非常成熟。要实行民主,人民必须拥有一定程度的文化,可以容忍不同的意见,并且愿意暂时接受相反的看法和听从合法政府的命令。① ③要有纪律约束,以稳定为前提。在对 21 世纪预言中,李光耀指出:"我国幅员太小,不能冒自由主义风险,我们决定使纪律成为我国主要稳定因素。这个领域不会有实验和妥协。"②

其二,民主制度安排。在对民主的制度安排上,后冷战时代的新加坡民主已经不同于建国初期的威权民主。选举、制衡和基层民主的原则在新加坡的政治体制中得到了进一步的运用。首先,在选举制度上,1990 年,新加坡推出了官委议员制度。官委议员最多可提名 6 人,由议会特别遴选委员会提名,交总统任命产生,官委议员不能参加任何政党,其权限也受到和非选区议员相同的限制。③ 实际上,官委议员的设立表面上是"官"委,实际上是增加了"非党"议员,使这些非党议员能够在议会中代表非党民众表达各自的利益要求。从这种意义上看,官委议员吸收了比例代表制的内容,可以改变人民行动党议员占据多数的状况,有利于平衡不同选民的利益需要。为遏制反对党,人民行动党推出了集选区制度,在每一个选区,参选政党需要推选出由 3 人组成的一组候选人来参加竞选,这 3 位候选人中必须包括一位少数民族人士,由此也满足了少数民族群体参与政治的需求。集选区制度加大了反对党获胜的难度,某一能获胜的单选区被改为集选区后,反对党的候选人就可能落选,而且在范围更大的选区中竞争,需要更多的人力和财力支持。这些制度设计既保证了人民行动党的统治地位不受到威胁,同时又有效地平衡了人民行动党和其他反对或非党之间的关系,体现了儒家"和而不同"的精神。

值得注意的是,1990 年 11 月 28 日,李光耀辞去总理职位,由吴作栋接

---

① 参见[新加坡]吕元礼:《新加坡为什么能》(下卷),江西人民出版社,2007 年,第 63 页。
② 《李资政 21 世纪前预言》,《联合早报》,1995 年 6 月 11 日。
③ Patrick Austin, *Goh Keng Swee and Sotheast Asian Governance*, Eastern University Press, 2004, p. 144.

任。1991 年,新加坡国会通过修宪和《总统选举法》,将总统由国会间接选举改为由选民直接选举产生,任期 6 年,并有一定的实权。之所以做出这样的安排,无论是李光耀还是吴作栋都清楚地认识到,新加坡的政府拥有极强的权威。在这种背景下,很容易出现政府滥用权力的问题。在 1984 年李光耀就提出过设立"民选总统"的问题。也就是要防止总理滥用职权,以免给经济带来灾难性的影响,保证威权政治能够维持下去。李光耀指出,设立民选总统就是"使总统有权阻止政府动用任何不是它任内积累的储备金"①。到吴作栋就任后,1990 年 10 月,他曾经就民选总统的作为做了明确的说明:"一个好的政府制度,必须有内在的制衡作用。新加坡特别幸运,一直有英明正直的人统治。他们没有滥用职权,使国会制度运用得很好。但是这应该归功于当政者的素质及良好的品格,而不是制度本身的优点。因此,当正直的人仍然在位的时候,应该慎重地为政府引进制衡制度。不应指望幸运之神永远眷恋着新加坡,以为在未来不断会有英明又正直的政府出现。如果以为过去 31 年新加坡没有出现过一个拙劣的政府,以后便一定也会有一个优良正直的政府,将是一个会带来严重后果的天真想法。"②从李光耀和吴作栋的制度设计中,都含有突破原有的魅力统治向法治治理或制度治理方向发展的取向。在这种动议下,新加坡于 1990 年后完成了传统的间接由国会选举总统向"民选总统"的转变。这一制度安排有三个特点:第一,总统开始有了部分实权,享有监督国家储备金及其他国家资产、约束总理和部长的权力;第二,总统拥有审查涉及国家安全、民族和谐、宗教和睦的法案及启动腐败调查程序等实权。其中涉及民族和宗教事务由国家元首来审查,表明了民族宗教事务的重要地位;第三,总统由不同种族的人轮流担任;第四,总统必须由无党派人士担任,即使此前隶属于某一政党,而一旦成为总统候选人,则不再具有政党身份。在这一制度安排的基础上,新加坡于 1993 年产生了第一任民选总统王鼎昌。1999 年第二任总统是印度裔纳丹(Sellapan Ra-

① [新加坡]李光耀:《民选总统保障资产》,《联合早报》编:《李光耀 40 年政论选》,现代出版社,1996 年,第 198 页。
② 1990 年 10 月新加坡总理就民选总统的讲话,《联合早报》,1990 年 10 月 5 日。转引自卢正涛:《新加坡:威权政治研究》,南京大学出版社,2007 年,第 240 页。

ma Nathan)。①

其三,强化政党-政府权威。在后冷战时代,西方不少学者和政客都把新加坡的威权政治视为典型加以批判,这种状况对新加坡构成了不小的威胁。不过新加坡也从世界民主化的发展问题中认识到,没有一定的政党权威,在四面受到各种战略挤压的环境中,新加坡要立足也是相当困难的。在此方面,新加坡人民行动党承担了国家发展的重任,即使进入后冷战时代也不减当年。追溯人民行动党的执政历史,吴作栋曾进行过总结,认为第一代领导层的贡献是塑造新加坡人的国家意识和国家认同,把一盘散沙凝聚成一个民族,为执政确立了基本执政共识。第二代领导层坚守共识,深化新加坡人的归属感,推行各种意义深远的政策计划,争取人民的支持和拥护;第三代领导层虽然面对不同的困难挑战,但依然坚持人民行动党一贯的价值观和行动哲学,坚持将建国共识和使人民过上更好生活作为具体国策。具体到三代领导人身上,李光耀更重权威,吴作栋重协商并使政策注入人情味;李显龙则更为开放,比如兴建包含赌场的综合度假胜地,在政治上,减少对反对党的打压,如允许马克思主义的著作在新加坡发行。

新加坡在世界民主的面前在民主建设上有了很大的进步,诸如国会选举,总统选举、人民协会等制度。比起建国初,新加坡的民主有了巨大的发展,但新加坡人民党的自上而下的体系始终没有受到削弱。中央一级有中央执行委员会,设立党主席、副主席、秘书长,掌握召集党员代表大会等各项党务大权,基层则是党支部和支部执行委员会,中央与基层之间又有区执行委员会沟通中转。在这样一个体系中,中央进行顶层设计,形成共识。由中央执行委员会构成最高领导机构,负责党内重大方针、政策、路线的决策,区执行委员会和各支部进行具体落实。在这样一个体系中,既在形式上保障了民主的实现,也保证了国家拥有了自己的核心组织——人民行动党。

---

① 自1965年新加坡设立总统以来,到第六位总统纳丹(1999.9—2011.9),共有四位来源于少数族群。根据《纳丹国葬日,一起来了解新加坡已逝的前六任总统》,http://www.yan.sg/yishideqianoiudong/统计。

五、总　结

后冷战时代新加坡的国族建构,一方面继承了建国以来的传统;另一方面适应时代发展的潮流,在增加共同价值的建构,实现民族团结的同时,在民主和新加坡人民行动党自身建设上增添了新内容。前者适应了变革社会的需要,通过不断地增加民主的内容,强化民主机制和民主监督的功能,有效地保证政府真正用来为人民谋福利,对人民负责;就政党本身而言,人民行动党加强了自身的思想,并通过多种形式保证人民行动党深入社区和基层,加强与人民之间的联系。后冷战时代的这些举措从政治上强化和完善了新加坡共有纽带的作用,从多个方面巩固了新加坡族体的团结和和谐。

但也需要看到,后冷战时代的新加坡社会依然是一个具有自身局限性的社会。内部存在的高度异质性虽然在国家良好的绩效影响下实现了"和平共存",但各种"异质"性因素的存在能否使新加坡走向李光耀最初设想的"同质的新加坡",还需要一个长期的过程。

"俄罗斯民族":后冷战时代俄罗斯民族国家建设的核心概念

张三南

(天津师范大学政治文化与政治文明建设研究院)

[内容摘要]后冷战时代的俄罗斯是脱胎于苏联的新晋民族国家,具备了民族国家的基本特征。然而,民族成分复杂、民族问题众多的俄罗斯在民族国家建设过程中,仍然面对着诸多重大理论与现实问题,"俄罗斯民族"也因此成为各界合力推动的核心概念。"俄罗斯民族"概念的提出,目的在于避免苏联时期"苏联民族"概念的覆辙,体现了俄罗斯民族国家建设的道路选择。"俄罗斯民族"概念的提出,经历了一个过程,并受到俄罗斯各界的推动。围绕着"俄罗斯民族"这个核心概念,俄罗斯实施了诸多举措。随着民族国家认同意识的不断增强和相关政策措施的补充完善,俄罗斯民族国家建设将取得更大的成就。

[关键词]俄罗斯 民族国家 俄罗斯民族

民族国家是当今世界的普遍国家形态和国际政治的基本单元。作为联合国等政府间国际组织的主要行为主体,民族国家在现当代国际关系中扮演重要的角色。与此相伴随的是,各个民族国家,无论是其获得国家身份的时间长短还是其国家内部民族 – 族群成分的多寡和复杂程度,均自觉不自觉地在与全球化浪潮的碰撞中加强民族国家建设,维护民族和国家认同。

作为苏联的主要继承者及国际舞台的新晋重要成员,俄罗斯联邦共和国自苏联解体伊始即获得了国际法和事实上的民族国家地位。不过,这并不意味着俄罗斯民族国家建设就一步到位,得以完成。事实上,俄罗斯民族国家建设需要诸多重大理论与实践问题的有效推动与解决,"俄罗斯民族"因此成为俄罗斯民族国家建设进程中的核心概念。

一、避免"苏联民族"的覆辙

俄罗斯作为苏联的主要继承者,在其民族国家建设过程中,自然而然要避免的是苏联在国家民族构建方面曾经历的覆辙。具体而言,也就是构建"苏联民族"的覆辙。

1991 年 12 月 25 日,曾经创造无数辉煌的苏维埃社会主义国家联盟轰然解体,令人惊愕和唏嘘不已。世人也纷纷从各自视角去探究其解体的原因。人们普遍认为,苏联末代领导人戈尔巴乔夫推行的"新思维"改革固然"自乱阵脚",但依托于各加盟共和国等行政主体的民族主义势力的普遍高涨和对联盟大厦的合力倾覆却是一个不容忽视的重要因素。最终的结果是,苏联解体、东欧剧变成为 20 世纪末国际政治演变的重大事件,同时意味着苏联国家构建的最终失败。显然,苏联的解体,离不开其在处理民族问题方面的失败。对此,苏联前部长会议主席尼·伊·雷日科夫在反思苏联解体的原因时,甚至称民族关系是"摧毁苏联的攻城槌"①。苏联的解体与其国家民族构建的失败有着直接的关系。如果我们再往前追溯,斯大林等苏联领导人在塑造"苏联民族"、维系国家结构和处理民族主义问题等方面的诸多失误无疑是一个带来严重后遗症的重要因素。

对此,郝时远先生曾指出:斯大林及其后继者主导的具有"空前未有的实验"意义的多民族的民族国家实践没有造就一个"苏联民族",但是却一直在试图以俄罗斯族为样板造就一个"苏联人民",其结果不但没有消除苏联

---

① [俄]尼·伊·雷日科夫:《大国悲剧——苏联解体的前因后果》,徐昌翰等译,新华出版社,2008 年,第 17 页。

的民族主义问题,反而导致了以大俄罗斯民族主义压制非俄罗斯民族主义的恶性循环,因为非俄罗斯民族主义是对大俄罗斯民族主义的反应,也是对大俄罗斯民族主义的防御形式;斯大林背离了列宁首先反对大俄罗斯民族主义的基本原则及其所包含的消除"两种民族主义"的辩证思想,结果造成非俄罗斯民族主义在高压下的积蓄和浓缩,最终在戈尔巴乔夫的"改革"环境下爆发出来,并表现出民族主义的极端性,成为苏联解体重要动因,造成了世纪性的悲剧。①

　　而问题的关键在于,苏联在国家民族构建方面的失败直接导致了民族无"国家"、国家无"民族"、国家结构形式与实质不符的结果。也就是说,苏联成为一个民族无"国家",联盟无"民族"的国家。就苏联的民族联盟体制而言,的确存在理论和实践的矛盾,这在国家结构上导致了形式与实质名不符实。②与美国等国的联邦制不同,苏联大都以主体民族来划分行政区域,对区域性的强调不够。在外界看来,苏联是一个国家,但在苏联国内,居民们首先认同的是自己的民族属性,首先想到的是自己是乌克兰人、俄罗斯人或白俄罗斯人,之后才有可能是苏联人。在宪法上,苏联是联邦制国家,且每个加盟共和国另有自己的宪法,拥有除了军队和外交机构外的所有设置。宪法还明文规定各加盟共和国有退出联盟的权利,斯大林在近二十年的执政时间里,并未解除这个日后导致联盟解体的隐患。斯大林作为一名非俄罗斯民族的苏联领导人,"比俄罗斯族还俄罗斯族",不但没有贯彻列宁所倡导的民族团结与民族平等思想,其本身所带有的浓厚的大俄罗斯主义情结也给民族关系带来不小的伤害。他在民族国家塑造过程中出现的诸多偏差和失误,如推行忽视各地区各民族实际的计划经济手段、与德国等法西斯国家签订损害少数民族利益的协议、强迫少数民族迁徙等,实际上也为苏联解体及之后各国此起彼伏的民族－族群冲突埋下了伏笔。其后继者(如赫鲁晓夫)虽然曾经对斯大林进行了批判,但在这个问题上与斯大林实质上并无不同。这已被历史和现实所证明。

----

　　①② 参见郝时远:《重读斯大林民族(нация)定义——读书笔记之三:苏联多民族国家模式中的国家与民族(нация)》,《世界民族》,2003 年第 6 期。

苏联解体后,民族问题仍然困扰俄罗斯,成为俄罗斯历届领导人和社会各界不得不面对的重大问题。1992 年 10—11 月间爆发的奥塞梯人和印古什人的冲突,是苏联解体后在俄罗斯境内发生的第一次大规模民族间武装冲突。1994—1996 年间和 1999—2009 年间的两次车臣战争更是引发了世人的关注,暴露了俄罗斯民族问题的严重程度。由于民族众多,各民族间发展不平衡,使得俄罗斯成为世界上民族问题最为复杂的国家之一。这也迫使俄罗斯各界在民族国家构建道路上必须做出契合实际的选择。

二、俄罗斯民族国家道路的选择

从民族－族群角度而言,俄罗斯是世界上民族－族群最多的国家之一。2010 年人口普查显示,俄罗斯共有 193 个民族和 40 个族群,其中人口超过 100 万的民族有 7 个:俄罗斯、鞑靼、乌克兰、巴什基尔、楚瓦什、车臣和亚美尼亚,俄罗斯人约占全国人口总数的 80%。

若从民族－国族角度而言,俄罗斯又是一个民族国家。当然,这个继承苏联在联合国地位的新生民族国家,在其国家定位及民族国家构建问题上存在两个难点:一是告别帝国(超级大国)情结;二是理性对待西方模式,兼顾面向欧亚。

其一,告别帝国(超级大国)情结。近代以来,在彼得大帝和叶卡捷琳娜大帝等君主的强力经营下,俄罗斯逐渐成为欧亚大陆极为重要的国家力量,长期给世人呈现的是一种强大帝国的形象。后来的苏联延续了这一点,成为可以与美国匹敌的超级大国。数百年来,这种辉煌时刻不少,如拿破仑战争的胜利、第二次世界大战击败强大的法西斯德国等。然而苏联解体后,其主要继任者俄罗斯的实力大打折扣。直到 2018 年,俄罗斯国内生产总值(GDP)世界排名仍只有第 12 位,甚至位列领土面积不到其百分之一的韩国之后。从苏联时期的世界第二变为如今的二流国家,俄罗斯国民的心理难免有着较大的落差。

在俄罗斯许多人的意识中,仍然沉湎于对帝国(超级大国)过去辉煌的怀旧之中,很多时候,"钟摆又一次回到传统的俄罗斯价值观:强调领导、文化及精神认同、带有俄国之脸的欧洲生活方式、传统的保守的俄罗斯民族主义,带着几分对帝国及权威主义的怀念等"①。实际上,不仅普通民众如此,俄罗斯领导人往往也具有较强烈的大国意识和怀旧情结。这正如美国哥伦比亚大学教授罗伯特·莱格沃尔德所说:"历史上每当俄国面临一个机会,选择是建立一个以俄罗斯民族为核心的民族国家,还是维护一个地域辽阔、各民族迥异的混合体时,历代的领导人总是选择后者。"②这显然不利于俄罗斯民族国家意识的塑造。

然而如果后冷战时代的俄罗斯仍然延续这种意识,将给俄罗斯的民族国家建设带来极大的难度。实际上,后冷战时代的俄罗斯已经没有能力回到原来帝国(超级大国)的状态和地位。原因之一在于,作为帝国(超级大国),往往需要通过承担诸多义务和提供公共产品的形式来维持整个帝国(超级大国)体系的运转,而这对于后冷战时代的俄罗斯来说,由于国力所限,承担过多的义务早已是不现实的。

尽管从帝国(超级大国)到民族国家有着太多的制约因素,但是对于后冷战时代的俄罗斯来说,接受民族国家的国家定位,势在必行。而这首先需要的是各界摆脱帝国(超级大国)情结的影响,彻底放弃帝国思维,意识到俄罗斯只是世界舞台上的民族国家之一。当然,这一过程会有些艰难。

其二,理性对待西方模式,兼顾面向欧亚。民族国家肇始于欧洲。后冷战时代,在俄罗斯这么一个政治中心位于欧洲同时又有"双头鹰"传统的国家,多年来一直存在以何种形式构建民族国家的争议。一种观点认为,俄罗斯是一个欧洲国家,应当回归欧洲,以西方模式来进行民族国家建构,以联邦制、选举民主作为建构国家的基础。另一种观点则相反,认为俄罗斯无论是从历史上还是从文化上来看,西方自由民主模式并不适合俄罗斯,西方也一直未真正接纳俄罗斯,因此俄罗斯不能采用西方国家的民族国家模式,尤其是不能过于亲近西方,而必须寻找一条属于自己的道路。

---

① T. V. Paul, G. John. Ikenberry and John A. Hall(eds.), *The Nation – State in Question*, Princeton University Press, 2003, p. 18.

② [美]罗伯特·莱格沃尔德:《三个俄罗斯:衰落、革命与复兴》,[美]罗伯特·A. 帕斯特编:《世纪之旅——七大国百年外交风云》,胡利平、杨韵琴译,上海人民出版社,2001 年,第 180 页。

伴随着冷战后二十多年来国内政治经济的转型及与世界主要国际关系行为体外交实践的不断丰富,俄罗斯民族国家的定位逐渐呈现清晰的轮廓,那就是从帝国(超级大国)的历史记忆中逐渐转为面向欧亚的民族国家理性意识。这不仅是后冷战时代俄罗斯面对国际形势做出的理性选择,也是俄罗斯重温和实现强国梦想的必由之路。俄罗斯各界逐渐意识到,在民族国家建设过程中,各方应在热爱本民族文化的同时,理性对待西方模式,而不是局限于要么俄罗斯化,要么西方化这样一种非此即彼的思维方式。因此,从当前俄罗斯的国家实力与现实情况出发,选择建立一个以俄罗斯民族为核心的民族国家是明智的。这条道路,在形式上是兼顾欧亚的,也就是既面向西方,又面向东方的民族国家建设之路。而在内容上,则是以"俄罗斯民族"为核心概念的民族国家建设之路。

三、"俄罗斯民族"概念的提出及其含义

一般来讲,世界上的各个民族国家,不仅在国家称谓上有一个"自称"和"他称"相统一的国名,而且在代表这个国家的民族(国族)称谓上有一个被普遍认可的名称,比如法兰西民族、美利坚民族和中华民族等。然而,在后冷战时代的俄罗斯,俄罗斯族早已有之,但对应俄罗斯民族国家的"俄罗斯民族"概念,从学术走向现实政治,却经历了一个过程。

"民族国家"是一个政治概念,通常与公民民族、国家民族联系在一起。在俄罗斯,俄罗斯科学院民族与人类学研究所所长瓦·阿·季什科夫最早提出"俄罗斯是民族国家"的观点与公民民族认同的思想。1994 年 1 月 26 日,他在《独立报》上首次提出"俄罗斯是民族国家"的观点。他认为,"民族"在欧洲最初表示"国家公民"之意,与民族国家是国际关系的主体相适应,俄罗斯国民也可称为政治民族,或称为公民民族、国家民族。他进而指出:俄罗斯民族是"'各民族的民族'(нация наций),在政治民族或公民民族这个范畴内包括所有的族性民族,当然也包括最大的民族——俄罗斯族。这种观点不会使任何一个民族感到不公平,也不会对任何人的利益造成威胁,但是这一观点可以加强人民之间的团结,减少民族主义和分离主义带来

的危险"。①

季什科夫的观点为时任俄罗斯国家领导人所接受,他们意识到了在俄罗斯这个民族众多、民族问题复杂的国家塑造公民民族、国家民族的重要性。不久以后,俄罗斯总统叶利钦就在国情咨文中使用了"公民民族"这一概念。叶利钦恢复了传统的表示俄国人的词"россияне"(该词在十月革命后不再使用),意指生活在俄罗斯联邦土地上的所有人。俄罗斯学者评论说,叶利钦在"谈到国家公民这个词时,一开始用的就是'俄国人(россияне)'。20 年过去了,这个产生在彼得时代、18 世纪后不再流行的概念,开始被普遍接受。但是,'俄国人(россияне)'还未成为现实,国家的居民并没有被重构。现在,当谈到俄国时,表示的是地理意义上和政治意义上的国家,不是民族意义上的"②。可以看出,这里所指的是地理意义上和政治意义上的国家,与国家民族密切相关。

进入 21 世纪后,俄罗斯领导人逐渐在公开场合提出和强化"俄罗斯民族"这个概念。2004 年 2 月 5 日,俄罗斯总统普京在视察俄罗斯联邦楚瓦什共和国的讲话中首次提出了"俄罗斯民族"这个概念:"我们完全可以把俄罗斯人民看成是统一的俄罗斯民族……这是被我们历史和现实所证明的"。2009 年 2 月 2 日,俄罗斯总统梅德韦杰夫在接见东正教人士时也说:"俄罗斯民族道德的力量,对善良、爱和公正的信仰是我们取得成功和国家未来发展的基础。"梅德韦杰夫在这里用的是"российская нация"。2012 年 1 月 23 日,俄罗斯总统普京在《独立报》上发表《俄罗斯:民族问题》一文,使用了"公民民族"的概念,并一再强调"多元统一"对于俄罗斯社会的意义。同年 12 月 19 日,普京签署第 1666 号总统令,颁布了《2025 年前俄联邦国家民族政策的战略》。《2025 年前俄联邦国家民族政策的战略》是继 1996 年《俄联邦国家民族政策构想》之后,俄罗斯第二个纲领性的国家民族政策文件,以国家政策文件的形式正式提出了"俄罗斯民族"(Российская нация)的概念。《2025 年前俄联邦国家民族政策的战略》指出:"俄罗斯国家是由各民

① [俄]B. A. 季什科夫:《学术与人生:俄罗斯民族学家访谈录》,臧颖译,中央民族大学出版社,2013 年,第 188 页。

② 左凤荣:《俄罗斯增强多民族国家认同的主要举措》,《当代世界与社会主义》,2015 年第 3 期。

族团结而成的,这个民族系统的核心历来是俄罗斯民族。俄罗斯民族起到了黏合作用,通过长期的文化与民族融合,在俄罗斯形成了文化多样性与内在精神的同一性。"①在提供讨论的战略草案中,"俄罗斯民族"被界定为俄罗斯联邦多民族人民,"是俄罗斯联邦属于不同民族、宗教、社会等的公民团体,他们能意识到自己的国家共性和与俄罗斯国家的政治法律联系"②。尽管"俄罗斯民族"这个概念在学术界早已有之,但在俄罗斯官方文件中还是第一次出现,其意义可见一斑。

与此同时,俄罗斯学界也在不断推动"俄罗斯民族"及其相关概念的普及。2013年,季什科夫出版了专著《俄罗斯人》,该书从社会人本主义和历史哲学的角度研究了民族认同问题,其核心是建立"俄国人""俄罗斯人"的范畴,确定俄罗斯人是公民民族。季什科夫认为公民的民族认同对于国家的重要性,不亚于保护国家边界、宪法、军队等。莫斯科人文大学校长伊利英斯基(И. Ильинский)对"俄罗斯民族"也进行了描述。他说:"这是几个世纪以来居住在俄罗斯境内的所有民族和部族,他们因共同的俄语和俄罗斯文化而连接在一起,但也没有减少自己的民族语言和文化,他们的共性还有国家和经济利益,具有共同的历史和对未来的美好向往。俄罗斯民族不是一般的、单纯的,而是复杂的、独一无二的,这是很多民族构成的一个民族。"③2013年2月19日,米哈伊洛夫在俄罗斯民族关系委员会第二次会议上指出:"俄国人、俄罗斯民族已经成为全民族熟知的思想,不仅是理论意义上的,也是实际政策上的,这也意味着已经变成了实际行动。"④

可以看出,在俄罗斯政界和学界看来,"俄罗斯民族"是基于这么一个观点:现代俄罗斯有着统一的文化(文明)符号,其基础是俄罗斯文化、语言及各民族的历史与文化遗产,共同的特征是对真理与公正的强烈追求,它吸纳

---

① ② 转引自戴艳梅、刘肖岩、徐祗朋:《〈2025年前俄罗斯国家民族政策的战略〉解读与分析》,《俄罗斯研究》,2015年第4期。

③ Ильинский И. М. О российской нации. Знание. Понимание//Умение. 2009. №3. www. rik-mosgu. ru/publications/3559/4825/. 转引自戴艳梅、刘肖岩、徐祗朋:《〈2025年前俄罗斯国家民族政策的战略〉解读与分析》,《俄罗斯研究》,2015年第4期。

④ 转引自左凤荣:《俄罗斯增强多民族国家认同的主要举措》,《当代世界与社会主义》,2015年第3期。

了各民族文化中最优秀的部分。政策将俄罗斯民族与宗教的多样性、文化与宗教合作的历史经验、对传统的保持与发展,视作俄罗斯民族的共同财富,认为这是巩固俄罗斯国家性的因素,决定着俄罗斯民族关系未来发展的积极方向。从《2025 年前俄联邦国家民族政策的战略》中也可看出,"俄罗斯民族"是俄罗斯各族人民的内在同一性的集中体现,其基础是俄罗斯多民族(多种族)人民,是自由和负有责任感的公民的共同体,它建立在精神道德的原则上,建立在保障安全、保护全国所有公民切身利益和财产的基础上,不突出公民的民族、宗教和政治观点。

当然,对于"俄罗斯民族"这一概念,也存在反对的声音。有学者并不认为这个概念是一个创新,甚至并不认为在目前情况下具有切实的可行性。譬如,来自莫斯科大学乌法分校的巴宾科(В. Бабенко)院长认为,《2025 年前俄联邦国家民族政策的战略》草案中使用的"俄罗斯民族"这个术语完全不可接受,因为这是重复不久前的不成功经验,之前在多民族国家试图建立统一的"苏联民族"。在俄罗斯通过这样的民族政策战略,会对独联体国家的局势产生负面影响。① 甚至伊利英斯基也承认,目前还不能说存在事实上的俄罗斯民族,其主要原因是在俄罗斯多数民族和部族的意识里,极度缺乏统一和共同的民族利益。而俄联邦宪法规定的"承认意识形态的多样性"和"任何意识形态不能作为国家的意识形态,也不能强加于人",在此条件下这一提法没有出路。② 不过,这些反对的声音难以改变"俄罗斯民族"概念不断深入俄罗斯民心的大趋势。

四、围绕"俄罗斯民族"构建的举措

在俄罗斯民族国家及"俄罗斯民族"构建过程中,俄罗斯政府在法律与

---

① Марина Шумилова, Экспертное сообщество Башкортостана обсуждает проект Стратегии национальной политики РФ,9. 10. 2012//www. bagsurb. ru/news/detail. php? ID = 4122. 转引自戴艳梅、刘肖岩、徐祗朋:《〈2025 年前俄罗斯国家民族政策的战略〉解读与分析》,《俄罗斯研究》,2015 年第 4 期。

② 戴艳梅、刘肖岩、徐祗朋:《〈2025 年前俄罗斯国家民族政策的战略〉解读与分析》,《俄罗斯研究》,2015 年第 4 期。

政策方面实施了诸多举措。

1993 年 12 月 12 日通过的《俄罗斯联邦宪法》虽未提及"俄罗斯民族"一词,但为调节民族关系、巩固国家统一奠定了根本大法的法律依据。《俄罗斯联邦宪法》强调国家主权原则,强调俄罗斯联邦宪法和联邦法律在全俄罗斯联邦拥有至高无上的地位,并未提及共和国拥有主权的说法。《俄罗斯联邦宪法》取消了原苏联宪法中各民族共和国可以"自由退出"的条款,没有赋予民族自治地方脱离联邦的权利。这点尤为重要,也为"俄罗斯民族"概念的提出和构建奠定了法律基础。

在二十多年的时间里,俄罗斯还陆续出台了一系列政策和法律。比如,叶利钦 1996 年 6 月 15 日、17 日相继签署的《俄罗斯联邦国家民族政策构想》《俄罗斯联邦民族文化自治法》,普京 2012 年 5 月 7 日签署的关于保障民族和解的总统令和 12 月 19 日签署的《俄罗斯联邦 2025 年前国家民族政策战略》,2013 年 8 月 25 日俄罗斯政府颁布的《巩固统一的俄罗斯民族和俄罗斯各族文化发展(2014—2020)纲要》等。

这些举措的共同特点是强调维护国家统一、领土完整,反对民族分离主义,强调公民社会属性而非民族属性。相关法律文本尽力回避或少提民族自决权和民族权利平等原则,强调各民族的公民权利平等,主张人权和公民权利高于民族权利,以淡化民族观念和民族自我意识。《俄罗斯联邦宪法》第一章就明确指出:"俄罗斯是统一的多民族国家",用人权、公民权取代民族权,淡化民族问题上的政治因素。为了维护国家统一和领土主权,反对民族分离主义,《俄罗斯联邦宪法》只在一般原则意义上提"民族自决权"。

俄罗斯领导人特别重视国家认同的塑造,试图把俄罗斯公民整合成统一的俄罗斯国家民族。他们从苏联解体中看到了其民族政策的失败,意识到培养民族的共同情感和国家认同感,塑造俄国国家民族的重要性,甚至把塑造国家民族提高到战略地位。

苏联解体后,十月革命前所使用的俄国人(российский народ)(有的译成"俄罗斯人")取代苏联人(Советский народ)成为对全体国民的集体称谓。这表明,俄罗斯在把全体国民称作国家民族的同时,改变了苏联时期对民族的称谓,这是在塑造新的国家民族。1996 年 6 月 15 日签署的《俄罗斯联邦国家民族政策构想》在称呼国内各民族时没有用"нация"（"нация"有两层意思：一个是国家，一个是民族，从民族意义上理解，指的是国家民族），而用"народ"（"народ"既可以表示"人民"，也可以表示"民族"），并强调俄罗斯人作为国家的公民都属俄国人（российский народ）。

从 1997 年开始，俄罗斯政府还在新发放的公民身份证上取消了自 1934 年以来一直标明的"民族"栏。俄罗斯政府把民族属性当成个人的私事来处理，旨在体现对个人权利、公民权利的尊重，突出国家意识和公民身份。公民有选择民族属性的自由，也有不选择任何民族属性的自由。证件只有证明国籍的使命，个人公民身份是第一位的，民族身份则是第二位的。在人口普查中，虽然有民族选项，但不强迫填写，也不要求确定归属已有民族中的某个民族。

在这些举措中，普京 2012 年 12 月 19 日签署的《俄罗斯联邦 2025 年前国家民族政策战略》对于俄罗斯民族国家及"俄罗斯民族"的构建尤其具有重要的意义。

我国学者整理引介了《俄罗斯联邦 2025 年前国家民族政策战略》的主要内容。其中国家民族政策的目标共 5 点，主要以巩固全俄公民意识与精神统一为基础，发展各民族文化，协调民族关系，保障个人的平等权利与自由，并促进移民的融合。国家民族政策的主要原则共 18 条，主要是维护国家领土完整与政权的权威；保障各民族的平等与自决，个人的平等权利、自由与民族尊严，消除因社会、种族、民族、语言或宗教信仰而产生的歧视，及挑起此类冲突的尝试，禁止成立以种族、民族或宗教属性为标志的政党；保护俄罗斯民族文化与语言；保护少数民族的权利；帮助俄侨自愿迁居俄罗斯，加强联系，维护其文化与语言；促进移民融合；明确民族政策领域国家管理机关的职权，加强协调；国家机关与公民团体在实施国家民族政策时相互合作；继承俄罗斯各民族团结与相互帮助的传统，及时和平解决民族矛盾与冲突等。国家民族政策的优先方向共 13 点，主要是：完善国家管理机构；保障民族和谐；保障公民的平等权利与宪法权利的实现；创造移民融合条件；社会经济保障；加强民族团结与精神一致；维护并发展民族文化的多样性；保障人民在社会文化领域的权利；发展未成年人教育及公民爱国主义教育体系;维护与发展俄罗斯人民的语言,使用俄语作为官方语言;保障实施民族政策的信息宣传;完善国家机关与社会团体的合作;加强国际合作。[①]

以上举措,在推动俄罗斯民族国家及"俄罗斯民族"构建,推动俄罗斯民族和国家认同方面取得了一定成效。从一些民族共和国的资料来看,俄罗斯增强国家认同感的工作成效很大。[②] 这在一定程度上也说明,以"俄罗斯民族"为核心概念的俄罗斯民族国家建设,随着民众国家认同意识的不断增强和相关政策措施的补充完善,将取得更大的成就。

---

① 参见戴艳梅、刘肖岩、徐祗朋:《〈2025 年前俄罗斯国家民族政策的战略〉解读与分析》,《俄罗斯研究》,2015 年第 4 期。
② 参见左凤荣:《俄罗斯增强多民族国家认同的主要举措》,《当代世界与社会主义》,2015 年第 3 期。

如何理解民族主义的意识形态属性
——安德鲁·海伍德的诠释及其概念学意义*

张三南　　张　强

（天津师范大学政治文化与政治文明建设研究院
内蒙古大学公共管理学院）

[内容摘要]民族主义在概念界定上常被视为一种意识形态。问题恰恰在于民族主义到底是一种什么样的意识形态？对此学术界长期以来更多是"蜻蜓点水"式地一笔带过。安德鲁·海伍德很大程度上改变了这种状况，聚焦于民族主义的意识形态属性，对其进行了正面和系统的诠释。他通过"源起与流变→核心要素→主要类型→全球化时代的发展"的全面剖析，从学理上论证了民族主义是一种与诸多传统意识形态和社会形态相伴相生，却难于独立存在的意识形态。海伍德的诠释有助于增进人们对民族主义意涵的理解，具有概念学上的学理义。

[关键词]民族主义　意识形态　安德鲁·海伍德　概念学

民族主义是一个备受关注和争议的理论与实践议题。在众多关于民族主义的定义和论述中，除了将民族主义界定为一种思潮、学说或运动之外，

* 本文系河北省社科基金项目"意识形态学视阈下的民族主义及其批判：基于安德鲁·海伍德的诠释"（项目编号：HB17ZZ012）与教育部人文社会科学重点研究基地重大项目"欧洲社会思潮的变化及其对欧洲一体化的影响"（项目编号：17JJDGJW010）阶段性成果。原文刊于《学术界》，2019年第2期，略有删改。

学界也常将其界定为一种意识形态。《布莱克维尔政治学百科全书》称:"如果意识形态对于政治来说是一种具有规范内涵的用以认识世界的一般方法,那么民族主义便是一种意识形态。"①"族群－象征主义"代表人物安东尼·史密斯(Anthony D. Smith)指出:民族主义是"一种回应人类某些最深层的对安全、公正和认同的迫切要求的意识形态和运动"②。"现代主义"学者迈克尔·曼(Michael Mann)则承继了本学派著名学者埃里·凯杜里(Elie Kedourie)的民族主义意识形态论,"照惯例"地"将民族主义界定为一种意识形态"。③ 我国学界同样普遍如此。有的论著在开篇就将民族主义与意识形态联系起来。④ 有的虽未直接提及意识形态一词,但字里行间明显体现出民族主义的某种意识形态化色彩,如《中国大百科全书》就曾将民族主义界定为"地主、资产阶级思想在民族关系上的反映,是他们观察、处理民族问题的指导原则、纲领和政策"⑤。

可见,意识形态和思潮、学说、运动等用语一道,成了界定民族主义的常用语。然而问题恰恰在于民族主义到底是一种什么样的意识形态? 长期以来,学界对此更多是"蜻蜓点水"和"不证自明"式地一笔带过,鲜见正面、系统的回答,直到英国政治学家安德鲁·海伍德(Andrew Heywood)在很大程度上改变了这一状况。

安德鲁·海伍德是位享有国际声誉的政治学家,长期致力于政治学基础理论研究,曾出版《政治学》(*Politics*,1997)、《政治学核心概念》(*Key Concepts in Politics*,2000)、《全球政治学》(*Global Politics*,2011)等著作,是一位政治学理论畅销书的作者。其著作给读者的基本感受是"地道公允、言简意

① [英]戴维·米勒、[英]韦农·波格丹诺、邓正来主编:《布莱克维尔政治学百科全书》,中国政法大学出版社,2002 年,第 531 页。

② [英]安东尼·史密斯:《民族主义:理论、意识形态、历史》,叶江译,上海世纪出版集团,2006 年,中文版前言,第 1 页。

③ M. Mann,The Emergence of Modern European Nationalism,in J. A. Hall & I. C. Jarvie(eds.), *Transition to Modernity*:*Essays on Power*,*Wealth and Belief*,Cambridge University Press,1992,p.137.

④ 如刘中民等人在其著作中的第一句话就称:"民族主义作为一种意识形态和社会实践运动……"参见刘中民等:《民族主义与当代国际政治》,世界知识出版社,2006 年,第 1 页。

⑤ 中国大百科全书总编辑委员会、《民族》编辑委员会等:《中国大百科全书》(民族卷),中国大百科全书出版社,1986 年,第 330 页。

赅、圆润通畅、清新可读"①,在全球拥有以百万计的读者群,尤其在英语世界影响较大。海伍德所撰写的《政治意识形态导论》(Political Ideologies:An Introduction)一书迄今已出版6版,其中对民族主义的意识形态属性进行了全面诠释,呈现出概念学上的学理意义,有助于增进人们对民族主义这个重要概念的理解。

一、民族主义意识形态的源起与流变

民族主义一词于何时何地首先出现? 学界并无定论,有的最早追溯到1409年的莱比锡大学。② 海伍德则认为,"民族主义一词首先出现在1789年反雅各宾派的法国神父奥古斯丁·巴吕埃尔(Augustin Barruel)的作品中"③,并据此认为,作为一个意识形态,民族主义诞生于法国大革命时期。1789年,革命者在卢梭人民主权学说影响下,以人民(people)④的名义反抗国王路易十六的统治,"法兰西民族"应运而生。相比之前人们的政治认同在于对统治者或王朝的效忠,法国大革命使民族成了人们心目中的主人,民族主义成了革命和民主的信条。

几乎同时,法国大革命时期的法国思想家德·特拉西(Destutt de Tracy)首创了意识形态(idèologie)一词,认为其是一种新的"观念科学"⑤(science

---

① 参见[英]安德鲁·海伍德:《政治学核心概念》(影印版),中国人民大学出版社,2012年,封底。

② See Anthony D. Smith,Nationalism,A Trend Report and Bibliography,*Current Sociology*,Vol. 21,No. 3,1973,p. 21.

③ Andrew Heywood,*Political Ideologies:An Introduction*,Palgrave Macmillan,2012,p. 168.

④ 海伍德这里所使用的people一词,通常翻译为"人民",但实际上其中蕴含有"民族"的含义。在欧洲,通常把people作为nation的基础。在阐释nation的源起时,海伍德也是这么表述的:"In the form of nation,it referred to a group of people united by birth or birthplace. In its original usage,nation thus implied a breed of people or a racial group..." ,See Andrew Heywood,*Political Ideologies:An Introduction*,Palgrave Macmillan,2012,p. 168. 我国学界也注意到people和"民族"的对译关系,参见朱伦:《西方的"族体"概念系统——从"族群"概念在中国的应用错位说起》,《中国社会科学》,2005年第4期;王军:《民族主义与国际关系》,浙江人民出版社,2009年,第4页。

⑤ 德·特拉西首创的意识形态一词指的是一种新的"观念科学",字面意思即"观念学"(ideaology)。有意思的是,当时恰恰也是奥古斯丁·巴吕埃尔首创民族主义一词的时代。

of ideas），这恰好成了能够彰显民族主义属性的贴切用语。于是，在启蒙思想和理性主义的推动下，民族主义和意识形态迅速合二为一，快速扩散，衍生各种流变形式。和许多学者一样，海伍德认为法国大革命激荡出的民族主义不仅仅是法国的财富，在随后的 200 多年间，民族主义被吸纳进了许多成功和引人注目的政治信条之中，影响和重塑了世界历史。拿破仑战争不仅张扬了法国民族主义，也激发了欧陆国家对独立和解放的民族主义渴望。不仅如此，民族主义更是传到拉丁美洲，在其影响下，西班牙的殖民统治最终被推翻。因此，海伍德认为，"到 19 世纪中叶，民族主义已被广泛地认为是一种意识形态运动，在许多革命运动中扮演了重要角色"①。尤其是在德意志和意大利，长期分裂和被外族统治的经历使得人们产生了强烈的民族意识，而这种意识承继于法国，却以新的语言形式呈现了民族主义。

和海伍德一样，《意识形态的时代》一书作者伊塞克·克拉姆尼克（Issac Kramnick）、弗雷德里克·华特金斯（Frederick M. Watkis）同样认为，民族主义在 19 世纪确立了作为一种意识形态的地位。他们指出，虽然随着拿破仑帝国在 1815 年的崩溃，埃德蒙·柏克（Edmund Burke）的原则战胜了托马斯·潘恩（Thomas Paine）的自由主义，但此后的战争不再是自由主义者与保守主义者之间壁垒分明的斗争，民族主义已成为现代世界中的一股力量，作为一种意识形态的地位已难以撼动。②

当然，海伍德也认识到 19 世纪的民族主义并非真正的群众运动，仅限于新兴中产阶级。海伍德认为这种状况在 19 世纪末发生了改变。随着国旗、国歌、公共仪式和国家假日的传播和普及，民族主义真正成了群众运动和大众政治用语，性质也发生了改变。这样的民族主义逐渐演变为沙文主义（chauvinism）和仇外主义（xenophobia）。每个国家都在宣扬自己的独特性和卓越品质，却视其他民族为不值得信任甚至险恶的异族。这种大众民族主义加速了国际竞争与猜疑情绪的弥漫，助推了 1914 年第一次世界大战的爆发。

---

① Andrew Heywood, *Political Ideologies: An Introduction*, Palgrave Macmillan, 2012, p.168.
② 参见罗志平：《民族主义：理论、类型与学者》，台湾旺文社股份有限公司，2005 年，第 45～46 页。

一战后的民族主义促使中东欧进行了民族重建。在巴黎和会上,美国总统伍德罗·威尔逊(Woodrow Wilson)倡导了民族自决原则,民族主义进一步拥有了理论武器。德、奥、俄、土四大帝国土崩瓦解,众多新的民族国家诞生。当然,世界大战并未缓和一些国家间原有的紧张关系。军事上的败北和对条约的失望留给战败国强烈的失落和不满。民族主义再次成为新世界大战的重要诱因。

海伍德认为,客观地说,殖民主义不仅是一种政治控制和经济统治的全球治理体系,同时也促进了西方思想的传播,民族主义更是成了殖民地人民反抗殖民者的武器。1919年,埃及发生民族起义,很快席卷中东。同年阿富汗与英国爆发战争,南亚、东南亚等地相继发生起义。1945年后,殖民帝国在民族解放运动浪潮面前纷纷瓦解,亚非民族纷纷赢得国家独立,再次掀起了民族主义浪潮。海伍德同时认为,反殖民主义运动不仅见证了西方民族主义在发展中国家的传播,还衍生了新的民族主义形态。在中国、越南和非洲部分国家,民族主义融合了马克思主义,共同促进了民族解放运动。有些发展中国家的民族主义则具有反西方色彩,这在宗教民族主义尤其是宗教激进主义的崛起过程中十分明显。

上述海伍德对民族主义意识形态源起与流变的分析,更多聚焦于政治民族主义,即属于政治意识形态类型的民族主义。而且海伍德认为,政治民族主义是一种高度复杂的现象,以晦涩难懂和自相矛盾为特征,而非一系列简单的价值观和目标。比如,民族主义既是解放的又是压迫的,在带来自治与自由的同时,也导致征服与镇压;既是进步的又是退化的,既向往民族新生,又颂扬昔日辉煌;既是理性的又是非理性的,一边在倡导有原则的信念,一边又在酝酿各种非理性的冲动与情绪,挑起对旧时恐惧和历史仇恨的回忆。民族主义产自不同的历史题材,塑造于错综复杂的文化遗产,用于实现不同类型的政治目标和理想。海伍德总结道:民族主义融合和汲取了其他政治理念,创造出系列互竞的民族主义传统,这种意识形态的不确定性是多种要素的产物。①

---

① See Andrew Heywood, *Political Ideologies: An Introduction*, Palgrave Macmillan, 2012, p. 182.

二、民族主义意识形态的核心要素

海伍德认为,民族主义是一种复杂和高度多样化的意识形态,有着独特的政治、文化和种族形态,虽然它与各种意识形态均有联系,但其核心要素仍可概括为四个方面,即民族、有机共同体、自决和文化主义。

(一)民族(nation)

在海伍德看来,民族主义理念基于两个核心观点:其一,人类社会被自然划分为不同的民族;其二,民族是最合适的,也可能是唯一合法的政治统治单位。基于此,古典政治民族主义(classical political nationalism)将国家和民族的边界视为一体,于是认为在所谓的民族国家(nation - state)中,民族身份与公民身份应融为一体。

海伍德强调,民族没有一个客观的蓝本,因为所有的民族都具有某种程度的文化异质性,它是由具有共同价值观和传统,尤其是共同语言、宗教和历史,通常情况下包括共同地域的人们结合在一起的共同体。海伍德十分看重语言和宗教的作用。在他看来,语言常被视为民族最鲜明的标志,体现着独特的态度、价值观,是能产生亲近感和归属感的表达方式。例如德国民族主义建立在文化共同体意识基础上,体现了德语的纯洁和得以幸存的历史。而宗教是构成民族身份的另一要素。在北爱尔兰,人们常常根据宗教信仰来区分说同一种语言的人民:大多数新教徒视自己为联合主义者(u-nionist),希望维持与联合王国的联系,而许多天主教团体则倾向于爱尔兰的统一。而在北非和中东,伊斯兰教一直是民族意识形成的重要因素。

此外,海伍德认为,相比较而言,民族通常以文化而非生物学为基础,反映的民族团结可能会基于种族,但更多是基于共同的价值观和文化信仰。因此,民族往往具有共同的历史和传统,通过追忆昔日荣耀、庆祝国庆、纪念领袖诞辰或重大军事胜利等形式,来维系民族认同。譬如,美国庆祝独立日,法国纪念"巴士底日"(国庆日),英国庆祝休战日。

当然,海伍德也意识到了文化认同因素的复杂性。它一般难以精确界定,反映的是多种文化因素的结合,而非任何精确的准则。因此,民族最终只能通过其成员而非一套外在标准来"主观地"加以界定。从这一意义上讲,民族是一个心理政治实体,将自己视为天然的政治共同体,并以共同的忠诚或情感与各种形式的爱国主义来区分彼此。

海伍德还强调,仅从文化和传统角度来界定民族会引发一些难题。即使某种特别的文化特征与民族身份有很大关系,尤其是语言、宗教、族性、历史和传统,仍然不存在任何模板或客观标准能界定一个民族何时何地存在。事实上,民族是主客观因素的结合体,这些因素导致了相互竞争的民族概念的出现。他指出,虽然民族主义者都赞同民族是文化因素和心理政治因素的混合体,但他们都强烈反对在二者间寻求平衡。一方面,排外型的民族观强调民族团结和共同历史的重要性与共同血缘这一基本特征,但混淆了民族和种族的区别。原生主义者(primordialist)认为,民族具有使人们捆绑在一起的"原生的纽带",人们对语言、宗教、传统生活方式甚至故土有着强大且貌似与生俱来的情感依恋。保守主义者和法西斯主义者不同程度地采纳了这种民族观。另一方面,包容型的民族观基于公民民族主义(civil nationalism),强调公民意识和爱国忠诚的重要性,倾向于淡化民族与国家及民族身份与公民身份的区别,认为民族可以是多种族、多族群、多宗教的。自由主义者和多元文化主义者倾向于这种民族观。

(二)有机共同体(organic community)

海伍德指出,尽管民族主义者有可能不认同民族的一些界定性特征,但他们都一致认为民族是有机的共同体。这就是民族比其他任何社会群体具有更高忠诚度和更深层政治意义的原因。尽管阶级、性别、宗教和语言等在特定社会中显得很重要,甚至在特定情形下是至关重要的,但有机共同体作为民族核心要素的纽带作用是更为根本的。尽管如此,对这个问题仍存在不同的解释,为此,海伍德介绍了最为重要的原生主义、现代主义和建构主义的看法。①

原生主义者(primordialist)的民族主义认知以历史嵌入的视角来描述民族认同:民族根植于国家成立之前或争取独立之前就已存在的共同文化遗产和语言中,而且是以类似于亲属关系的情感依恋为特征的。从这个意义上说,所有的民族主义者都是原生主义者。安东尼·史密斯通过强调现代民族和前现代民族共同体之间的连续性来凸显了原生主义的重要性。这意味着族性(ethnicity)与民族之间几乎没有区别,现代民族本质上是远古民族共同体的新版本。

相反,现代主义者(modernist)认为民族认同是编造出来的,目的在于应对瞬息万变的现实情况和历史的挑战。厄内斯特·盖尔纳(Ernest Gellner)为此强调了民族主义与现代化尤其是工业化进程的联系。他着重指出,工业社会的出现促进了社会流动、自我奋斗和社会竞争,故需要一种新的文化凝聚的源泉,而这是民族主义能提供的。盖尔纳的理论表明民族联合是为了应对特定的社会情势,恢复前现代社会的忠诚和认同是不可想象的,但它也暗含着民族共同体是根深蒂固和经久不衰的意味。本尼迪克特·安德森(Benedict Anderson)也将现代民族描述为社会经济变革的产物,他强调的是资本主义出现和现代大众传播到来的共同作用,即他所称之"印刷资本主义"的作用。在他看来,民族是一个"想象的共同体"。

建构主义(constructivism)认为是民族主义创造了民族,而非民族创造了民族主义,民族认同是一种通常为权势群体利益服务的意识形态结构。此外,海伍德还谈到了埃里克·霍布斯鲍姆(Eric Hobsbawm)等西方马克思主义学者对这一问题的看法。霍布斯鲍姆认为,历史连续性和文化纯洁性始

---

① 海伍德所介绍的原生主义、现代主义和建构主义三种理论范式,实际上后两者的界限是较模糊的。我国学界对相关理论范式的区分并不统一。叶江教授概括为"原始主义"(primordialism)、"永存主义"(perennialism)、"现代主义"(modernism)、"族群 – 象征主义"(ethno – symbolism)和"后现代主义"(post – modernism),并重点分析了"现代主义"和"族群 – 象征主义"。王军教授区分为原生论、后设原则论和边界论。我国台湾学者罗志平则分为原生论、持久论、现代论、后现代论、族裔象征论。参见叶江:《当代西方的两种民族理论——兼评安东尼·史密斯的民族(nation)理论》,《中国社会科学》,2002 年第 1 期;王军:《民族主义与国际关系》,浙江人民出版社,2009 年,第 5 ~ 12 页;罗志平:《民族主义:理论、类型与学者》,台湾旺文社股份有限公司,2005 年,第 111 ~ 243 页。

终是虚构的,是民族主义自身虚构出来的。在马克思主义看来,民族主义是统治阶级在遭到社会革命的威胁时,为确保民族忠诚优先于阶级联合而创造出来的一种工具,以此来约束工人阶级顺从已有的权力结构。①

(三) 自决(self – determination)

在海伍德看来,直到法国大革命时期,民族主义才正式作为一种政治意识形态出现。可见,肇始于法国大革命的民族主义是以人民或民族的自治为基础的。换言之,民族不仅是自然共同体,还是自然的政治共同体。海伍德进而指出,在民族主义传统理念中,民族和国家本质上是联系在一起的,民族认同通常体现在民族自决原则之中。因此,民族主义的目标是建立民族国家。海伍德总结了实现目标的两条路径:一是通过统一,二是通过独立。

海伍德强调,对民族主义者来说,民族国家是最高级且最令人满意的政治组织形式。民族国家最大的优势在于它能提供文化凝聚和政治统一的前景。而且,民族国家的政治主权由人民或民族自身来行使,有助于政府权威合法化。这就是为什么民族主义者相信,创造一个民族国家世界的动力是自然且不可抵抗的,民族国家是最为可行的政治单位。

海伍德也意识到,民族主义并不总是与民族国家联系在一起。比如,有的民族虽不能拥有国家身份和完全独立的地位,却可能会满足于一定程度的自治地位。例如英国威尔士的民族主义就是如此。这说明民族主义并非总是伴随着分离主义(separatism),联邦主义或权力下放也是可替代的方案。不过,权力下放甚或联邦制所建立的自治是否就足以让民族主义者感到满意却并不是确定的。例如,1999 年英国设立苏格兰议会也未能阻止苏格兰民族党(Scottish National Party,简称 SNP)推动苏格兰独立公投的行动。

(四) 文化主义(culturalism)

尽管经典民族主义总是伴随着追求和维护独立民族身份的政治目标,

---

① See Andrew Heywood, *Political Ideologies: An Introduction*, Palgrave Macmillan, 2012, p. 177.

但民族主义大都与民族文化的愿望与需求紧密联系,尤其是文化民族主义。海伍德也是如此认为的。

为此,海伍德重点介绍了文化民族主义在德国的源起。和许多人一样,他认为约翰·赫尔德(Johann Herder)是位可与"政治民族主义之父"——卢梭相提并论的文化民族主义设计师。赫尔德和约翰·费希特(Johann Fichte)、弗里德里希·雅恩(Friedrich Jahn)一道,认为具有独特性和优越性的德国文化与法国革命的理念是相悖的。赫尔德认为每个民族都拥有民族精神(volksgeist),通过歌谣、神话和传说的形式展现出来,并为民族提供创造力的源泉。可见,赫尔德的民族主义是一种文化主义(culturalism)。在19世纪的德国,民族主义主要体现为文化重塑,即民族传统的复兴和神话传说的再现。之后,文化民族主义在世界各地广为传播。

海伍德同样意识到,人们对那些将民族首先视为文化共同体而非政治共同体的观点存有异议。依此看,排外封闭的文化民族主义和包容开放的政治民族主义是有区别的,无论是隐性还是显性的文化民族主义,都常常会在骄傲和恐惧情绪激发下对其他民族或少数人群体采取沙文主义(chauvinism)或敌对的态度。海伍德最后指出,当文化民族主义演化到追求同化与文化"纯度"时,便与多元文化主义(multiculturalism)不相容了。

三、民族主义意识形态的主要类型

在上述分析基础上,海伍德大体按时间顺序,诠释了四种主要的民族主义意识形态,即自由民族主义(liberal nationalism)、保守民族主义(conservative nationalism)、扩张民族主义(expansionist nationalism)、反殖民和后殖民时代的民族主义(anti-colonial and postcolonial nationalism)。

(一)自由民族主义

自由民族主义是民族主义最古老的形式,可追溯到法国大革命时期,融合了人民主权和自由的原则。后经朱塞佩·马志尼(Giuseppe Mazzini)进一步阐释,自由民族主义融合了在多民族帝国内反抗专制主义压迫的思想。

在马志尼看来,意大利的统一意味着要摆脱奥地利的专制统治。自由民族主义不仅传遍了欧洲,还推动了拉美独立运动。一战后,被视为欧洲重建基础的威尔逊"十四点方案"(The Fourteen Points),也是基于自由民族主义的原则。20世纪反殖运动的领袖们同样受到了自由民族主义的影响,譬如中国的孙中山、印度首任总理尼赫鲁等。

在海伍德看来,自由民族主义是一种解放性力量,其基本观点体现在两方面。其一,自由民族主义主张,民族和个人一样是平等的,应拥有平等的自决权。因而,自由民族主义的最终目标是构建独立民族国家的世界,而不仅仅是某一民族的统一或独立。其二,自由民族主义认为,实行民族自决是构建和平稳定的国际秩序的一种方式。自由民族主义是一种在相互尊重国家权利和民族特征基础上推动民族团结和增进民族友爱的力量。从本质上来说,自由主义超越了民族,契合了世界主义和国际主义的意境。

在肯定自由民族主义上述主张的同时,海伍德也批评这些主张有时是单纯的、浪漫的:其一,它意识到了民族主义进步、自由、理性、包容的一面,却忽视了其阴暗面。其二,自由主义者视民族主义为一种普遍原则,却对其情感力量不甚了解。在战争年代,这种情感力量可怂恿人们为他们的祖国去拼杀或牺牲,而不管国家的动机是否正当。其三,自由民族主义低估了民族国家的构建难度。实际上,民族国家往往是由许多语言、宗教、民族或区域群体组成的,政治统一、文化同质的民族国家理想往往难以实现。

(二)保守民族主义

海伍德回顾了保守主义者对民族主义态度的转变和二者的结合历程。在19世纪早期,保守主义者曾将民族主义视作激进和危险的力量,是对秩序和政治稳定的一种威胁。然而,随着时代的发展,迪斯累利、俾斯麦、亚历山大三世等保守主义政治家,逐渐与民族主义者产生共鸣,将其视为维持社会秩序和维护传统体制的天然盟友。到现代,民族主义已成为世界大多数保守主义者的信条,保守民族主义已成普遍现象。

他总结了保守民族主义的特点:第一,它本质上是怀旧的、保守的,视传统体制为民族认同的象征。其保守性是通过诉诸传统和历史得以维系,反映了对昔日岁月和荣耀的追忆。譬如,英国保守民族主义就与君主政体有着密切联系,推崇名为《天佑女王》(God Save the Queen)的国歌。第二,它常被用作应对社会革命的解药。法国前总统戴高乐就曾通过特殊的技巧把民族主义变成了法国的保守力量,通过推行独立甚至反美的防务和外交政策增强了民族自豪感,重建了社会秩序和权威。第三,它在民族认同受到威胁或面临失去的危险时显得举足轻重。例如,为应对移民问题和超国家主义(supranationalism),保守民族主义在许多现代国家广为存在。

保守民族主义也备受批评,为此海伍德总结道:一是其思想总是受到诟病,被视为统治阶级意识形态和精英治理的一种形式。它往往为维护现有统治和治理架构、社会现状合法化而抵制变革。二是它会导致褊狭和固执。它通常与狭隘民族主义相联系,对移民和超国家机构日益增强的影响持抵制态度。为维护文化纯洁和现有传统,它通常将移民和外国人视为威胁,甚至渲染种族主义和仇外主义的情绪。

(三)扩张民族主义

海伍德梳理了扩张民族主义的几种表现形式。它们大都为人们所熟知,本身也互有交错。

一是沙文主义。它是与早期自由民族主义区分开来的一种扩张民族主义,以法国士兵尼古拉斯·沙文(Nicolas Chauvin)的名字命名,此人曾狂热地崇拜和追随拿破仑一世。19世纪末,英国创造出一个新词——亲国热(jingoism),用以描述当时支持殖民扩张的大众民族主义情绪。

二是帝国主义(imperialism),有时称军国主义(militarism)。19世纪后期,民族主义的侵略面孔就已变得尤为显眼,列强以光耀民族、追逐"阳光下地盘"的名义竞相瓜分非洲。此时的扩张民族主义已演变为得到了大众民族主义支持的帝国主义,最终引发了第一次世界大战。后来这种扩张民族主义再次达到高峰,演变成法西斯政权推行帝国扩张的军国主义,再次引发世界大战。

三是泛民族主义(pan-nationalism)。这是一种特别的扩张民族主义,以19世纪末、20世纪初盛行的泛斯拉夫主义(Pan-Slavism)为代表。泛斯拉夫主义力图实现斯拉夫的统一,许多俄罗斯民族主义者视其为国家使命,这也导致俄奥为争夺巴尔干的冲突。1991年苏联解体后,各种形式的泛斯拉夫主义又开始复活。此外,泛德意志主义(Pan-Germanism)也是一种类似的扩张民族主义。

四是种族主义(racialist)。海伍德重点介绍了种族主义在德国的演化。他指出,拿破仑战争时期,传统德国民族主义就已表现出明显的种族优越感,呈现出种族主义的迹象。1871年德国统一之后,这一迹象越发明显,直到后来的纳粹政权公开推行反犹主义(Anti-Semitic)政策,将种族主义发展到极致。纳粹党人狂热奉行种族主义意识形态,以图实现扩张主义目标,更多是基于生物学而非政治学的语言来说明其所谓的合理性。

扩张民族主义往往源于强烈的感觉,甚至是歇斯底里的民族主义热情。海伍德意识到了这一点,他指出个人作为独立和理性的个体,往往被这种情绪所裹挟。这种民族主义往往伴随着尚武精神,使民众深受绝对忠诚、全身奉献和自我牺牲这些尚武精神的感染。在政治上,这种民族主义常常在种族主义意识形态中得以体现,"非我族类"者往往被其视为展示辉煌或遭受挫折的替罪羊。为此,法国极右翼民族主义者查尔斯·莫拉斯(Charles Maurras)曾将其称为"完整的民族主义"(integral nationalism)。

(四)反殖民和后殖民时代的民族主义

在海伍德看来,欧洲殖民主义通过民族主义的传播播下了自我毁灭的种子,衍生了反殖民和后殖民时代的民族主义。一方面,被殖民统治的经历增强了亚非人民的民族认同感与民族解放的渴望,衍生了反殖民民族主义。到了20世纪,世界大部分地区的政治地理版图因而改变,民族解放运动导致了老牌殖民帝国的陵夷及殖民体系的最终崩塌。这正如安东尼·史密斯所言,"民族主义常常担当起一种解放的力量,解放全世界人民的精神和物质资源,并且通过大众的斗争帮助移开某些对世界人民争取更大平等的障碍"①。

另一方面,许多民族解放运动的领导人虽曾在西方接受过教育,但却通过各自的民族解放模式与西方政治传统分道扬镳。例如,甘地(Gandhi)提出的政治哲学,融合了深植于印度教并具有非暴力和自我牺牲伦理色彩的印度民族主义。相反,在马提尼克岛出生的法国革命理论家弗朗茨·法农(Franz Fanon)则强调了反殖民斗争和暴力的联系,认为只有通过暴力的宣泄才足以强大到能够实现心理 – 政治上的重生。

海伍德同时指出,社会主义思想同样对亚非民族主义产生了重要影响。大多数亚非反殖民运动领导人,从温和派到革命的马克思主义者,都曾受到某种社会主义思想的影响。在这些国家,社会主义思想强有力地吸引着民族主义者,特别是对不平等和剥削问题提供了解析的马克思主义,人们借此意识到殖民统治是阶级压迫的延伸。

海伍德进而总结了后殖民时代民族主义的具体形式:其一,一些发展中国家接受了马克思列宁主义的理论,甫获独立,便跟随苏联模式,将经济资源国有化,建立计划经济体制。其二,一些非洲和中东国家,则建立了另一种意识形态色彩的民族社会主义(nationalistic socialism),在坦桑尼亚、津巴布韦和安哥拉等地,这一民族主义又被称为"非洲社会主义"(African socialism)。这种社会主义宣称追求的是统一的民族目标和利益。其三,主要传播媒介为宗教激进主义的民族主义。在某种程度上,这是一种对西方尤其是美国文化和经济强权的抵制性反应,寻求的是一种反西方的言说形式。

四、全球化时代的民族主义意识形态

全球化时代的民族主义是一个备受关注的重要议题。许多关于全球化的争论都集中在它对国家的冲击和对国内政治的影响方面。有学者认为,全球化释放了种族政治和民族主义意识形态的反全球化力量,意味着"政治

---

① [英]安东尼·史密斯:《民族主义:理论、意识形态、历史》,叶江译,上海世纪出版集团,2006年,中文版前言,第2页。

的死亡"(death of politics)与国家的过时。[①]

　　海伍德对这一议题给予了密切关注。一方面,他分析了全球化对民族主义的冲击。在他看来,随着全球化的到来,民族国家遭到破坏甚至有的彻底遭到破坏,种族和区域的政治认同正在取代民族认同,民族国家本身逐渐失去权威。全球化对民族主义的挑战是多方面的,且形式各异,经济全球化削弱了民族国家作为自主经济体的能力,文化全球化则弱化了民族国家的文化特殊性。

　　对此,海伍德提醒人们注意两点。第一,全球互联性的增强(这是全球化的核心),改变了人们的政治共同体意识,扩展了人们的道德敏感性。这使得有些人认为,民族主义正处在被世界主义取代的过程中,仅限于对自己社会内的人民的政治忠诚和道德责任在日益以相互联系和互相依赖为特征的世界上已经越来越站不住脚了。跨境信息与通信的流动,实质性地减弱了人们对地球另一端的人们和社会的"陌生感"或"距离感",世界仿佛"缩小"了。尽管政治上的世界主义(political cosmopolitanism)被广泛认为难于实施且不值得欢迎,某种道德上的世界主义(moral cosmopolitanism)则可能应运而生,人们往往据此认为自己是世界公民而非某国公民。[②] 在世界主义者看来,民族间的区隔总是充满无知和武断,人类应有能力超越民族主义。

　　第二,伴随着国际移民潮的高涨与现代社会文化和种族多样性的显著增强,以文化来维系凝聚力的民族国家已成明日黄花,也就是说民族认同已处在一个被与种族、文化和宗教等紧密相连的竞争性认同所取代的过程之中。近几十年来,国际移民在战争、民族冲突和政治剧变的推动下不断增多,经济全球化浪潮也"拖拽"着人们离开故国,去寻求更好的工作机会和更

---

　　① 参见[英]安德鲁·海伍德:《政治学核心概念》,吴勇译,中国人民大学出版社,2014年,第161页。笔者认为,海伍德在这里引用的观点虽容易引起争议,但确实反映出了民族主义与全球化折冲下的诸多国际政治现象,而且随着近年国际上"逆全球化"、民粹主义的回潮,这一议题更值得关注。

　　② 在海伍德看来,世界主义的字面意思就是关于"大都会"(cosmopolis)或"世界政府"(world state)的一种信仰。道德世界主义基于所有个体在道德上都是平等的认识,认为世界是由单一的道德共同体构成的,在其中人们对世界上的其他所有的人都有(潜在意义上的)义务,而不考虑国籍、宗教、族性等因素。政治世界主义——有时称为"法律"或"制度"世界主义(legal or institutional cosmopolitanism),则认为世界上应该有全球性的政治制度,而且可能的话还应该有一个世界政府。See Andrew Heywood, *Political Ideologies: An Introduction*, Palgrave Macmillan, 2012, p. 196.

高的生活水平。这反映了民族主义到多元文化主义的转变与跨民族共同体（transnational communities）①不断增多的现象,反映出多元文化民族主义（multicultural nationalism）的出现。

另一方面,海伍德认为,几乎没有什么经验证据可以说明关于民族主义消亡的预测是接近于实现的。尽管国际组织在全球政治决策中越来越重要,但没有一个国际组织在吸引政治归属或情感忠诚方面的能力可与民族国家媲美。海伍德进而指出,有理由相信,全球化时代的到来有可能导致民族主义的复兴而非衰亡,民族主义的复兴至少有三种方式可以解释。

其一,增强民族自信（national self - assertion）成了强大国家扩大地位权重的一种战略,尤其是从冷战后国际秩序的流变性质来看。民族主义再次证明了它以意识形态声势（发源于一个关乎力量、团结和自豪的愿景）赋予经济和政治发展以驱动力的能耐。许多国家都证明了这一点。

其二,1990 年以降,种种文化的尤其是族裔的民族主义形态盛行起来了。这在前南斯拉夫、高加索和非洲大湖地区的一系列民族冲突和战争中得到了体现,也正如安东尼·史密斯所说:"民族主义的意识形态对许多渴望成功获得独立和主权的族群群体是生死攸关的。一方面,民族主义允许许多大的或较小的群体进入政治竞技场;另一方面,它也常常导致痛苦的和持续的族群冲突,……通过求助于民族主义来动员全体人民保卫祖国。"②

其三,民族主义或许已作为对全球化与其引起的经济、文化和政治变革的一种反应而得以复兴。民族主义时常兴起于恐惧、不安和社会混乱的情景之中,其优势在于维护团结和稳定的能力。比如在有些地方,民族主义利用了人们对移民问题的忧虑,通过反对多样性和文化交融的形式得以固化和复兴。近年民粹主义思潮在西方的抬头也印证了这一点。

---

① 跨民族共同体削弱了政治－文化认同与特定领土或"祖国"之间的联系,从而挑战了民族国家理念。被认为是"非领土化民族"或"全球部落"。See Andrew Heywood, *Political Ideologies:An Introduction*, Palgrave Macmillan,2012,p.195。

② ［英］安东尼·史密斯:《民族主义:理论、意识形态、历史》,叶江译,上海世纪出版集团,2006年,中文版前言,第 1～2 页。

五、海伍德相关诠释的概念学意义

海伍德关于民族主义的上述诠释,承续的思路为:源起与流变→核心要素→主要类型→全球化时代的发展。这不仅仅是一种全景剖析,还是一种概念学视阈下的诠释,在专业性和通俗性、学术性和清晰性方面的契合程度,不亚于许多研究民族主义的著名论著,尤其有助于我们全面理解民族主义的意识形态属性。

在海伍德看来,民族主义总体上是个有争议性的政治概念和难于独立存在的意识形态。无论是在他所著的《政治学核心概念》还是《政治意识形态导论》中,海伍德都将民族主义视为重要的政治概念而专门论述,尤其强调了它的意识形态属性。在他看来,政治概念是特别令人费解的东西:它们含糊不清,常常成为敌对和争论的主题;它们可能还"荷载"着连其使用者也不甚了然的价值判断和意识形态韵味。① 作为一个政治概念,民族主义的规范特征向来是难以判定的,因此民族主义更多的是一个"争议性概念"。当然,其争议性首先来自民族概念本身的争议性,比如民族到底是划分为"政治的民族"还是"文化的民族"?

进而,海伍德分析了难于将民族主义视为一种独立的意识形态的原因。第一,民族主义有时被归为政治学说而不是成熟的意识形态。第二,民族主义有时被认为在本质上是一种心理现象,通常表现为对本国的忠诚和对他国的厌恶,而不是一种理论体系。第三,民族主义有着"分裂型"的多重政治特征。在不同时期,民族主义时而激进,时而反动;时而民主,时而专制;时而理性,时而非理性;时而左翼,时而右翼。它一直与几乎所有的传统意识形态相互联系,以不同的方式吸引着自由主义者、保守主义者、社会主义者、法西斯主义者。大概只有无政府主义,由于反对政府存在的鲜明立场,从根本上与民族主义暌离。因此,正如民族主义本身就是一个"本质上有争议的概念"(essentially contested concepts),民族主义难以成为一种独立的意识形

---

① 参见[英]安德鲁·海伍德:《政治学核心概念》,吴勇译,天津人民出版社,2008年,第2~3页。

态。这应该是海伍德关于民族主义意识形态最为基本的观点。

可以看出，海伍德是一个概念相对主义者、概念多元主义者、概念价值论者或传统主义者，而不是一个概念拜物教论者，他"一个人能始终如一地探讨和琢磨政治学的基本学问而又能有所成就，是非常不容易的"①。他在诠释核心概念时，无处不在力图给读者展现出一种审慎、公允的立场和态度，彰显政治科学的精神，虽然他本人也承认"完全价值中立的观点是难以成立的"②。他在论叙中博采了众多学者和流派的观点，接榫之处的手法也很精到，从概念学视阈系统诠释了民族主义是一种什么样的概念，具有什么样的意识形态属性。他并没有尝试一劳永逸地给民族主义意识形态下一个模式化的定义，就像民族主义研究名著《想象的共同体》的作者本尼迪克特·安德森通篇并未给民族主义下明确定义一样。海伍德更大程度上不是一名理论的设计师，而是一名知识的集成者。他无疑出色地完成了诠释民族主义意识形态这个"超级术语"的任务，无形中构建了民族主义意识形态的时空和观点"系谱"，而这恰恰是前人的工作中所缺失的。海伍德的诠释更多体现的是学理上的概念学意涵，而不是为了张扬普适性的政治学说，更不是为了推动民族主义成为一些国家和政党的官方意识形态或国家哲学（虽然它们与民族主义有千丝万缕的联系）。他的诠释虽然难于顾全不同时空的各种民族主义形态，但仍不失显见的借鉴意义，至少展现了一幅较为全面的民族主义意识形态"正视图"，对我们全面、理性地认识民族主义大有启迪。海伍德的诠释启示我们，最好不要以"对"与"错"的绝对标准来看待民族主义这样的概念。③ 毕竟，民族主义仍是当今和未来很长时期挥之不去的现象，许多社会形态仍将与之相伴相生，我们需要直面与之相关的诸多理论与现实问题。

---

① 参见吴勇：《对争议性政治概念的独到分析与诠释——〈政治学核心概念〉译序》，载［英］安德鲁·海伍德：《政治学核心概念》，吴勇译，天津人民出版社，2008 年，第 6～7 页。

② 参见［英］安德鲁·海伍德：《政治学核心概念》，吴勇译，中国人民大学出版社，2014 年，第 63 页。

③ 海伍德曾在谈论概念拜物教问题时表达了类似的看法，他的看法实际上无形之中契合了辩证法的精神。参见［英］安德鲁·海伍德：《政治学核心概念》，吴勇译，中国人民大学出版社，2014 年，第 4 页。

从多元到一体：印度政治整合路径分析

吕建明

（天津师范大学政治文化与政治文明建设研究院）

[内容摘要]多元性是印度的重要特征,也是印度国家建构的基础。在印度的历史发展过程中,民族、种族众多,民族问题复杂,民族矛盾往往是通过宗教纷争而体现出来。近代之前统一印度的各大王朝存在时间极短,中央集权缺乏稳定性,不能消除地方邦的分离状态。大一统式的政治文化的缺乏,迟滞了其建国的过程。印度独立后,在国家建设过程中特别注重加强中央集权,其采取了政党整合、世俗主义等措施来完成政治整合的任务。但原有政党体制的整合功能出现了偏差,世俗主义因被嵌入宗教而不能真正得到贯彻,这使得印度在今后的政治整合方式的改善和选择上只能通过继续加强中央集权的方式来完成,这最终会加深中央集权与民主之间的矛盾,从而影响其民主的效用。

[关键词]政治整合　国家建构　世俗主义

一、印度政治整合的历史遗产

在探索建立现代国家的过程中,印度的历史遗产影响着其道路的选择。历史上,印度的统一王朝并没有能确立对全印的持久的有效统治,中央集权制没有渗入印度的政治文化中,反而是政治分裂状态一直持续到近代,最终通过西方的殖民统治完成了其国家建构的初步任务。

(一)历史上统一的中央集权存在时间极短

古代的印度并非一个完整的国家,在很长时间里,只是一个地理名词,时常被外部力量所征服,虽然建立过统一的中央政权,但存在时间都很短,而且也没有延续下来,反而是邦国林立的政治分裂状态一直持续到印度独立才随之结束。

古印度文明是人类最古老的文明之一,在公元前 2000 年左右,古印度文明随着雅利安人的入侵而灭亡。雅利安人在征服的基础上将自己的文化与印度文化相融合,继而产生了一种新的文化——吠陀文化,这种带有等级特征的文化对印度的政治发展影响比较大。虽然雅利安人的政权渐渐衰落,但吠陀文化的影响却开始扩大到整个南亚次大陆。公元前 6 世纪末期,波斯帝国征服了印度河平原一带,在这里建立了行省,统治达 200 年之久,但并没有建立有效的统治。公元前 300 年左右,马其顿国王亚历山大大帝征服了印度河流域的一些邦国,在巴克特里亚地区建立了统治中心,印度的古代文化中被注入了希腊化的因素。亚历山大的征服促进了东西方文化之间的融合与交流,同时也引发了印度内部的统一运动。摩揭陀国的贵族旃陀罗笈多建立了孔雀王朝,其孙子阿育王统一了除半岛南端和东北以外的大部分地区,建立了中央集权式帝国,这是印度历史上第一个统一的帝国。这个政权存在的时间很短,在阿育王去世之后,印度很快分裂为几个国家。

从公元前 2 世纪初开始,处于中亚和东亚地区的塞人、安息人、大月氏人先后侵入印度。其中,大月氏的贵霜翕侯部落于公元 55 年建立的贵霜帝国影响比较大,是古代欧亚四大强国之一,其在印度的统治历时近四百年,在民族之间的混战中逐渐衰落,印度各地王公又重新进入了划地自治、相互残杀的状态。公元 4 世纪,恒河上游的一个小国君主"室利笈多"家族逐渐强盛,开始制服附近的小国并自称为"摩诃罗阇",意为众王之王。其孙旃陀罗笈多一世与一位摩揭陀公主结婚,将两个君主国合而为一,据华氏城为首都,开创了笈多王朝。在旃陀罗笈多二世在位时,其统治的国土面积扩大到几乎与孔雀王朝时期相当的程度,开创了中世纪印度的黄金时代,他被视为继阿育王后印度人的又一位伟大英雄,被称为超日王。笈多王朝成为印度本土建立的最后一个帝国政权。1206 年,以突厥人和阿富汗人为首的"四十大家族"为核心的军事政治集团,依靠中亚外族雇佣军建立德里苏丹国,统治着北印度。但其统治范围狭小,地方王公的独立性较大,最终也没有统一全印度。1526 年,突厥化的蒙古人巴布尔从中亚进入印度,建立了伊斯兰化的莫卧儿帝国。莫卧儿帝国在印度历史上占有极其重要的地位,它在印度维持了三百多年的统治,是印度历史上版图最广大的一个帝国,其依靠军事机关使帝国避免了分裂。到 18 世纪初,除印度次大陆的极南端以外,整个印度都并入了莫卧儿帝国的版图。在远离帝国统治核心区域的边远地方,小部落和邦国各自为战,不听从莫卧儿王朝的号令,争权夺势是各邦的最高目标。中亚伊斯兰势力依靠军事强权往往可以在短期内征服印度的大部领土,然而其统治常常是脆弱的,而且不得不依赖地方的印度教势力,但这些势力的忠诚度都是非常有限的。

18 世纪 50 年代,英国东印度公司通过普拉西之战开始了对印度的殖民入侵。由于印度缺乏统一的中央政权领导,各邦国彼此征战不休,分离倾向严重,这给英国殖民侵略者造成可乘之机,印度各邦最终被各个击破,到 1849 年 3 月,旁遮普的被吞并标志着英国完成对印度的彻底征服。英国强力压制了印度的各方反对力量,把印度彻底变为其殖民地。

尽管在历史上印度的封建王朝都有统一的政治举动,但持久的政治分裂状态并没有得到改变,版图比较大的几个王朝,如孔雀王朝、贵霜王朝、笈多王朝、莫卧儿王朝等,都曾经称霸一方,有的王朝的统治范围甚至超出了现代的印度。但总体来说,历史上印度统一的时间既不长,而且其统治也很不稳定。这种政治状态影响了印度的政治文化和民族心理,导致其对统一国家的消极心态一直持续了很长时间。政治上的长期分裂和外族的频繁入侵,迟滞了印度建构现代国家的进程。

(二)民族、种族众多,共同体意识弱化

印度号称人种博物馆,历史上经历过世界性的民族大迁徙,不同种族、

民族的交流与融合是其民族发展史中的典型特征。关于印度各族源的产生,学术界普遍公认的划分方法是由印度学者古哈于 1935 年提出来的。他将印度的种族划分为六个主要类型:尼格罗人、原始澳大利亚人、蒙古人、地中海人、雅利安人、阿尔卑斯迪纳拉人。[①] 在对印度族源的划分上,存在着很多相异的观点,有些族群名称虽然不一样,但实际上是同一个群体。古哈所说的地中海人实际就是指达罗毗荼人。

尼格罗人是最早来到印度的一个具有鲜明特色的种族实体,"尼格罗"的含义是"黑人",原住于非洲南撒哈拉地区。到目前为止,印度的一些族群仍然可以看到尼格罗人的特征。如在乌拉里人和安达曼群岛的原住民身上,都还可以看到相似的生理特征。尼格罗人后来被达罗毗荼人所驱逐或同化。

原始澳大利亚人从非洲大规模迁入印度,然后沿海岸南下,进入东南亚地区,还有一些进入澳大利亚。现今印度的蒙达人、高尔人、桑塔尔人、比尔人、琴楚人、库龙巴人和耶拉瓦人被认为是原始澳大利亚人的后裔。

以蒙古人为主体的亚洲大陆先民移居印度,形成了外来种族迁入印度的第三波。起源于中国北部的蒙古人,是经西藏高原辗转进入印度的。现今生活在印度的蒙古人可以分为两个主要族群,即古蒙古人和藏蒙古人。古蒙古人生活在印度,其体貌特征已经不太鲜明,藏蒙古人则带有明显的蒙古人特征,是不丹和锡金的主体民族。

古地中海人的一支曾迁徙到印度次大陆的中部、北部和西北部。他们被认为是公元前三千纪印度河流域城市文明的创造者。印度河文明是印度文明史与世界文明史上极其重要的一章。现在主要存在于今南印度的泰卢固人与泰米尔婆罗门中。他们也被称为达罗毗荼人。今天南印度的泰米尔人、泰卢固人、马拉雅兰人和巴基斯坦的布拉灰人等就是他们的后裔。

最初居住南乌克兰草原地区的具有北欧日耳曼民族体貌特征的一支游牧民族,曾在许多世纪中不断迁徙,先后到达伊朗、叙利亚等地,有的分散到安纳托利亚、希腊、东欧各处。到达伊朗的分支在公元前 1500 年前后,有一

---

① 参见孙士海、葛维钧主编:《印度》,社会科学文献出版社,2003 年,第 32 页。

部分经阿富汗进入北印度。穿越西北部的山口来到印度,凭借武力优势征服了相对柔弱的土著,并逐渐分布到印度次大陆许多地区。他们接受了后者的部分文化并逐渐与之混合起来。从历史比较语言学的角度他们被称为雅利安人。今天的克什米尔人、旁遮普人、孟加拉人、拉贾斯坦人,巴基斯坦的信德人、俾路支人、帕坦人,斯里兰卡的僧伽罗人等,都可以说是雅利安人或混血的雅利安人。他们带来的所谓雅利安文化,成为印度教与印度文学、哲学和艺术的源头。

经过民族融合,尼格罗人走向边缘,近乎灭绝。原始澳大利亚人散布在印度南部、西部和中部的部落之中。蒙古人与其他人种融合最少,分布在印度东北部、西孟加拉邦和喜马拉雅山山麓。地中海人是辉煌的印度河流域文明的创造者。在这一文明衰亡之后,他们向东迁徙并分散在恒河流域。来自阿尔卑斯山的种族渗透到恒河流域之时,不同的种族血统的融合开始大量出现。地中海人主要生活在恒河上游,阿尔卑斯山人主要生活在恒河下游。在印度南方,则以达罗毗荼人为主。

民族、种族的多元性为印度带来了活力,但同时,其历史上的国家政权在不同族体之间的频繁更迭变换,导致其缺乏政治稳定性。印度历史上的地方王公多为旧王国的贵族,对外来的政权往往抱有很大的敌意,离心力往往都很强。众多离心的民族对印度建立统一的国家都起过消极的作用。

(三)宗教众多,宗教关系复杂

印度的宗教按教徒多少排序依次为:印度教、伊斯兰教、基督教、锡克教、佛教、耆那教和帕西教(拜火教)、犹太教,至今仍然有一些部族民众在信奉着原始的萨满教。印度特殊的地理环境是其宗教赖以产生和长期流传的重要原因。印度三面环海,北部为喜马拉雅山和兴都库什山,中部和南部多为山脉和高原,崇山峻岭和封闭险恶的自然环境,使古代印度人需要一种足以安身立命的精神依托。这种自然环境和生活条件,构成了宗教的内容和特点。① 阶级社会所带来的精神压迫加重了人们的苦难。人们对社会苦难的思考往往会归结到一种难以捉摸的命运和力量上,认为这是操纵人类命运的根本。这种脱离现实的精神活动一次次被强化,伴随着印度次大陆战争频繁、外敌相继建立政权和人生的变幻无常,宗教起着一种缓解社会紧张的功能。

公元前 20 世纪至前 15 世纪左右,印度宗教从原始的宗教崇拜进入吠陀教时期。印度河流域原始居民达罗毗荼人被来自中亚的雅利安人游牧部落征服后,两者在宗教上互相融合,形成一种新的宗教信仰的混合物,摆脱了吠陀教时期的自然崇拜,将各种自然现象加以人格化,赋予其神的特征。如天神、地神、雷神、雨神、火神等崇拜对象,都被打上了人的形象的烙印,显示了多神论的特征。在雅利安人的征服过程中,形成了以婆罗门祭司为中心的种姓制度。这种制度强调种群差异,高种姓由雅利安人所把持,低种姓的首陀罗是那些失去土地的自由民或被征服的达罗毗荼人,他们没有任何生产资料,或为雇工和奴隶。在这四大种姓之外,还有地位较首陀罗更低下的"贱民"。婆罗门教从吠陀教演化而来,以"梵天"为全智全能的至高无上神,是万物的创造主。婆罗门祭司是神在人间的代理人,是人们的精神生活的指导者和知识的垄断者,婆罗门教劝说人们安于现状,忍受压迫,告诉人们只有循规蹈矩、安分守己才能在来世取得高种姓之位。通过这种精神枷锁,婆罗门教实现着社会控制。

具有外来种族色彩的婆罗门教,激发了印度以追求精神平等的本土宗教的反抗,耆那教和佛教在北印度婆罗门教势力较弱的地区相继产生。雅利安人对当地土著居民的奴役,激发了严重的民族矛盾。婆罗门教已无法应对奴隶制国家的各种社会矛盾。低种姓和贱民在屈辱、绝望的社会环境中,产生了逃避尘世的幻想,企图通过宗教来寻求自我解脱。而高种姓的刹帝利力量不断强大起来,吠舍种姓中也出现了富有的商贾,他们对维护雅利安人把持种姓最高等级的婆罗门教产生了不满,因此高种姓的刹帝利、吠舍

---

① 参见王树英:《民族政治学:印度的族裔问题及其治理研究》,中国社会科学出版社,2017年,第 202 页。

和低种姓的首陀罗、"贱民"联合起来反抗婆罗门教,抵制雅利安人,形成了早期的"民族反抗"。

宗教抗争掩盖着背后的民族反抗。耆那教创始人被称为大雄,佛教的创始人为释迦牟尼,二者都属于刹帝利种姓,都出生于王族家庭。从宗教产生的背景来看,雅利安人与印度本土人之间的社会矛盾可见一斑。公元前4世纪,孔雀王朝承担起了统一印度次大陆的重任。该王朝是第一个基本统一印度的政权,也是在印度河文明消亡之后第一个由本土人创立的王朝。王朝的开创者旃陀罗笈多晚年信奉耆那教,其孙阿育王将孔雀王朝推向极盛,实行君主专制,同时大力推行佛教。公元前3世纪,佛教已成为占统治地位的宗教。孔雀王朝的继任者多为佛教的推行者,他们广建佛塔,召开佛教大会,而且积极向外布教,最终使诞生于一个小王国的佛教成为印度次大陆、东南亚、中亚、东亚国家的主要宗教。佛教主要分为两个派别:一是小乘佛教,注重个人修持,不拜偶像,与贵族上层相结合,它的发展也越来越离开了社会大众的支持。二是大乘佛教,主张"普度众生",被越来越多的社会中下层所接受,但在发展的中后期,由于过于追求烦琐空洞的理论论证而逐渐脱离广大徒众,佛教最终失去了宗教上的主导地位。

沉寂几百年的婆罗门教在新的社会力量的支持下,逐渐吸收了佛教和耆那教的某些要素,而发展成为一种新的宗教——印度教。通过重释吠陀经典,印度教推出三大主神加以崇拜:创造神梵天、破坏神湿婆和保护神毗湿奴,然而因对三大主神的偏好而产生了教派分歧。印度教内部宗教观点复杂甚至多有互相矛盾之处,但其融合了婆罗门教、佛教和耆那教的教义成分和哲学精神,又反映了印度的哲学、文化和习俗,同样崇拜其他各宗教的神,最终印度教取代了其他宗教成为印度文化统一的象征。

信奉伊斯兰教的德里王朝(1206—1506年)和莫卧儿帝国(1526—1857年)共统治印度长达六百多年,伊斯兰教的势力在这两个王朝的支持下日益强盛,以至于根深蒂固,成为当时的国教。印度原有的宗教饱受摧残,佛教寺院几乎被毁灭殆尽,耆那教也受到严重破坏,影响力甚微,唯有根基相对坚固的印度教在民间残存。与其他宗教不同的是,伊斯兰教不仅仅是宗教,而且是一套反映了阿拉伯封建主利益的政治、经济、法律、文化的制度。由于其政教合一的一神教特点,其在占领地通过军事和政治施压,强迫当地放弃原有宗教,改信伊斯兰教。伊斯兰教影响了印度的文化艺术、社会结构和政治制度。它要求全体穆斯林不分种族、家族和部落,统一在伊斯兰星月旗下,其对徒众的控制和统治远较其他宗教为强,这都是印度本土宗教所未曾经历过的。但伊斯兰教势力的扩张也反映了印度急需统一的现实需求。历史上印度的统一往往都是很短暂的,各地王公分裂是其主流。伊斯兰教的到来与其一神教的特点,符合印度统一的趋势,这也是伊斯兰政权能够在印度存在六百多年的原因。但这种统一并未能完全消除印度原有宗教与其之间的矛盾,只是暂时蛰伏了下来。

针对伊斯兰教政权对印度教的宗教迫害事件屡见不鲜。很多宗教改革家试图弥合伊斯兰教和印度教的对立,使人们在共同信仰中团结起来,锡克教遂以印度教改革派的面目问世。该教是旁遮普贵族纳那克(1469—1538年)所创,其属贵族阶级之刹帝利阶层。"古鲁"为圣师的意思,是锡克教每任继任者的专有称号,"锡克"(sikha)一词在梵文中是门徒或弟子的意思,锡克教徒自称为教祖的门徒,故而得名锡克教(Sikhism)。其名言为:"既没有印度教徒,也没有穆斯林。"教义讲求阶级平等,人人可能通过信仰神而得救。个人灵魂只有和神结合时,方可脱离生死轮回,进入梵我合一境界。锡克教徒的神名叫真理创造者,自太初即存在,是不死不转生的,除他以外别无他神,经典中常以伊斯兰教的"阿拉"或印度教的"梵天"交互称呼这位神。其因反对当时伊斯兰教化的莫卧儿王朝,逐渐成为一种军事组织,反对偶像崇拜和歧视妇女,反对种姓歧视,得到中下层民众的支持。其因遭受迫害且反抗精神强烈,培养了锡克教徒的尚武精神。锡克教徒人数不多,但其影响力却很大,是英国殖民者征召的主要对象。

1498年5月,葡萄牙航海家达·伽马到达印度西南部的卡利卡特,西方人在印度贸易殖民的同时也带来了基督教。西方殖民者主要采取了两种方式对印度进行征服,一是武力征服,二是通过基督教的传播对印度实行精神上的征服。西方人并非将完整的基督教文化传入印度,而是选择那些有利于殖民统治的内容作有计划的移植。具有悠久的文化传统和传统宗教信仰的印度人对基督教的抵御是很强烈的。经过几百年的传教,二战期间印度的基督徒约占人口的 1.5%,20 世纪 80 年代,约占总人口的 2.6%,不仅比例很小,而且派别林立,对政治的影响力远不如其他宗教派别。

印度的宗教氛围浓厚,本土宗教和外来宗教兼而有之,各种宗教之间又有严重的派别之争,但争论的主要焦点已经不限于宗教观点的分歧,而是围绕着政治权益。宗教分裂化、政治化成为印度构建主流文化的难题。宗教内部强调团结,但宗教派别之间的分歧对印度国家的影响主要体现为一种分裂的力量。总体上,宗教对印度政治的影响可以概括为:局部的团结与整体的分裂。

英国的殖民统治激发了印度的民族主义,使印度人暂时团结起来一起对抗外来侵略,但民族主义的传播是通过宗教主义来进行的。以至于当时的印度教思想家维韦卡南达认为,印度教精神遗产是正在出现的民族认同的基石。[1] 国大党的早期领导人甘地,使用印度教的语言动员民众,利用印度教的方式反对殖民统治,其在争取一部分民众的同时,疏远了与其他教派的关系,这也是印度教民族主义自身的狭隘性所产生的后果。在其他教派看来,摆脱印度教派与摆脱英国殖民统治具有同等意义。国大党试图通过民族主义来整合印度各教派,但由于这种民族主义的核心仍然是印度教主义,从而使民族主义的动员力大打折扣,最终导致印巴分治。

印度独立后,国家建设采取"世俗主义"的方式,摆脱了宗教对政治的影响。印度宪法将把印度建成为"非宗教性的民主共和国"列为重要内容。国家对所有宗教一视同仁,不歧视任何宗教,也不宣布任何宗教为国教,这种"世俗主义"的态度成为印度宪法和法律的基本原则。但在实际的政治运作中,以宗教利益为选举目的的政党和政治势力却比比皆是,他们以宗教画线,推选的候选人往往都是本教派的成员,这种做法不仅在中央议会中体现,而且在邦议会中也是如此。印度宪法颁布之后,教派活动并未因此停止,这些教派组织利用宪法和法律保障公民享有的宗教信仰权,鼓吹教派利益高于一切,积极进行传教活动,并设法向经济领域、政治领域渗透,这为印度的民主政治蒙上了教派主义的阴影。

---

① 参见陈小萍:《印度教民族主义与独立后印度政治发展研究》,时事出版社,2015 年,第 27 页。

（四）殖民统治遗产下的国家建构

综观印度历史,建立统一国家的时间极短,更多的时间处于一种四分五裂、邦国林立的状态。如果从制度指标来看,印度文明从未建成过完整的国家体制。[①] 西方国家在殖民活动的初期进行得比较顺利,得益于印度未出现一个强大的中央政权与之对抗。英国在殖民征服过程中碰到的是一个个王公的抵抗,而不是一个国家的抵抗。在英国征服印度的殖民过程中,印度内部之间战争的激烈程度一点儿不亚于英国对印度的军事行动。1757 年,莫卧儿王朝几乎成为马拉塔帝国的傀儡,马拉塔帝国在西南要面对迈索尔,在东南则要面对尼萨姆,相互之间经常因为土地和人口大打出手,这种政治分裂状态无疑削弱了印度抵抗殖民侵略的力量。

印度沦为殖民地后,英国人采取印人治印的方式进行管理,通过安抚土邦王公,使其成为英国殖民统治的忠实助手。英国对印度进行殖民的最初目的不是在政治上接管整个次大陆,而是找到原料产地、市场售地与国际贸易中转地。但殖民侵略最终激发了印度的民族主义情绪,1857 年印度民族大起义爆发,这是印度本土势力团结起来的最强抵抗。起义爆发后,东印度公司的统治权被取消,英国在印度建立直接统治。19 世纪末期,英国任命由印度人组成的总督顾问和建立由印度人组成的省议会,这标志着印度迈出自治的第一步,随着 1892 年印度议会法的颁布,扩大到立法的参与,建立地方自治机关和地方行政区,选举范围扩大到印度人。1942 年 8 月,国大党中央委员会(All India Congress Committee)孟买会议通过了"退出印度决议",标志着退出印度运动的正式开始。

二战结束后,英国在印度的殖民统治瓦解。到 1946 年,印度的所有政治犯被释放;英国开始就印度逐步走向独立的问题和国大党开始进行政治对话。1947 年,根据《蒙巴顿方案》,巴基斯坦和印度两个自治领分别独立。现代印度的完整的统一是通过英国的殖民统治以及印度的反殖民运动共同作用下完成的,印度国大党接受并改造了这一遗产。

独立后的印度,在极力摆脱殖民统治影响的同时,也在积极构建自身特

---

① 参见张驰:《印度政治文化传统研究》,中国政法大学出版社,2014 年,第 21 页。

色的印度政治。一方面铲除英国殖民统治的遗毒,通过民族主义激发本国人民的爱国热情,另一方面又将英国的议会制度改造为适应本国的基本政治制度。但在印度建国后的20年中,它并没有彻底摆脱殖民主义的阴影。[1]到目前为止,其内部的差异性仍然非常巨大,民族国家的根基尚未夯实。[2]

二、印度政治整合的现实路径

鉴于历史上以分裂为主的政治状况,独立后的印度格外注重政治整合的作用。印度在迈向现代国家的过程中,并不是由传统的力量来完成这个任务的,而是在西方的刺激与影响下,通过组建自己的现代政党完成这一任务的。建国后很长一段时期内,国大党通过搞好与其他党派的关系来实现政治整合。

(一)通过政党整合实现凝聚

国大党成立于1885年,其建立的宗旨是要实现全印度民族的根本利益,摆脱殖民主义的影响。在一战和二战期间,受民族主义的影响,印度的其他政党也纷纷建立。印度独立后,形成了以国大党为中心、多党竞争的政治制度。建国初期,国大党一党独大的地位没有受到挑战。但从20世纪60年代中期开始,这种局面发生了变化。地方政党和教派政党开始冲击国大党的权威。20世纪70年代,国大党在中央的执政地位也受到冲击。

印度的政党是从西方移植并在与本国历史和文化传统相适应的条件下形成的,政党的产生呈现出的多元政治格局,充分反映了印度历史发展的多样性、复杂性的特点。国大党在争取民族解放运动的斗争中采用了非暴力不合作的方式,迫使英国殖民者当局移交政治权力。这在某种程度上减弱了国家建构初期各阶级力量采用暴力方式的可能性,保证了印度独立后民主制度的稳定运行。

---

[1] 参见王丽:《国大党的兴衰与印度政党政治的发展》,厦门大学出版社,2014年,第18页。
[2] 参见赵伯乐:《印度民族问题研究》,时事出版社,2015年,第37页。

但是印度的历史传统对印度现实政治的影响毕竟是深刻的。印度历史上大一统式的政权存在时间极短,印度在政治发展的缓慢过程中也因缺乏向心力、凝聚力而呈现出多元纷争的格局,地方王公的分裂存在时间极长,这都延缓了印度的政治发展进程。曾有西方学者担忧:这种过度的社会分化可能会造成印度国家的崩溃。尽管印度从宪法上保证了各族群、阶层的权益,但在现实中,族群之间、阶层之间常常因历史和现实的利益问题而产生冲突,党派分歧不但没有缓解反而加大了这种冲突。

国大党和其他政党是代表印度各族群、阶层利益的政党,通过多党政治的制度安排,也确实能够较全面地在地方和国家层面上反映社会的突出问题。但随着印度的经济发展所引发的内部发展的不平衡,国大党的影响力在逐渐减弱。这突出地表现在国大党在 1977 年的内部分裂上,以国大党的组织派和少壮派为主,联合印度民众党、人民同盟、社会党等联合组成了人民党,参加第六届议会选举,连续组建了两届新政府。虽然这两届政府只存在了短短的三年时间,但这已经严重挑战了国大党的地位。之后的人民联盟、社会人民党、联合阵线都相继成为过执政党,尽管执政时间都不长,但已说明国大党的政治影响力已经远不如从前。对国大党最具挑战性的是印度人民党,经过瓦杰帕伊的改革,在当下,莫迪再次当选印度总理,使印度人民党的影响迅速壮大,成为国大党之后的第二支主要政治力量。国大党曾是印度国家建构的中坚力量,它是旧秩序的破坏者,同时也是新秩序的创建者,其政治精英接受的大多为西方教育,也接受了西方的民主、宪政观念,这种西方式的观念和政治制度也能较好地化解印度的各种社会矛盾。但西方的议会民主是少数政治精英将西方文明移植过来的成果,其能否与印度的多元性、复杂性真正相适应仍然存疑,需要实践的检验。

通过政党来实现社会的整合、加强社会的凝聚力是印度各政党特别是国大党的任务。在国大党建立之初,它就通过民族主义的旗帜将印度社会各界精英纳入其旗下,而在与英国殖民者的对抗活动中,它也一直处于最前线,它对印度独立所做的贡献和自身的威望,促使以它为核心的政党体制的形成。在英迪拉·甘地执政末期,国大党内的分裂和腐败削弱了国大党的影响力。外在的严峻经济形势又加重了政治危机,地方性的种姓冲突和教派冲突严重,英迪拉·甘地和拉吉夫·甘地的相继被刺,反映了当时的社会矛盾已经白热化、印度政党体制的整合功能有所弱化。从执政的时段来看,到目前为止,印度国大党的执政时间最长,其次是印度人民党,其他政党或政党联盟执政时间极短。在党员人数上,印度人民党已经远远超过国大党。两党之间的竞争,将会对印度政局产生深远的影响。

(二)通过世俗主义减少宗教摩擦

印度宗教种类繁多,本土宗教为印度教、耆那教、佛教、锡克教,外来宗教为伊斯兰教、基督教、帕西教等。其中,印度教和锡克教融合了本土和外来宗教的一些特征。在印度历史上,宗教之间的摩擦反映了政治势力之间的斗争,印度几乎每一个民族、部族和种姓集团,都以一个特定的宗教为纽带。在每一民族与政治势力内部,宗教起着团结的作用。但在整体上,宗教之间相互排斥,呈现出一种无政府状态。

对于印度而言,宗教缘故导致政治分裂的最惨痛的事件就是印巴分治。为避免由宗教问题造成国家分裂再次发生,在印度宪法中,特别地突出了"世俗主义"的政治原则,印度宪法规定要把印度建成为"非宗教性的民主共和国"[1],印度的政党应当以"世俗主义"作为党的旗帜,实行政教分离,宗教与教育分离,提倡宗教和解。

实现"世俗主义",首先要利用好民族主义。民族主义要求国家对外独立、对内平等,民族主义被认为与现代国家的产生有着密切的关系。印度的民族主义是西方殖民者侵略的产物。民族主义的一个重要功能就是动员民众,建成一个主权完整的国家。印度民族主义的产生体现了与西方民族主义不一样的特点,它的产生没能完成整合印度各族群、各宗教派别的任务,没有上升到"印度民族"这样的国族概念。印度教的文化复兴促使了印度民族意识的萌发,印度教精神是民族认同的基石。这种以宗教来划定民族界限的做法对印度的政治发展产生了深远的影响。甘地领导非暴力不合作运动,呼吁各宗教共同团结抵制殖民者,其所使用的旗号是民族主义,但印度

---

① 林良光主编:《印度政治制度研究》,北京大学出版社,1995年,第256页。

教是其内核。通过将印度教移植到民族主义的方式,印度实现了国家独立。但这样的民族主义有明显的内在缺陷,那就是教派主义在构建国家的功能方面远不如民族主义。

20世纪印度民族主义之父萨瓦卡尔在其《印度教特性:谁是印度教徒》一书中说:"印度教徒因为宗教的、种族的、文化的和历史的亲缘关系,结合成一个同质的民族。"①可以看出,印度民族主义的内核就是印度教,萨瓦卡尔不仅提出印度教民族主义,而且要通过宗教来构建一个同质的印度教民族,在他看来,印度教民族的体现不是生活在一国内的所有成员,而是指印度教多数人群体,印度教徒是印度这块土地的主人,宗教上的少数人是外来者,他们必须遵守印度教特性。根据这种划分方法,穆斯林、基督徒是非印度宗教,是宗教上的少数人,佛教徒、锡克教徒、耆那教徒虽然不是印度教徒,但他们是与印度教紧密联系的教派教徒。这种印度教特性,实质上是要让多数派印度教徒在国家政治经济发展中发挥主导作用。甚至有些印度教民族主义者认为:共同的传统和文化缔造了印度教民族,为了国家,少数人团体应该尊重多数人团体的意愿,放弃其文化权利。这种强制同化的观点和做法自然引发了其他宗教团体的不满,为日后印巴分治埋下了祸根。

将具有现代性色彩的民族主义和宗教结合起来,并试图构建一个新的宗教性民族,这种方式反映了在印度政治中"世俗主义"不可能贯彻到底。实现政教分离是近代以来很多国家的通行做法,在印度这里呈现出一种奇特的景象,宪法和法律保证了"世俗主义"的推行,但与"世俗主义"密切相关的民族主义却被嵌入了宗教的内核,这大大降低了"世俗主义"的包容性。

三、印度政治整合的后果分析及未来发展趋势

印度的政治整合方式一方面反映了其历史的特殊性,另一方面也反映了印度历届政府的积极努力。国大党在执政前期,通过政党和"世俗主义"的整合方式,加强了社会的凝聚力,但随着现代化的深入,以及政治整合方

① 陈小萍:《印度教民族主义与独立后印度政治发展研究》,时事出版社,2015年,第32页。

式中内在因素的制约,导致了一些新问题的出现,这影响了印度日后的政治发展走向。

(一)民主的运行与中央集权之间的博弈

印度被外界认为是"世界上最大的民主国家"。民主选举、议会制度、三权分立这些政治制度从殖民时代就逐渐形成。可以说,印度民主体制的运作是在部分地继承殖民遗产的基础上展开的。民主通常被认为是可以通过改善政府从而促进和提高社会的发展水平的一种手段。印度建国初,国大党一直致力于建立一个统一的中央集权国家。当时国大党通过赎买政策将550个具有独立倾向的土邦整合进现代国家中来,这被认为是印度独立后一项重大的进步改革;[①]将英语和印地语作为官方语言;通过军事行动严厉镇压东北各邦的分离主义运动,同时给以宪法所允许的政治权利,协调当地人与外邦人之间的利益冲突。

印度的种族、宗教、地方各邦作为一种多元性的存在,对印度的中央集权的加强形成了制约力。印度政府在军事强制的前提下,一方面强力镇压分离主义,同时给予地方各邦以政治权益,允许其建立自治政府,选举当地权贵为邦议员,充任当地公务人员等。但这并不能消除文化异质性所造成的离心倾向,这迫使印度政府在加强中央集权时常常采取一些非民主的做法,比如英迪拉·甘地为了加强对旁遮普邦的统治,竟然扶植极端主义武装分子,结果引起了更大的骚乱,自己也因此而被刺杀。国大党为印度政党制度和民主的运行曾经做出过巨大贡献,这是其长期执政的一个重要原因。但从国大党和尼赫鲁家族的关系来看,由其家族成员把持国大党主席和其他重要职务一直延续至今,这种"子承父业"的现象深深根植于印度的传统中,即使在当代社会也未能摆脱,以至于有人评价印度实际有两个总理府,这无疑弱化了其民主的色彩。

苏联解体后,印度摆脱了冷战阴影,进入多党派联合执政的时期,多党派之间的竞争日趋严重,权力分散,效率低下,这影响了其国家的发展。印

---

① 参见林承节:《印度独立后的政治经济社会发展史》,昆仑出版社,2003 年,第18 页。

度的选举经常成为少数政客操作的政治游戏,中产阶级投票积极性一直不高,底层民众常为地方上有钱有势的人所操控,也容易被蝇头小利所诱惑和收买,他们将选票给了地方的权势人物,这降低了选举的公正性,使民主的效能大打折扣。由于民族多、宗教杂、语言繁多,实行民主制度对印度而言是种比较好的政治选择。正是通过民主,原本根深蒂固的等级社会所产生的不公正得到某种程度的纠正。但印度的宗教观念和种姓制度仍然束缚着人们,种姓身份与种姓制度在印度社会中具有极为重要的地位,[1]种姓直接构成了政治制度的基础,[2]在这样基础上的民主选举往往成为维护某一特定宗教、种姓集团利益的工具,这必然让人产生对印度选举民主的怀疑。[3] 各种政治集团围绕着选举,只选具有本集团身份背景的人作为其代言人,这无疑降低了民主的现代价值。

印度掌权者不得不在民主和中央集权之间做出选择。在具有现代性的政治制度框架基础之上,如何将传统的政治力量整合进现代国家,使之成为国家发展的力量,这一直是印度政府要解决的头等大事。尽管有宪法和法律的保障,民众在进行选举时仍然受传统文化、习惯的影响,选举容易出现"巴尔干化",[4]影响其国家的内聚力。印度的民主建构是在中央集权未充分完成的情况下进行的,在政治运行中,二者之间经常发生龃龉,中央集权往往凌驾于民主协商而成为最终的解决路径,在多数情况下,中央集权过多,宪法规定的邦权未能得到充分实现,[5]这反过来对其民主又构成了新一轮的挑战。

(二)民族冲突与宗教分歧仍在持续

民族冲突、宗教冲突一直是印度面临的棘手问题,而且民族冲突与宗教冲突往往纠缠在一起。二战以后,围绕着印度何去何从,形成了以蒙巴顿为

---

① 王红生:《论印度的民主》,社会科学文献出版社,2011 年,第 313 页。
② 林良光主编:《印度政治制度研究》,北京大学出版社,1995 年,第 245 页。
③ Atul Kohli, *India's Democracy*, Princeton University Press, 1990, p. 3.
④ Selig S. Harrison, *India: The Most Dangerous Decades*, Princeton University Press, 1960, p. 339.
⑤ 林承节:《印度近二十年的发展历程》,北京大学出版社,2012 年,第 170 页。

代表的殖民者势力、以甘地为代表的印度教势力、以真纳为代表的穆斯林势力。英国准备从印度撤离时,其对印度的政策已经发生了转变,保留一个和平、繁荣的印度对英国来说是极有益的事。放弃直接的殖民占领,采取一种邦联的方式,能最大程度保证英国的利益。早在1931年,英国议会通过《威斯敏斯特法案》,确认了各英属自治领都获得完全独立的主权,同时各自治领可以自愿加入,英联邦的形成标志着对殖民地和自治领的控制已经被严重削弱。

印度国父甘地和巴基斯坦国父真纳一开始都是坚定的"统一"主义者,而且都接受过西方教育。但印度教与伊斯兰教的裂痕并不能仅凭二者的努力和意愿就弥合,在建国方案的选择上,二者均未达成最初的愿望。印度教徒与穆斯林在印巴分治前就曾爆发过多次严重的冲突。这种冲突时断时续,没有真正停止。1946年8月16日,在加尔各答举行的穆斯林抗议活动中,发生了穆斯林和印度教徒之间的大仇杀,在印度占人口多数的印度教徒挥刀砍向邻近的穆斯林;在巴基斯坦,穆斯林也对附近的印度教徒进行血腥屠杀,掠夺他们的土地和财产。甘地以民族主义的旗帜,号召印度人团结,但民族主义旗帜下的印度教幽灵却引起了伊斯兰教徒的防备。印巴分治乃是印度教与伊斯兰教深刻裂痕的最终结果。

1992年12月发生了阿约迪亚的巴布里清真寺被毁事件,这是印巴分治后印度发生的规模最大的一次教派冲突。围绕罗摩庙的建立,双方教派都进行了深度动员和参与,最终造成了流血冲突。这次事件显示了印度政治与宗教之间的复杂关系。印度政府标榜的"世俗主义"也受到外界的质疑。尽管有宪法和法律的保障,但实际的政治运行却有明显的教派色彩。不仅在印度教与伊斯兰教之间,而且不同宗教之间,甚至同一宗教内部,也是矛盾重重。甘地的非暴力学说及其所认同的印度教徒和穆斯林团结的政治主张遭到了一些印度教极右民族主义者的强烈反对。最终他被极端印度教徒刺杀身亡。英迪拉·甘地因为激进的国家政策,被锡克教警卫刺杀,拉吉夫·甘地被信仰印度教的泰米尔人炸死。

教派势力不断影响到政治领域,各对立教派都出现了保守主义者,有些政治人物甚至利用这种冲突,为自己竞选拉选票。按照印度宪法的"世俗主义"原则,宗教团体应当与政治团体脱钩,这样才能保证国家政治生活的独立运行,免受宗教的干预和影响。但印度各宗教之间的历史积怨太深,中央集权未能有效而及时地化解各种宗教风险。争取各自特殊权益一直是印度历史的特色,近代以来,这种追求的意愿又披上民族主义的外衣,国大党的力量虽然强大,但并不能成功把印度各教派整合到彼此都能接受的民族主义旗帜下,各种宗教力量对于应当由谁来推动国家机器的运行与政策出台经常充满分歧和斗争。

(三)新政党对传统政党的挑战

在议会民主制下,议会是各党派政治活动的中心。政党在议会中占有议席的多寡,直接关系到其能否成为执政党,议席是政党活动的目标。印度的政党制度以国大党为轴心,呈现出多党竞争的局面。印度独立初期,国大党正确处理了党内外斗争,加之它自身的威望,其在执政期间获得空前的支持,在选票上处于绝对领先地位,获得了绝大多数议席,垄断了中央和邦的权力,这远非其他政党所能及。

1966 年,印度农业歉收,物价上涨,经济发展大滑坡。民众认为,这是国大党的计划经济造成的结果。反对派乘机攻击国大党的各项政策,自由党鼓吹私营经济应该占主导地位,经济发展应该依靠私人投资来实现。印度人民同盟借中印边界冲突、印巴战争对印度造成的不利影响,煽动宗教狂热和民族主义情绪,吸引了大量的宗教意识深厚的教徒和民族主义狂热分子。在 1967 年的大选中,国大党尽管处于领先地位,但其选票和议席大比例下跌,是国大党选票成绩最差的一次,在议会中的多数地位丧失。在地方邦中,有近一半非国大政党掌权,一党独大式的多党政治格局被打破。印度建国后近二十年的政治、经济、文化的发展,使国内的阶级力量发生了重大变化,政治力量也做了相应调整,新兴政党不断涌现,原有的政党也进行了重新组合。政党体制摆脱了一党独大的形式,逐渐走向多元竞争的格局。

国大党为挽救权力旁落的颓势,反思了"二五""三五"计划中出现的问题,认为在两个五年计划期间,政府没有采取及时有效的措施保证公平分配的目标,反而加剧了社会的两极分化,这导致收入很低的下层民众对国大党大失所望,转而把选票投给了反对党。英迪拉·甘地执政后,紧缩工业投资,实施农业发展新战略,缩小贫富差距,解决社会公平问题,这些举措都延缓了国大党声望的下跌。1971 年,在第五届人民院的选举中,国大党再获全胜,选票和席位都超过之前的第四届大选。第二年的邦立法院选举,国大党又取得了历史最好成绩,选票和议席数远远领先其他各党派,恢复了国大党对地方的影响力,掌握了 21 个邦中 18 个邦的政权。面对重重危机,国大党经历了严重的分裂,反对党实力上升并对国大党造成了实质性的威胁。1989 年的第九次大选改写了国大党的地位——国大党正式丧失了在人民院的多数席位。同时,印度人民党以其宗教特性赢得了部分人的支持,此后印度进入了一个只凭一党之力难以获得多数议席并单独执政的时代,只有通过政党之间的联合才能共同执掌政权。不过,联盟究竟是以国大党为主还是以印度人民党为主,这主要看两党的实际的政绩和竞选的纲领。无论是一党独大还是多党竞争下的联合执政,印度的政党政治逐渐显露出两党制的趋向。这也反映了当前印度社会在宗教、种姓、阶级和种族等方面高度分裂的社会现实和不能简单区分的利益纠葛。

曾经三度出任总理的瓦杰帕伊是印度人民党的创始人,其出生于印度中央邦的一个高种姓家庭,早年追随甘地,因为对国大党的不满,瓦杰帕伊在 1980 年另起炉灶,创建了印度人民党,坚定反对时任总理英迪拉·甘地对印度民主的破坏。印度人民党的迅速壮大,使其一跃成为印度第二大党,而且其影响力也一直在扩大,其结构自成立以来还没有出现过分裂。[1] 现任总理莫迪就来自于印度人民党,并且连任至今。从 2014 年以来,印度人民党的党员数量急剧扩大,有望取代国大党成为印度第一大党。

相比于建国初,国大党的声望虽然有所下降,其在大选中的得票率也有所下跌,但其影响力还是很强的。在印度的所有政党中,国大党虽然已经不再具有一党独大的地位,但是仍然是处于第一梯队的政党。在未来的政党竞争中,国大党与印度人民党之间的竞争,极有可能使印度政党制度发生新的变化,在二者都不能单独成立政府的同时,可以通过联合其他党派,建立

---

① [美]阿图尔·科利编:《印度民主的成功》,牟效波译,译林出版社,第 187 页。

联合政府,单一政党建立政府的时代已经一去不复返,而以某个政党为轴心的联合政府的执政体制基本确定下来。从一党独大制到以两党为轴心组建政党联盟执政,虽然其所代表的社会阶层更广更多,但两党之间的摩擦也与日俱增,这给政党整合的功能增添了很多不确定因素。

四、结　语

印度建国后,一直致力于通过加强中央集权来实现政治整合的目的。从历史上看,印度缺乏中央集权制度的稳定性和延续性,也没有一种公共的政治文化能够凝聚纷繁多样的种族、宗教、部族。二战以后,在部分地继承殖民统治的遗产基础上,印度通过宪法来保障其国民和地方邦的权利,同时也加强了对地方邦的管理。有时,甚至通过非民主的手段来影响地方邦的议会。民主与集权间的矛盾没有得到妥善解决,反而经常发生冲突。在其政治整合的方式选择上,政党的整合作用无疑是巨大的,但新兴政党对传统政党的挑战会削弱整合的功效。其通过实行"世俗主义"的政治原则也最大限度地实现了种族、宗教之间的融洽,但这种"世俗主义"具有明显的印度教色彩,其最终是否能消除各种宗教纷争、实现政治整合的预计效果,依赖于各政治力量之间的实力对比。

政治整合视阈下的菲律宾民族建构之路

解小宇

（天津师范大学政治文化与政治文明建设研究院）

[内容摘要]民族建构是多民族国家进行政治整合所不可或缺的一个重要的功能实现部分。菲律宾的民族问题非常复杂，其民族建构有较深的历史根源。西方列强的殖民入侵中断了菲律宾早期各族群间的自然融合过程，各族人民在反殖民斗争中逐渐形成团结统一的民族意识与民族情感，为菲律宾主体民族的形成与巩固奠定了重要的价值基础。在族群融合问题上，马科斯政府采取积极宽松的菲化政策成功实现华人族群身份认同的转变，促进了以菲律宾主流价值观为导向的民族融合；在处理与少数民族关系问题上，菲律宾政府与菲南穆斯林族群历经艰苦而漫长的和谈创造了菲南地区民族和睦的重要契机。综合来看，菲律宾的民族建构之路任重而道远，民族隔阂与民族冲突仍未彻底消除，其维系之道在于根除殖民思想、尊重文化差异、实现利益共享，以此构建稳固的民族共同体。

[关键词]菲律宾 民族建构 政治整合 菲华融合 摩洛问题

一、问题的缘起

民族国家的概念发端于19世纪到20世纪的欧洲地区,与此前的传统帝国相比,现代民族国家超越了以往专制政体的框架,逐步建立起共同体范围内不同族群以国家为中心的统一的民族认同,即实现由单一族群向国族的转变。基于此,民族建构的概念破土而生,民族建构也迅速成为新兴民族国家,尤其是多民族发展中国家进行政治整合亟待处理的重要问题。国内学者王希恩曾针对这一问题较早地指出,"近代以来的世界政治都被涂饰了民族主义的色彩,依托国家行为而去建造与国民相等同的'民族'成为世界各国政治和文化建设的普遍追求"①。换句话说,民族建构是现代民族国家进行政治整合无法回避的时代话题,其目标和实质就是要实现共同体范围内所有成员从族群认同向国家认同的转变,使一国之内的各族群自觉结成统一的政治、文化与利益共同体。

民族建构的过程实质上构成政治整合的基础,即共同体的形成与团结。对多民族国家而言,政治整合的内容不仅仅包括领土、地域上的整合,还包括认同、价值、文化与情感上的整合。"国族"之概念在无形中为共同体范围内的不同群体提供着某种共同的身份认同,进而转化为民族建构的先决条件。从这个意义上讲,如何处理内部族际关系,使之产生休戚与共的国家认同,是多民族国家进行民族建构之成败的关键所在。对此,国内学者周平率先提出"族际政治整合"的概念,指出"族际政治整合是多民族国家将国内各民族维持在统一的国家政治共同体中和巩固、强化各个民族的政治结合过程,也是多民族国家通过协调族际政治关系而维持国家统一和稳定的过程"②。综合来看,多民族国家的政治整合包含国家与民族两个层面的双向互动,一方面需要国家凭借政治权力构建民族制度、发扬民族文化,另一方面则表现为各族人民基于共同的民族情感与文化认同,并通过一定的政治、

---

① 王希恩:《论"民族建设"》,《中国社会科学院研究生院学报》,2004年第3期。
② 周平、贺琳凯:《论多民族国家的族际政治整合》,《思想战线》,2010年第4期。

经济联结将自身融入统一的国族整体之中。

当今世界绝大多数国家都是多民族国家。伴随着族际交往的日趋频繁，多民族国家内部的族际关系日益成为影响其政治稳定与国际竞争力的一种至关重要的政治关系。如何正确处理错综复杂的族际关系是多民族国家进行民族建构、实现政治整合的重要议题。出于历史原因，殖民统治留下的后遗症或国内社会经济发展的失衡等一系列复杂且棘手的国家建设问题，致使当代多民族发展中国家在处理民族与民族、民族与国家关系的问题上极易陷入进退两难的窘境。不仅如此，为追求本国经济的快速发展，众多发展中国家在现代化建设初期难免会产生某些导致少数民族群体利益失衡的政策偏差，由此被人为放大的族群歧异必将使民族关系趋于更加紧张的状态，进而导致这些国家长时间难以摆脱沉重的整合负担，其民族建构也将深陷于族群冲突的泥沼之中。

菲律宾是多种族、多语言的群岛国家，由于语言、文化的差异，加之岛屿国土天然的分裂性特征，菲律宾境内不同族群之间难以进行广泛而充分的交流，各族群长期处于一种较为分散的社会状态之中。同时，菲律宾又是在殖民地基础上建立起来的新兴国家，受长期的殖民统治影响，其民族构成极为复杂。以共同的民族语言、生活地域与心理认同等影响因素为划分依据，可将菲律宾90多个本土民族视为以中部平原地区为主要聚居地的主体民族和以北部山地民族、南部穆斯林与华人等族群为代表的少数民族这两大不可分割的构成要素。具体来看，菲律宾总人口的80%由主体民族构成，包括他加禄族、比萨扬族、伊洛克族和比科尔族四大民族，主要居住在北部的吕宋岛、中部的萨马岛、苏禄岛等岛屿的平原地区。而在全国较贫困的吕宋岛和棉兰老岛等岛屿的偏僻山地中，还生活着60多个濒危的少数民族，约占总人口的3%，如伊富高人、布基农人、邦都人等。另外，在棉兰老岛西部和西南部、苏禄群岛和巴拉望岛南部还聚居着穆斯林，主要由苏禄人、萨马尔人、马京达瑙人和雅甘人等10多个民族构成，约占总人口的5%。[1] 此外，伴随着菲律宾经济、社会的发展和民族政策的开放，华人、印度人等外来移民经

---

[1] 参见刘燕、周玉忠：《菲律宾民族关系的文化探析》，《贵州民族研究》，2017年第1期。

过几代人的努力适应,也逐渐融入菲律宾主流社会的生活之中,日益发展为菲律宾民族建构中不可或缺的重要组成部分。

综观菲律宾民族建构的历史脉络,其国族的形成大体经历了"殖民前的自然分化与融合、殖民时期的非正常凝聚以及独立后的人为巩固三个阶段"①。早期的西班牙殖民者在经济掠夺之外还将天主教作为意识形态的统治工具传入菲律宾的中北部地区,并在此基础上施行对穆斯林群体的民族歧视政策,阻断了当地族群与亚洲大陆移民之间的自然融合过程,致使菲南地区的发展远远落后于中北部地区。随后而来的美国殖民者则利用与西班牙人不同的新殖民主义统治手段,企图通过引进美国化的教育与管理模式实现对菲律宾主体民族的精神主宰,并借助菲律宾天主教徒之手对穆斯林族群进行打压和制裁。尽管美、西的殖民统治在客观上促进了菲律宾民族国家的形成,但其遗留的民族隔阂与宗教分歧为菲律宾建国后民族建构所遭遇的各种困境埋下了历史的祸根。因此,如何在现代社会建立起以菲律宾主流价值观为导向的国家认同,使各族群在超越种族观念的基础上消除长期累积的民族仇怨与心理落差,进而自觉形成休戚与共的菲律宾民族共同体,是菲律宾进行民族建构、实现政治整合所面临的艰巨任务。

二、绝境求生:反殖民斗争激发菲律宾人民族意识的觉醒

民族危机往往能够在特殊时期对处于萌芽状态的民族国家起到强大的外部刺激作用。正如亨廷顿所言,"对于那些正在寻求认同和重新创造种族性的人们来说,敌人是必不可少的,而潜在的最危险的敌人会出现在世界各主要文明之间的断层线上"②。在全球化的时代背景下,民族共同体的边界正在以民族认同而非族群领地的区分方式被重新勾画。在这个意义上,西方列强对后发多族群国家的殖民入侵既意味着东西文明之间的激烈碰撞,又预示着另一股民族力量的崛起。共同的种族危机感极大地加强了当地不

---

① 包茂宏:《论菲律宾的民族问题》,《世界民族》,2004 年第 5 期。
② 〔美〕塞缪尔·亨廷顿:《文明的冲突与世界秩序的重建》,周琪等译,新华出版社,2009 年,第 4 页。

同族群间的团结,"阶级和族群之间的矛盾暂时被摆脱新生国家殖民统治者的更高利益所超越"①,从而使原本各自为营的原始族群在反抗侵略、保卫乡土的斗争中产生前所未有的民族凝聚力。

菲律宾国族的形成可以追溯到殖民前各族群的自然分化与融合时期。通常来说,菲律宾最早的居民被认为是在距今约3万年前通过连接亚洲大陆的陆桥迁入菲律宾境内的一批矮黑人。当地族群与外来人种之间的融合变迁构成菲律宾早期民族列车的始发站。源源不断的大陆移民在某种意义上为当地原生族群的人口增殖与分化提供了强劲的天然推动力,使菲律宾各族群在杂居混处的繁衍方式基础之上逐渐形成相互融合的民族建构模式。对于那些尚未开化的原始部落而言,族际文化交流犹如一把能够打开民族进步之门的万能钥匙,尽管在文明互递的过程中可能会触及某些种族禁忌。伴随着族群迁移的浪潮,伊斯兰文化与印度文化以和平的方式被传入到菲律宾,并在较短的时期内被当地人民所接受。与东南亚其他地方的文明变迁类似,尤其是外来的伊斯兰文化在吸收当地种族风情的基础上逐渐形成具有菲律宾本土特色的文化传统,为当地语言、习俗相异的不同族群提供了共同的文化信仰,从而使菲律宾人民在未来面对外来侵略时能够产生以共同的民族文化为符号的内部凝聚力,并逐渐演化为强烈的民族认同感。

菲律宾民族建构的浩大工程在长期的反殖民斗争中初露端倪,当地人民为反抗民族压迫而掀起的反殖民斗争有效地激发了菲律宾各族群民族意识的觉醒。需要注意的是,西班牙人并未有意识地制造菲律宾人的民族主义。当不同族群被殖民者束缚在一起后,他们开始认为自己是比萨扬人、他加禄人、奥卡斯诺人等的一个民族团体,菲律宾人民的第一个具有约束力的、共同的民族情感就是来自对其遭受殖民灾难的共同悲痛。② 突如其来的灭顶之灾在短时间内便可对民族意识的形成起到超常的反向刺激作用。西班牙人对菲律宾的殖民入侵与占领使菲律宾各岛从原始生产关系基础上的

① Kathleen Weekley,The National or the Social? Problems of Nation – Building in Post – World War Ⅱ Philippines,*Third World Quarterly*,Vol. 27,No. 1,2006,p. 88.

② See Reynaldo Silvestre, Imperialism and Filipino Nationalism, *Philippine Studies*, Vol. 21, No. 3, 1973,p. 308.

分散状态迅速转变为西班牙人集权控制下统一的殖民体系。在这一过程中,强大的外部力量通过使相对分离的族际关系暴露在殖民统治的民族危机中,由此使菲律宾各岛的不同族群在共同的民族压迫下逐渐形成自发的、统一的地域意识,民族融合的同时也促使人们对国土的认同度不断提高。因此,菲律宾的民族建构从一开始就与西班牙人的殖民入侵交织在一起,应在此基础上对菲律宾民族建构过程中的人种、宗教因素加以综合分析。

客观来讲,菲律宾民族构成的复杂性与早期西班牙人的殖民入侵有着千丝万缕的联系。远道而来的西班牙人和被卷入殖民战争的华人与菲律宾当地族群通过混血的方式产生大量"米斯蒂佐人"①(Mestizos)。种族主义的界线不断被民族融合的势头打破已经成为活生生的现实,混血人实际上象征着族裔或种族群体的融合,从而使族群杂交成为一个遗传事实,而不仅仅只是文化交流和跨界的隐喻。混血人种开始成为菲律宾精英群体自我表现与大众认同的重要标准,"纯粹"的本土性特征不再像殖民前时期那样受欢迎,种族平等逐渐被视为族际交流的原则。但鉴于菲律宾人口的混杂程度,尤其是精英阶层的人种混杂更为流行,由此产生的"中国人"和"马来人"之间的人种界线并不容易划定。② 这些"米斯蒂佐人"在此过程中要承受巨大的文化适应与民族融合压力,他们出生在菲律宾,受菲律宾当地文化、习俗的影响要远远大于他们血液中流淌的一部分欧洲遗传因子。通常他们的父亲是遵循当时欧洲习俗的西班牙人,但这几乎不会与混血儿的成长有什么必然关系。混血儿是由他们的母亲和母亲的家庭根据中国或菲律宾的习俗抚养长大的。尽管如此,他们的欧洲血统和特征仍然给予他们比纯粹的华人或菲律宾人更高的社会地位,他们通常可以享受到更多获得教育和就业的机会。③ 在宗教、文化不断交融的过程中,"米斯蒂佐人"逐渐结成团结一致的、具有共同民族认同的菲律宾主体民族,广义上即为"菲律宾人"。

---

① 由西班牙语音译而来,专指西班牙人和华人与菲律宾当地人通婚所产生的混血后裔。

② Caroline S. Hau, Blood, Land, and Conversion "Chinese" Mestizoness and the Politics of Belonging in Jose Angliongto's "The Sultanate": In memory of Professor Edgar Wickberg(1927 – 2008), *Philippine Studies*, Vol. 57, No. 1,2009,p. 10.

③ See Christine Doran, Spanish and Mestizo Women of Manila, *Philippine Studies*, Vol. 41, No. 3, 1993,p. 274.

民族主义气焰的爆发在客观上是来自帝国主义的压迫与奴役,对此历史现象的解释应当充分考察其民族主义内部的具体动向。菲律宾人在反殖民斗争的过程中开始培育各族群共同的民族意识,并以此作为反抗民族压迫、夺取民族自尊的核心力量。伴随着西方资产阶级自由、平等、民主等思想的传入与菲律宾早期改良运动的兴起,以争取民族平等权利为目标的现代新型民族意识逐渐发展为菲律宾民族主义思潮的主流价值观。其中最具代表性的案例就是萨黎尔等爱国知识分子为争取民族权利而参与的"宣传运动"[1],他们从历史与文化的角度出发为民族权利的正当性作辩护,强烈驳斥西班牙人对菲律宾文明的误读与践踏,通过"宣传运动"大肆鼓舞菲律宾人民的历史自豪感与民族自信心。[2] 换句话说,民族英雄在特殊的历史时期对民族主义的正向发展起到了巨大的推动作用。从这个意义上讲,萨黎尔等爱国人士的努力使菲律宾人在前所未有的民族自信基础之上,逐渐从狭隘的族群观念放大为一种超乎种族限制的、同质的民族共同体。从后来的美国殖民统治时期和二战期间日本侵略者对菲律宾的占领,都可以看到菲律宾人争取民族独立的影子,尽管他们的反抗力量在帝国主义强大的军事与经济实力的统摄下显得渺小甚微,但这并不能否决其民族意识的成长。在20世纪20年代,菲律宾民族主义者还以代表团的形式赴美请愿,试图劝说美国同意菲律宾的独立要求。尽管菲律宾的民族主义者根本无法撼动美国殖民当局强硬的殖民政策,但在客观上还是对美国的殖民统治起到了一定的制约作用。[3] 英语等全球性语言的渗透,也为菲律宾人提供了族际交往与历史文化传承的有效平台。因此,不能将1946年菲律宾的独立简单地视为美国人遏制亚洲共产势力的政治策略,独立的背后蕴含着众多菲律宾民族性影响因素的潜在作用。

安德森在《想象的共同体》一书中指出,"一个社会学的有机体遵循时历

---

① 指发生于1880—1895年间的菲律宾资产阶级启蒙运动。侨居欧洲各国(主要是西班牙)的一些菲律宾知识分子通过组织团体、创办期刊等方式开展宣传活动,抨击西班牙殖民统治和教团势力,要求在菲律宾实行政治、经济和文化改革,在菲律宾史上被称为"宣传运动"。

② 参见王民同:《菲律宾伟大的爱国主义者黎萨尔》,《云南师范大学学报》(哲学版),1991年第2期。

③ 参见王希恩:《论"民族建设"》,《中国社会科学院研究生院学报》,2004年第3期。

规定的节奏,穿越同质而空洞的时间的想法,恰恰是民族这一理念的准确类比,因为民族也是被设想成一个在历史中稳定地向下(或向上)运动的坚实的共同体"①。民族意识的觉醒对民族共同体的形成具有开土辟壤的扎根作用,而民族建构的过程从某种意义上说也就是民族心理趋于统一、民族意识不断增强的过程。透过客观的历史现象可以看出,西方列强的殖民主义入侵中断了菲律宾各岛族群的自然融合与分化,同时也极大地刺激了菲律宾人民族意识的觉醒。这种超越了地区与种族狭隘观念的民族认同无疑使菲律宾人在民族建构的过程中迈上了全新的历史台阶。正如福山所指出的,"人类历史始于为了纯粹名誉的流血斗争,国际冲突始于国家间为了承认的斗争"②。菲律宾的反殖民斗争同样象征着菲律宾人民为争取在世界范围内的民族自决与独立所作出的不懈努力,这也使菲律宾人的民族认同随着民族国家的建立与发展而具有相对稳定的历史继承性。不可否认,菲律宾不同族群间的部分心理差异与文化分歧在殖民主义的刺激下有所扩张,但这犹如一枚硬币的两面,应当将其放在民族发展的历史长河中去看待。

三、凝聚力量:菲化政策加快菲华民族融合的趋势

民族融合是多民族国家在全球化背景下实现国家整合的必然趋势。由于涉及包括族群文化、宗教信仰与各种经济因素在内的较多复杂且敏感的民族问题,多民族国家内部的民族融合显得尤为艰难。基于此,对于民族建构这一历史重任而言,最重要且最困难的一步就是在民族融合的过程中通过政治整合将国内各民族各自的认同统一到国家认同上来,而大多数的后发多族群国家在处理族群歧异的问题上一般青睐于以"同化"为目的和手段的国家整合政策。同化与整合的概念起源于19世纪后期,原本是美国社会

① [美]本尼迪克特·安德森:《想象的共同体:民族主义的起源与散布》(增订版),吴叡人译,上海人民出版社,2016年,第24页。
② Caroline S. Hau, Blood, Land, and Conversion "Chinese" Mestizoness and the Politics of Belonging in Jose Angliongto's "The Sultanate"; In memory of Professor Edgar Wickberg (1927-2008), *Philippine Studies*, Vol. 57, No. 1, 2009, p. 38.

学中常用的一个术语。1940 年,城市社会学芝加哥学派首次将整合应用于种族关系,并在南非的种族隔离讨论中使用了整合概念,后来在欧洲关于移民和定居的辩论中也得到广泛使用。① 需要特别注意的是,同化政策的初衷在于培育各族人民共同的国家认同,而非抹杀不同族群之间的语言、文化、信仰、习俗等民族差异。换句话说,驱逐、清洗或镇压等强制性的暴力同化手段很可能会使民族关系陷入难以调和的紧张局面,甚至引发大规模的民族冲突。② 因此,对多民族国家而言,族际政治整合的核心要义在于求同存异,即在承认族群歧异与尊重民族文化的基础上构建团结、稳固的民族共同体,努力实现多元与一体的有机统一。

身份认同的转变是实现政治认同转变的首要前提。从这个意义上讲,多民族国家的民族建构可以看作一个有意识地建立和控制共同体范围内所有族群与成员的统一国民身份的过程,并以此逐步建立起各族人民共同的国家认同。从菲律宾民族融合总的历史趋势来看,不可忽视中菲混血人在菲律宾民族国家形成发展中的伟大贡献,成千上万的血管中流着中国人血液的菲律宾人曾和土著一起为创建菲律宾民族国家而献身。③ 由于受早期西班牙殖民者对华人族群实行的种族歧视政策和美国冷战思维的负面影响,菲律宾在建国初期不断推行一系列限制华人发展的排华政策,致使华人群体长时间难以融入菲律宾的主流社会。很显然,以限制和排斥华侨为目的的菲化政策有悖于菲律宾民族融合的长远目标,这一状况在马科斯执政期间得到极大改善。1975 年 4 月 11 日,时任菲律宾总统的马科斯颁布第 270 号政令,正式宣布修改菲律宾入籍法以放宽华人的入籍条件,入籍程序也得到大大简化,由原先必经的司法部的严格审查转变为直接交予行政部门处理。④ 入籍条件的放宽在政治上消除了菲华民族融合的身份障碍,为菲律宾华人的政治参与提供了必要的基础条件。在 1986 年的总统大选期间,

---

① See Caroline S. Hau, Blood, Land, and Conversion "Chinese" Mestizoness and the Politics of Belonging in Jose Angliongto's "The Sultanate": In memory of Professor Edgar Wickberg(1927-2008), *Philippine Studies*, Vol. 57, No. 1, 2009, p. 38.

② 参见常士阊:《和谐理念与族际政治整合》,《政治学研究》,2009 年第 4 期。

③ 参见周南京:《关于菲律宾华人同化问题》,《东南亚》,1988 年第 7 期。

④ 参见黄滋生:《菲律宾华人的同化和融合进程》,《东南亚研究》,1998 年第 6 期。

华人群体首次主动参加菲律宾参众两院的国会竞选活动,史无前例地将菲律宾华人参政议政的热情与行动推向了高潮。参政权的取得使菲律宾华人在自身政治诉求得到充分满足的条件下自觉将其政治利益与菲律宾人结为一体,同样也标志着菲律宾华人正式以菲律宾国民的身份和主人翁的姿态全面融入菲律宾的主流社会之中。

"民族的本质即为其文化属性,没有独特的文化就无所谓民族的差别。"①简言之,如果说政治认同是构建民族国家的人为基础,那么文化认同就是推动民族融合的初始动力。这里的"民族"是随着时代的变化而变换着其内涵的,即由以血缘关系为纽带的早期族群体系到以政治关系为其本质的现代民族体系,而这两者的形成又都与民族的文化基础有着千丝万缕的联系。1973 年 4 月,菲律宾总统马科斯颁布第 176 号《关于外侨学校全面实行菲化法令》,对华侨学校所有权、管理和课程设置等方面做出明确的规定,要求在三年的过渡期内必须完成对所有华侨学校的菲化管理。② 截至 1977年,几乎所有华侨学校的管理权与控制权都已经掌握在菲律宾国家公民的手中,华裔学生的中国观念逐渐被菲律宾本土的文化教育冲击殆尽。在民族融合的历史过程中,文化共性有利于促进人们之间的合作与凝聚力,而文化的差异则容易加剧分裂和冲突。侨校菲化政策的推行使菲律宾华人在思想意识和精神层面上增加了对菲律宾文化的认同感与归属感,其作用逻辑在于通过文化教育所传递的民族信号为政治整合提供意识形态的支持。换句话说,菲华民族融合的过程在日常生活中表现为华人对菲律宾文化的认同过程,而接受菲律宾文化的过程即融入菲律宾社会的过程。与此同时,在文化领域的民族融合往往以一种潜移默化的方式进行,年轻一代的土生华人多信奉天主教,而在菲南地区亦有华人信奉伊斯兰教,共同的宗教信仰对菲化政策的顺利施行起到了不可小觑的辅助作用。可以说,对菲律宾华人在文化认同上的培育,使菲律宾华人群体与菲律宾其他本土族群间的文化

---

① [美]塞缪尔·亨廷顿:《文明的冲突与世界秩序的重建》,周琪等译,新华出版社,2009 年,第 6 页。
② 杨静林:《马科斯的华人同化政策与菲律宾华人社会的嬗变》(1975—1985),《八桂侨刊》,2015 年第 1 期。

鸿沟或族群界线逐渐淡化,而日益强化的菲律宾文化不断推动着菲律宾民族共同体的建立与巩固。

如前文所言,在民族融合意义上的同化概念更加注重以包容多元为核心的思想导向而非主张抹杀民族差异的全盘归化,后者在本质上与殖民主义大同小异。对于少数民族而言,与主体民族在历史背景、文化信仰、生活方式等方面的主客观差异是无法回避的融合难题,双方彼此之间易于由此产生误解、对立或排斥的民族隔阂,但这只是在民族交往或融合过程中的部分且正常的现象,而以民族差异的片面观点否认民族团结的历史证据实属无稽之谈。到20世纪90年代,绝大多数菲律宾华人已经建立起对菲律宾的国家认同,并顺利走向与菲律宾主流社会的融合之路。但值得注意的是,原有的中华文化特性并未在菲律宾华人的同化过程中彻底湮灭,而是在保持自己民族文化特性的基础上较好地吸纳和适应了菲律宾文化。可以说,在菲律宾已经形成了一种由中西文化与其本土文化杂糅而成的混合型民族文化,不同文化间的互动镶嵌构建起菲律宾现代社会的主流价值体系,而菲律宾不同民族、阶级间的文化鸿沟也日益模糊。正如有关融合主义学者的论述,文化群体的“独特性”并没有减损这些群体在一个单一政体内的和平共处和有意义的交流,这些群体的“文化”丰富了民族文化,而不是在阻碍其发展。在民族认同的问题上,多元化与包容主义逐渐发展为主流的学术观点。[1]

就菲律宾而言,“政治意义上的民族国家统一与文化意义上的民族多元化并非完全对立,如果纯粹以国家认同的旗帜来掩盖主体民族的同化攻略,结果只会把这个原本有着绚丽多姿的民族文化的国家推向民族分裂的深渊”[2]。在构建现代民族国家的进程中,菲律宾政府越来越认识到尊重各民族历史差异与文化信仰的重要性,开始以温和、包容的同化政策对待菲律宾华人的生存问题。特别是马科斯在执政时期推行的一系列菲化政策,使菲

---

[1] See Caroline S. Hau, Blood, Land, and Conversion "Chinese" Mestizoness and the Politics of Belonging in Jose Angliongto's "The Sultanate": In memory of Professor Edgar Wickberg(1927-2008), *Philippine Studies*, Vol. 57, No. 1, 2009, p. 38.

[2] 陈衍德等:《全球化进程中的东南亚民族问题研究:以少数民族的边缘化和分离主义运动为中心》,厦门大学出版社,2008年,第168页。

华两大族群在经济发展、政治生活与文化教育等方面相互交融,逐渐结成日益稳固的民族共同体。1975 年"逾期游客案"①的解决与 1988 年"外侨合法化方案"②的公布与实行等典型案例,为菲律宾以华人为代表的少数民族破除了由殖民时期遗留下来的种族歧视的心灵枷锁。菲律宾华人在经济活动上的自由化、文化教育上的平等化与社会政治地位的提高,使菲华社会的主流形态迅速由侨民社会转变为公民社会。从某种意义上讲,积极且宽松的菲化政策具有超越种族隔阂与化解文化差异的正面力量,为培育和维系华人等少数族群的国家与公民意识提供了赖以生存的政治土壤。

四、以和为贵:艰苦和谈创造菲南民族和睦的契机

民族和睦与民族隔阂的相互交织与转化共同构成当代多民族国家民族关系的复杂性之所在,前者能够为构建统一的民族共同体营造和谐共生的情感氛围,而后者则容易在外部干扰因素的刺激下演化为恶性的暴力冲突。从总体上看,菲律宾自独立以来的民族关系以和谐共处为主导,尽管不可否认其内部仍存在民族分离主义的余孽,但相比于巴尔干地区连绵不断的种族冲突或中东地区由宗教纷争与领土争端等民族矛盾引发的持续动荡,菲律宾的民族关系总体上处于相对温和与稳定的和谐状态。换句话说,多年以来令菲律宾政府饱受困扰的民族问题,如菲南穆斯林族群的民族分离运动,并非始终以不可调和的态势而存在,其民族关系伴随着国内政治、经济发展的不平衡与各民族文化的交融渗透而跌宕起伏。就民族关系的变动来说,"当主体民族或国家以强制同化和武力镇压对付少数民族时,后者的分离运动就会兴起或反弹;当主体民族或国家以温和同化和让步妥协对待少

---

① 1948 年至 1949 年间,两千七百余名中国人持游客签证抵达菲律宾并长期在菲岛居住,被菲当局妄加猜度为共产党的支持者,不批准他们在菲律宾的永久居住权。1975 年 6 月 6 日,马科斯宣布准许"逾期华人游客"在菲岛的永久居留权,免去战后初期来菲的逾期华人游客向移民与出境委员会申请移民签证,可以在菲律宾永久居留。

② 1988 年 4 月 13 日,菲律宾总统马科斯签署第 324 号总统法令,规定 1984 年 1 月 1 日以前入境的非法外侨可以提出合法居留申请。至 1989 年 8 月,共批准 3164 份申请,申请者绝大部分是华人。

数民族时,后者的分离运动就会低落或趋缓"①。从这个意义上讲,由不同族群文化与宗教信仰等先天因素催生的民族分歧并不必然会导致分离运动或暴力冲突等负面结果,而民族仇怨的背后往往隐藏着血淋淋的民族压迫。

菲南穆斯林的分离主义运动是长期以来影响菲律宾民族建构的重要难题,受长期的殖民主义统治影响,菲律宾的摩洛问题带有较深的历史根源。简言之,摩洛问题主要是指菲律宾南部穆斯林长期以来的民族分离运动,以及由此引发的暴力冲突。自菲律宾独立以来,摩洛人的民族分离运动使历届政府饱受困扰,犹如菲律宾民族建构进程中一座难以逾越的高墙,但究其根源,早在西班牙统治时期就已在菲南地区埋下了穆斯林民族分离运动的重重隐患。"摩洛"一词原本是西班牙人对菲南穆斯林族群的蔑称,后来逐渐被接受而变为其代称,也就是说,摩洛人并非单一种族、文化或语言的族群,而是指集中于菲南地区且主要以伊斯兰教为信仰的民族集团。需要注意的是,菲律宾的穆斯林族群也并非一个同质群体,他们在历史上曾与非穆斯林的菲律宾人交往,也受到非穆斯林的文化影响。② 摩洛人在种族特质上与其他菲律宾人并无明显区别,由于共同的伊斯兰教信仰与相近的生活习俗,使他们逐渐形成某些共同的文化特征。而伊斯兰教在菲南地区的本土化特征十分明显,伊斯兰文化与本土文化结合而成的"摩洛文化",为菲南地区不同种族的穆斯林族群提供了共同的民族认同。正是这种由宗教同一性转化而来的民族认同,使摩洛人长期以来始终自视为一个内部不可分割且独立于菲律宾主流社会之外的特殊整体。

除西方殖民统治遗留的历史宿怨之外,菲律宾政府自建国以来对南部穆斯林长期的强制性同化政策,可以说是近代摩洛人民族分离运动兴起和恶化的主要原因。20世纪五六十年代,为缓解北部地区的人口压力,加强南部穆斯林的民族融合,菲律宾政府大力推动"国家整合计划",将大批中北部

---

① 陈衍德等:《全球化进程中的东南亚民族问题研究:以少数民族的边缘化和分离主义运动为中心》,厦门大学出版社,2008年,第68页。

② See The Philippines and Thailand:Ethnicity and Islam in Nation – Building,The Making of Southeast Asian Nations Downloaded from www. world scientific. com by University of California@ SAN DIEGO on 12/21/15:157.

农民引进以棉兰老岛为主的南部穆斯林聚居区,其直接后果就是导致摩洛人和天主教徒因争夺土地而引发持续不断的暴力冲突,民族仇恨愈演愈烈,亦愈难化解。仅在1948至1960年这十余年间,棉兰老岛的人口增长率迅速达到87%,是菲律宾全国人口增长率41%的两倍多。[1] 人口的急剧增长必然会给菲律宾南部地区带来严重的政治、经济和社会问题,北部天主教徒的大量涌入使南部穆斯林的传统社会面临着严峻的挑战。土地纷争是移民政策引发的最严重的恶性后果之一,也是导致摩洛人与北部天主教徒民族矛盾激化的根本问题。到20世纪60年代末,穆斯林名下的土地仅占南部土地总面积的30%左右,人均土地占有面积也从1939年的5公顷减少至1960年的1.75公顷。[2] 土地分配的极端不平衡严重加剧了原有的民族隔阂与宗教仇怨。客观地评价菲南穆斯林的现实状况,"在菲律宾独立后的20年里,棉兰老的穆斯林始终未摆脱落后的生活状态,他们经济停滞、社会传统式微、法律和习俗也处于崩溃的边缘"[3]。而菲律宾政府在建国初期推行的"国家整合计划",非但没有建立起穆斯林族群的国家认同,反而进一步加深了菲律宾南北两大宗教文化集团之间的对立与仇恨,致使摩洛人再次陷入民族生存危机之中。

民族凝聚力和同一性的增强是菲南穆斯林开展争取民族自决权的斗争的基础。1968年3月,发生在马尼拉湾科雷吉多岛的"贾比达事件"[4]使菲律宾国内的民族、宗教矛盾瞬间爆发,该消息泄露后震惊全国,特别是南部穆斯林对菲政府彻底失望。菲南穆斯林民族分离主义倾向的持续爆发最终

---

[1] See Frederick L. Wemstet, Paul D. Simkins. Migrations and the Settlement of Mindanao, *The Journal of Asia Studies*, 1965, pp. 91–97.

[2] See W. K. Che Man, *Muslim Separatism: The Moros of Southern Philippines and The Malays of Southern Thailand*, Oxford University Press, 1990, p. 24.

[3] See T. J. S. George, *Revolt in Mindanao: The Rise of Islam in Philippine Politics*, Oxford University Press, 1980, p. 122.

[4] 1968年3月17日,一批来自菲律宾南部苏禄省的新兵,约28~60名,在马尼拉湾科雷吉多岛贾比达镇进行集训,被信奉天主教的菲律宾军官下令集体枪决。这批新兵事先被告知需要接受丛林游击战术,目标是对付菲共。但新兵后来得知他们受训的目的是渗透到马来西亚沙巴州进行破坏工作,由于菲律宾穆斯林与马来西亚穆斯林之间关系暧昧,这些新兵得知后要求退出。菲律宾军方为防止计划泄露而将新兵枪决,然而一名幸免于难的士兵在侥幸逃脱后使得事件曝光。

演变为以暴力斗争为反压迫手段的摩洛反抗组织——"摩洛民族解放战线"（Moro National Liberation Front，英文简称 MNLF，中文简称"摩解"）与《的黎波里协定》破产后由摩解分裂形成的"摩洛伊斯兰解放阵线"（Moro Islamic Liberation Front，英文简称 MILF，中文简称"摩伊解"），其兴起、壮大真实地反映了摩洛人为捍卫自身信仰和生存方式的抗争决心，也使菲律宾政府逐渐意识到，强制同化并不能真正实现南部穆斯林族群的政治整合。与"暴力整合"相比，地方自治能够更加有效地平衡不同民族间的利益诉求，在保留穆斯林宗教文化差异的同时维持菲律宾的国家稳定与统一。

自 20 世纪 70 年代以来，菲律宾政府与摩洛反抗组织就自治问题展开了近半个世纪的马拉松式和平谈判。1986 年科拉松·阿基诺上台，为避免南部动荡局势的恶化，阿基诺夫人主动与伊斯兰会议组织进行协商，并与"摩解"就重启和谈、停止军事对抗达成一致，使多年未解的摩洛问题一度出现新的转机。随着自由民主的恢复与社会矛盾的缓和，摩洛人对自治的渴望逐渐取代了先前追求独立建国的目标，这对菲南穆斯林的政治整合具有跨时代的进步意义。经过为期三年多的漫长谈判，双方最终于 1996 年 9 月正式签署停止交火的和平协议，决定建立"棉兰老穆斯林自治区"，成立"菲南和平发展理事会"，并由密苏阿里出任主席。该协议给予了菲南穆斯林较为充分的自治权限，包括制定自治区部分法律，基本上满足了"摩解"的自治要求。至此，"摩解"与菲律宾政府的抗争逐渐走向衰落，和平协议的签订标志着"摩解"开始重回菲律宾主流社会。2008 年 8 月，在双方的共同让步下，菲律宾政府与"摩伊解"同意扩大南部棉兰老岛的穆斯林自治范围，双方首次就穆斯林祖传领地问题达成一致，并在吉隆坡签署了《穆斯林祖传领地协议》①。根据该协议，"摩伊解"在获得高度自治权的前提下承诺放弃独立要求，而政府也同意扩大现有的 6 个穆斯林自治省份，并将 712 个村庄划入扩

---

① 根据该协议，菲律宾将在南部地区建立高度自治的摩洛民族司法实体，该实体有权组建自治政府，建立独立的法律、银行和教育体系，以及维护安全的武装力量等。菲政府还同意棉兰老自治政府有权从当地资源开发和生产中获取更多的税收。但协议内容并未考虑到南部地区官员和天主教徒的利益，2008 年 8 月 4 日，菲律宾最高法院发布暂停令，禁止政府签署该协议。10 月 14 日，最高法院宣布该协议违宪，致使与"摩伊解"的和谈中止，冲突再度爆发。

大了的棉兰老穆斯林自治区,自治区将对本地区内的自然资源享有更大的份额。① 该协议迎来了"摩伊解"回归的曙光,自 1997 年"摩伊解"进入菲律宾政府的和谈视野,到 2008 年《穆斯林祖传领地协议》的签订,双方的和谈与军事冲突时歇时起,尽管自治协议的执行并不理想,但频繁的和谈有力地压制了民族分离主义势力的气焰,为之后摩洛问题的解决不断开辟出新的道路。长年的战争使菲南穆斯林饱受其害,同样也使菲律宾政府不断认识到,以武力平息冲突的做法并非国家政治整合的良策。

现实证明,民族自治能够在满足少数民族群体利益的基础上实现民族国家的统一,是解决民族矛盾的最佳政治整合方案。2014 年 3 月 27 日,经过长达 17 年的马拉松式谈判,菲律宾政府与"摩伊解"在马尼拉正式签署全面和平协议,旨在结束双方在菲律宾南部棉兰老岛持续数十年的武装冲突。同年 9 月 10 日,在菲律宾总统阿基诺三世的见证下,菲律宾政府官员与"摩伊解"的首席谈判代表伊克巴尔在总统府交换《邦萨摩洛基本法》②草案文件。③ 与此前的和平协议相比,2014 年的全面和平协议及《邦萨摩洛基本法》草案无疑具有更强的代表性和可操作性。菲政府方面同意给予摩洛穆斯林更高程度的自治权利,以更大范围、更高规格的邦萨摩洛政治实体替代现有的棉兰老穆斯林自治区。而"摩伊解"方面则承诺放弃其建立独立"伊斯兰国"的一贯立场,并结束在所有地区与政府的武装斗争,最终解除武装回归社会。2018 年 7 月 26 日,时任菲律宾总统的杜特尔特正式签署了《邦萨摩洛组织法》,该法案将赋予棉兰老少数民族地区更大的自治权力,有望使中央政府与分离主义势力正式结束长达半个世纪的战争状态。至此,长期与政府进行武装斗争的"摩伊解"正式从体制外对抗走向体制内磨合,而菲律宾政府也开始将打击对象转为以阿布沙耶夫为代表的恐怖主义势力。可以说,真正的和平或许尚需时日,但深受战争之害的菲律宾人民恐怕不会

① 肖建明:《菲律宾南部和平进程的困境与前景》,《东南亚南亚研究》,2012 年第 2 期。
② "邦萨"一词源于马来语"bansa",意为"国家、人民"。《邦萨摩洛组织法》又称《邦萨摩洛基本法》(Bangsamoro Basic Law,简称 BBL)。在该法案最初生成时期,一直到审议阶段,菲政府在名称上使用的是《邦萨摩洛基本法》,而在最终签署为法令的版本中,更名为《邦萨摩洛组织法》。
③ 靳晓哲:《〈邦萨摩洛组织法〉与菲南和平进程》,《国际研究参考》,2018 年第 9 期。

再轻易地让悲剧重演了。

五、结语：菲律宾的民族建构之路任重而道远

民族建构作为多民族国家政治整合任务中不可或缺的重要组成部分，其根本目的在于通过培育各民族共同的国家认同，为维护国家统一与社会稳定筑造坚不可摧的精神支柱。换言之，民族建构的过程即各族人民形成统一国家认同的过程，而这种团结一致的认同感，受政治与经济因素影响的同时又根植于深厚的民族文化之中。放眼菲律宾的民族建构之路，从反殖民斗争激发菲律宾人民族意识的觉醒，到马科斯时期的华人同化政策加快菲华民族融合的趋势，加之历届政府通过与摩洛人的艰苦和谈不断创造菲南民族和睦的重要契机，其历程可谓尽显坎坷。可以说，历经民族融合与时代变迁的浪潮，菲律宾已基本建立起以"菲律宾人"为主体的、统一的民族共同体，同时也逐渐形成以民族文化多元化为内核，以国家政治、经济一体化为框架的政治整合模式。

诚然如此，在菲律宾多元一体的民族格局中仍遗留少数民族的边缘化问题，如北部山地民族与平原民族的二元对立状态始终未得到彻底改变，由少数民族群体社会地位的弱化或边缘化而催生的民族心理差异与隔阂在短时期内难以弥合。从这个意义上讲，菲律宾民族问题的根源不仅来自殖民时期的历史遗产，更主要的还是其主体民族或国家在现代化进程中通过各种不平等的发展政策或强制性的暴力同化手段，对少数民族的长期压迫和剥削。就其实质而言，发生在多民族国家的民族分离运动或民族叛乱大多是少数民族生存权利被无情剥夺和民族文化遭到践踏的必然结果。因此，不能简单地将民族差异视为民族分离或民族动乱的本源。对当代多民族国家而言，在尊重民族文化差异的基础上实现民族利益的共享，是构建统一、稳固的民族共同体与实现国家长治久安的必由之路。

民族和解与包容性发展：
南非政治整合的经验与挑战分析

陈翔宇

（天津师范大学政治文化与政治文明建设研究院）

[内容摘要]南非的政治整合是一个渐进曲折的过程,历经多次反复,达至新南非建立方才真正完成对国家领土与国族认同的整合。本文立足南非的历史与现实,从利益视角切入,通过对南非各族群历史矛盾的解构,对民族和解与包容性发展的不同阶段中各行为主体,于不同向度在政治整合过程中的做法进行分析,试图探寻包容性发展在作为多民族发展中国家的新南非的民族国家建构及政治整合过程中的经验与遇到的问题,以期为当今仍具有相似情况的国家,提供一条有一定借鉴意义的整合路径。

[关键词]利益　政治整合　民族和解　包容性发展

南非是一个多种族、多语言的国家。南非统计局2017年年中统计数据显示,南非总人口5565万,分黑人、有色人、白人和亚裔四大种族,分别占总人口的80.7%、8.7%、8.1%和2.5%。① 官方语言有十一种之多。多种族、多语言现状导致的直接结果就是不同种族权力、利益与文化的交融与碰撞。

---

① COMMUNITY SURVEY 2016 IN BRIEF. http://cs2016. statssa. gov. za/wp – content/uploads/2017/07/CS – in – brief – 14 – 07 – 2017 – with – cover_1. pdf.

作为一个拥有数百年殖民统治与种族歧视历史的多民族国家,南非在1994年第一次全国不分种族大选后选择了一条民族和解与包容性发展的道路,并构建了一整套与之适应的制度体系。然而在经历了二十余年的整合发展后,尽管昔日的民族裂痕得到了很大程度的弥合,南非的族际关系仍然具有脆弱性,甚至有出现倒退的变化趋势。在新形势下研究南非的政治整合路径,依然具有重要的现实意义。

一、南非民族矛盾历史解构

南非历史上所存在的民族矛盾,主要体现在布尔人(亦称阿非利卡人)、英裔白人、南非黑人之间的矛盾。在不同的历史阶段,随着各方实力的消长变换,三角关系中对立的双方与矛盾点或会有所不同。但万变不离其宗,其斗争之焦点却从未脱离关乎财富创造与分配的利益之争。

一方面,布尔人的利益诉求体现在对土地和技术岗位的要求上。加入英联邦前的布尔人以从事农牧业为主,其意无非在于永久占有土地并享受与之匹配的农奴制经济体制,只是随着后来英国资本对工矿业的把控,掌握政权的布尔人才不得已转而推动经济多元化。伴随着大量工业制造业领域国有、半国有企业的出现,一部分布尔人开始从事技术生产工作,这一时期在对土地的诉求基础上就又增加了保证技术岗位不受黑人冲击的新诉求。另一方面,掌握原始资本的英国人甫一踏上南非土地便牢牢掌控着这个国家的经济命脉,对于英裔白人而言,他们的唯一诉求就是将对资本的把控永远保持下去。而不掌握政权,又没有资本、缺乏技术的南非黑人,长期饱受压迫歧视,平权与公正待遇遂成为他们孜孜以求的目标。

正是在上述各自利益的驱使下,南非的阿非利卡人、英裔白人与南非黑人之间发生了长达百年的分离与斗争,即便在新南非建立、民族达成和解、国家基本完成整合之后,这种现象仍未完全消除。按照时间脉络,其大体可以分为南非联邦统一前期以布尔人与英裔白人对立为主要矛盾的时期;南非统一后白人独掌政权、整个白人族群与南非黑人之间的矛盾为主要矛盾的时期;以及当今出现的作为主要政治主体的南非黑人对以阿非利卡人为主的南非白人"柔性排挤"的阶段。

二、强离心力下的脆弱整合

（一）领土整合——南非白人的冲突与和解

对于多民族国家而言，政治整合的内容包括领土、地域上的整合与认同，价值、文化情感上的整合两方面。在南非联邦建立前的殖民时代，英裔白人与布尔人曾进行了为期百年的对于南非主导权的争夺，随着布尔人治下的奥兰治与德兰士瓦钻石矿与金矿的相继发现，两方的斗争也日趋白热。之后几十年间，双方围绕贸易与自治问题展开拉锯式的较量，英国人的资本与熟练技术工人逐渐对布尔人治下矿业的"结构缺陷"完成了补缺渗透，布尔当局则采取加征高额税收与经济限制的办法对这种经济占领予以掣肘回应。明争暗斗下，两方关系急转直下，并于 1899 年爆发第二次英布战争。在战争中，英国人甚至不惜采取焦土政策、设置集中营等一系列违反人道主义的举动，总计 13.6 万名布尔妇孺先后被收押进集中营，其中由于饥饿与疾病致死的多达 2 万之数。残酷的战争致使布尔人的民族主义兴起，并逐渐在政治上完成了民族建构，形成了新的阿非利卡民族。而英国尽管惨胜，却也国力受损严重，不得不重新回归谈判桌前。最后通过谈判，布尔人承认了英国人对于南非区域内的统治权，以此换取了英国人给予的德兰士瓦与奥兰治重新自治的权力，布尔人施行种族隔离政策的合法性也得到了法律形式的确认。1910 年，开普殖民地、德兰士瓦、奥兰治与纳塔尔合并为新的南非联邦，阿非利卡人政党南非党击败英国人政党自由党当选执政，以此为标志，南非联邦的领土整合也宣告完成。此后百年尽管仍有围绕经济利益等的明争暗斗不时发生，但白人之间的矛盾已不再是南非民族矛盾的主流。而南非白人族群的握手言和，却是以牺牲南非黑人的利益为代价换来的。无论是阿非利卡人的土地经济，抑或是英裔资本的矿业经济，无不需要大量廉价劳动力，而掌握政治经济的南非白人借助国家力量，恰好可以保障廉价、稳定的黑人劳动力源源不断的供给。在长期的融合发展过程中，南非白人的利益形成了互相捆绑的关系，阿非利卡人政权利用国家实力保护英裔资本在矿业经济中的利益,而英裔资本所控制的工矿业又为政府输送着源源不断的财政收入。① 由此,阿非利卡政治精英与英裔经济精英达成共识——双方利益最大的威胁不是来自彼此,而是正在复兴的黑人民族主义。

(二)分力与合力的较量——南非政治分离尝试的极盛与转衰

发源于1913年《原住民土地法》,在1948年通过法律形式被正式确立并制度化的种族隔离制度,随着1958年"黑人家园计划"的出台达至高潮,直到1991年被废止,历时半个世纪,对近代南非尤其是南非各种族之间的关系产生了重要影响。种族隔离制度的存在,不仅在精神与情感上割裂了整个南非社会,更试图将已经完成领土整合的南非重新分裂。南非白人政府究竟何以做出此等分裂国家主权的行为? 其极大程度上源于白人对黑人过快发展的城市化所导致的黑白种群之间的融合可能危及自身政权的担忧。对此,南非白人想把政治权力控制在自己手中的唯一途径是让班图人实现独立。②

1. 种族隔离——白人政府政治分离的野心与实践

1910年在非洲黑人未被给予选举权的情况下,阿非利卡人政党南非党当选执政。在其执政的1910年至1948年间,历届南非白人总理通过各种政策手段进一步打压剥夺非白人的权利。1913年,成为后世"种族隔离制度"法律基础的《原住民土地法》颁布出台,全国93%的土地被规定分配给只占总人口20%的白人,而其他以黑人为主的80%的人口则只能生活在资源与住房严重短缺的7%的土地上,黑人除非为白人雇主服务,否则不得进入白人的领土。1948年,随着更加极端的阿非利卡政党国民党获得政权,南非结束了"隔离时期",正式进入种族隔离制度化阶段。

种族隔离制度化最突出的表现,首先是一系列相关法律政策的出台。1950年的《人口登记法》对南非人种进行了分类,最先分为白人、黑人、有色

---

① See Miguel Centeno(eds.), *State in the Developing World*, Cambridge University Press, 2017, p. 241.

② See L. E. Neame: *The History of Apartheid : The Story of the Colour War in South Africa*, Pall Mall Press with Barrie and Rockliff, 1962, p. 120.

人三类,后来根据人口比例的变化又增加了印度人一类。这一类似古代雅典与古罗马公民制度或中国元朝"四等人制"的分类方法,将人种与政治权利、社会权利、经济机会、受教育机会直接挂钩,成为后续相关法律措施制定与实施的基本依据。而后根据具体目的的不同,种族隔离时期的法律大体可以分为人身隔离与地域隔离两种,前者诸如《班图人管理机构法》与《隔离设施法》继续导致着南非白人与有色人种之间持续的价值与情感上的疏离,而后者如《集团土地法》《班图人城市区域法》与《促进黑人自治法》等则旨在于地理上将现实上业已统一的南非重新割裂。除此之外,还有防止黑白种族融合的《禁止跨族婚姻法》《背德法》,以及其他分别从教育、医疗、职业选择等社会生活的各方面做出差异化规定的法律。由此,阿非利卡白人政府用多达数十种相关法案构筑起了一套完备的种族歧视与隔离法律体系。最终,随着以 1951 年《班图权力法》与 1958 年《促进黑人自治法》的相继颁布为标志的"黑人家园计划"的出台,种族隔离的发展被推向顶峰。"黑人家园计划"与之前的保留地制度的不同之处在于,从法律上讲以前历届白人政府承认非洲人和白人同属于一个政治实体——南非,①而"黑人家园计划"最大的出发点则是实现非洲人与白人的终极隔离,通过推动各班图斯坦独立(种族隔离时期,10 个班图斯坦中有 4 个先后"被独立"出南非),使白人在占南非全部国土的 87% 的土地上保持人口数量优势,以此保证白人政权的纯粹性与可续性。

南非的种族隔离制度与班图斯坦制度,使得 20 世纪下半叶的南非成为一个"黑白分明"的国度。从地域上看,白人与非洲人的居住地泾渭分明,黑人未有通行证不得擅自离开"家园",即便获得许可去"白人南非"做工的非洲人,也处在尽管共处一地却不得使用一套公共设施的被歧视隔离的状态。在南非白人尤其是掌握政权的阿非利卡人的观念里,自己费尽千辛万苦得到的权力自然不愿意同人分享,何况彼时居住在南非土地上的非洲人,除一部分原住民外,多半是殖民时期买来的黑奴与淘金热时期的外来劳工,而他

① 参见刘兰:《南非白人政府在非洲人城市化进程中的作用(1949—1978)》,《湖南师大社会科学学报》,2015 年第 44 卷第 5 期。

们正是处于白人种族歧视链条的最末端。尽管白人"中央政府"在隔离过程中也给予了"黑人家园"以一定财政、政策扶持,并分出了部分金矿产区,但依然杯水车薪。1970 年,仅占南非可耕地面积 16% 的家园土地上却居住着占总人口 32.7% 的居民,其结果是家园生产的粮食只能养活 1/4 的人口。[1]大量生活无以为继的家园剩余劳动力冲破白人地区藩篱,涌入城市,旨在抑制非洲人城市化的隔离政策反而适得其反。

2. 各方合力——种族隔离走向瓦解

20 世纪 80 年代,黑白分明的种族隔离格局开始日益受到挑战。对于南非种族隔离制度瓦解原因的分析,应立足南非国内与国际两个向度以做考量。一百年间,国内各受压迫民族的持续不断的反抗运动是种族隔离瓦解的最主要原因,而集中发生于 20 世纪七八十年代的国际制裁则作为"压倒骆驼的最后一根稻草",给了白人政府试图通过政治分离实现政权永固幻想以有力的最后一击。

一方面,从国内反抗视角来看,政治整合包括自上而下与自下而上两个维度的内容,其不仅具有"国家政权以其权力将国内各族整合为统一国族的过程"的方面,还有"多民族国家各个民族基于理性和政治认识,将自身镶嵌进统一国族的过程"[2]的一面。南非国内反种族主义斗争中的各行为主体,包括以南非非洲人国民大会为核心的各黑人民族政党、组织与社会各族各界支持、同情黑人的有识之士,他们之间的相互作用、联合,正是南非自下而上进行整合的有力尝试。其中,不断致力于发展自身包容性理念以联合各族可联合之力量的南非非洲人国民大会,无疑是这个过程中的中坚核心。从最初成立时的推动非洲人跨部族界限的联合,到发起"人民大会运动"签署《自由宪章》后转变为以建立"多种族的南非,倡导基于公民身份而不是族群身份的包容性民族主义"[3]为目标的更成熟的"全民型民族主义政党",再到非法化后联合南非共产党创立"民族之矛"并最终在求大同、存小异的基础上联合创建了反种族主义斗争中以南非非洲人国民大会为核心,包括"左

① 参见郑家馨:《南非史》,北京大学出版社,2010 年,第 306 页。
② 朱碧波:《苏联族际政治整合模式研究》,中国社会科学出版社,2015 年,第 6 页。
③ James Barber, *South Africa in the Twentieth Century*, Blackwell Publishers, 1999, p. 151.

派"的南非共产党与南非工会大会在内的三方联盟,南非非洲人国民大会通过将不同肤色、阶级与意识形态的人整合进反种族歧视统一阵营中,于根本上一步步松动掘除了南非白人政府的合法性基础。在社会方面,诸如"黑人觉醒运动""联合民主阵线"这样具有高度社会参与度与民族团结性的组织、运动同样在反种族主义、促整合的过程中发挥了重要影响。20世纪70年代,医学院学生史蒂夫·比科创立南非学生组织(SASO),引领并推动了"黑人觉醒运动"的产生与发展。黑人觉醒运动将所有被压迫民族——无论非洲人、有色人还是印度人——都视为广义的"黑人",从而赋予了黑人概念以政治属性,对促进黑人内部的政治团结具有重要意义。同时,面对20世纪80年代国内国际局势的变化,白人阶层内部开始出现不同程度的分化,白人知识界和青年当中相当一部分同情、支持黑人运动的有识之士也加入了对种族隔离制度的批判阵营当中,成为广大"黑人"的盟友,这其中尤以政界、经济界一些具有相当影响力的白人精英为甚,其所发出的不同声音亦成为一股不可忽视的力量。

另一方面,国际环境的变化与国际制裁力度的不断加强作为南非种族隔离制度崩溃的重要外部因素同样发挥了积极的推动作用。随着大量民族、地区相继获得国家独立与民族解放,以及发达国家尤其是美国平权运动的展开,南非白人政权所倚赖的"乌鸦一般黑"的国际环境已然不再,美苏冷战的相对缓和亦使得国际社会得以腾出多余精力去关注这场在"世界尽头"悄然进行了几十年的非人道的制度性悲剧。30年间,国际社会参与制裁南非的成员数量与力量持续增加,一系列的制裁行动处处针对南非的短处与痛处,沉重打击了南非白人政府的统治效能与合法性,给南非经济、财政造成巨大压力。

在"内忧外患"下,南非白人政权不得不做出调整改变。博塔政府执政期间,就已通过1983年宪法的出台与三院(白人院、有色人院与印度人院)制改革,适当放宽了享有权利的人种范围限制;多部种族隔离法律亦在其任内被废除。1989年德克勒克当选总统,面对南非国民党执政合法性的危机与南非社会的激烈动荡,德克勒克积极求变,寻求和解。通过一次全体白人参与的全民公投,德克勒克成功获得大部分白人公民的支持,并借此压制住了来自党内与白人集团内部的反对意见。1990年2月,南非当局取消了对南非非洲人国民大会、阿扎尼亚泛非主义者大会等组织的禁令,释放了包括曼德拉在内的"政治犯"。南非政治整合进入新阶段。

三、新南非——多民族国家多元一体化建构

一般说来,民族主义对于民族国家建构的推动作用有两种基本表现形式:一种是创建新的民族国家;另一种是在已有的国家政治架构之内,完成对于民族的整合,亦即促使国内不同族群形成统一的民族意识和民族认同。[1] 新南非的国家建构显然是后者。

(一)制宪谈判与新宪政体制的确立

20世纪90年代之初,随着南非白人政府与黑人民族主义政党互相频繁释放和解信号,南非多党制宪谈判的启动已经被提上议事日程。对于建立一个以成人普选权为基础的、多党派执政的民主政府,[2]谈判双方并无异议,争论的焦点在于权力的分配问题。

南非非洲人国民大会所主张的"多数统治"势必会让在人口基数中占劣势的南非国民党失去大部分权力,[3]与之相对的,南非国民党则力主"分享权力",提出了旨在使少数白人议员可以对任何议案行使实质上否决权以掣肘多数黑人的两院制。双方围绕分享权力与否的问题争执不下,三年间谈判时断时续,其间两方甚至再次爆发激烈冲突。然而,对抗终归不是解决问题的有效方式。最终谈判双方相互做出让步,南非非洲人国民大会承诺一旦大选获胜将与其他政党在新政府中分享权力,德克勒克也放弃了两院制衡的想法,1993年4月,多党制宪谈判因此方得重启,同年12月,《南非共和国

---

① 参见于春洋:《现代民族国家建构:理论、历史与现实》,中国社会科学出版社,2016年,第12页。

② 参见[南非]纳尔逊·曼德拉:《漫漫自由路:曼德拉自传》,谭振学译,广西师范大学出版社,2014年,第599页。

③ 宋雪薇:《和解政治:南非消除种族隔离制度个案研究》,上海师范大学,2017年硕士研究生毕业论文,第27页。

宪法草案》获得通过。1996 年,在"临时宪法"的基础上,新的南非正式宪法《南非共和国宪法法案》制定出台,国家统一原则与保障公民基本人权的精神原则作为新宪法第一章与第二章的中心内容,以国家根本大法的形式得到了确认,从而在根本上对过去种族隔离时期曾经出现的分裂国家与对不同人种区别对待的行为套上枷锁,杜绝了其再次发生的可能。

(二)以"权力分享"为原则的政治体制设计

对于南非的政治体制建构,昔日的设计者充分考虑了南非族群、阶级阶层间复杂的利益关系,在尊重差异的基础上,力求通过国家机制的力量将各民族群体的利益充分整合。

在国家结构形式方面,新南非将前白人治下国家的 4 个省与 10 个班图斯坦重新划分为 9 个省,包含中央、省、地方三级,实行全国统一的政府体制。① 但考虑到殖民地时期各地割据所导致的地域差异的历史遗留,南非又参照了类似英国使地方政府在地方事务中具有较大自治权力的做法,故其又属于一定程度上中央与地方分权型的单一制结构。在国家管理形式方面,权力分享的原则在行政机关与立法机关的特点方面体现得尤为明显。1996 年正式宪法规定了南非议会的两院制结构,使"临时宪法"时期的一院制结构成为历史。变更后的两院在国家层面表现为国民议会和全国省级事务委员会(简称省务院),分别代表人民与地方各省,其设计不仅使得不同族群、阶级、地域的人民的不同利益诉求在中央层面得到被有效代表的机会,更通过省务院的设置有效遏制了多数民主可能对少数人和地方的"多数暴政"。行政机关体制的设置则尽可能兼顾了各党的利益。南非名为总统制共和国,实际上却拥有更多的议会制特征。总统一身两任,身兼国家元首与政府首脑,但总统却是由国民议会选举产生的,总统和总统任命的内阁需对议会负责,掌握行政权力的执政党将不得不面对更多来自议会在野党甚至反对党的制约与监督。同时,基于行政与立法机关的这类连带关系与制宪谈判时期达成的对"权力分享"的共识,1993 年临时宪法还规定,凡在议会中

---

① 杨立华:《新南非 20 年发展历程回顾》,《非洲研究》,2015 年第 1 期。

获得至少 5% 席位的政党即有权参与该届内阁。[①] 故 1994 年新南非第一届内阁是南非非洲人国民大会、南非国民党、因卡塔自由党组成的多党联合政府。尽管后来 1996 年颁布的正式宪法修改了"各政党按议席比例分享权力"的条款,变为"大选中的多数党单独执政",但"分享权力"的传统却得到了延续,1999 年、2004 年、2009 年大选胜出的南非非洲人国民大会依然坚持多党合作的理念,选择将内阁中部分部长、副部长职位授予其他党领导人,而非单独组阁。

(三)缓和贫富差距

对于南非来说,资源的不平等占有与分配不均是过去造成黑人与白人之间矛盾冲突的关键因素之一。故新南非成立后,除政治方面的民主化改革外,经济层面也在进行着旨在缓解乃至缩小黑白种群之间整体发展与生活水平差距、改变过去二元经济结构的变革。在相继出台的一系列意在增进占人口绝大多数的黑人经济发展、收入提高,以提振南非经济发展潜力的法律政策中,尤以 2004 年起正式施行的《广义基础上的黑人经济振兴法案》(B—BBEE)最具标志意义。该法案继承自 1994 年提出的"黑人经济振兴"政策(BEE),并在一定程度上修正、发展了原有内涵,将过去"实质合理地转变、授予黑人群体对企业的所有权、管理权以及南非金融与经济资源的控制权"调整为"尽可能地在整个南非社会进行财富分配"[②],转变了因过去政策关注侧重点的偏上层性而仅使少数黑人精英受益的局面。除此之外,"Broad-based Black"对于"黑人"的定义也扩展到了自黑人觉醒运动过程开始形成的,具有政治属性的,包括南非黑人、有色人、印度人在内的更广义上的黑人概念,从而有利于经济上各弱势族群对国家政治认同感的提升。在具体的政策落实方面,无论 BEE 早期关于"黑人企业"的分类,还是 2007 年发布的"评分记分卡"评分准则,几乎无一例外地涉及对企业中黑人所占股权或管理权比例的评定说明。正如中国驻南非经商处参赞荣延松所说,"作为政

---

① See Andrew Reynolds, *The Architecture of Democracy*, Oxford University Press, 2017, p. 51.
② 程云凤、严庆:《浅析南非的黑人经济振兴政策》,《民族论坛》,2015 年第 5 期。

府和公共企业在采购、执照发放、优惠政策倾斜、公私合作、国有资产出售过程中的重要参数,该评分直接影响企业竞标政府项目的结果"①。通过利益的互锁使得任何企业想在南非有所发展,无论愿意与否都必须或多或少对BEE的政策有所回应,以此使黑人的经济发展与就业状况至少获得最低限度的保障,正是南非BEE政策行之有效的关键。

而为扩大黑人就业,改变黑人受长期种族歧视影响在受教育水平与技能方面处于劣势所导致的就业困难的与结构性失业的局面,南非政府一方面在相关法规方面对以公共部门为主的部分单位雇员结构比例要反映种族构成做出了规定,一方面也加大了对教育与技能培训的财政支持力度,意在标本兼治。② 包括医疗、市政、公共安全、期货交易等在内的企事业单位内的黑人比例因此有了显著提高。在社会福利制度方面,南非采用"普惠式"救济与"选择式"救济并存的方案,力求改善弱势群体与低收入家庭的生活状况,进而在全国范围内缩小不同种族、地域之间的发展差距。在2004年至2012年的不到十年时间里,南非黑人中产阶级人数从170万壮大到420万,并首次超过了人数300万的白人中产阶级。③

(四)多元一体的情感文化建构

面对南非多种族、多语言、多部族的历史与现实,在恪守尊重与包容的原则基础上,新南非在语言的使用与民族自治等方面做出了妥善安排。南非官方语言有11种之多,基本涵盖了包括祖鲁族、科萨族、阿非利卡民族及以英语为母语的白人等南非主要族群语言。在承认尊重多元的同时,南非政府亦没有忽视语言作为交流工具的作用,为不致不同民族之间因言语不

---

① 于盟:《中企投资南非先读〈黑人经济振兴法案〉》,《21世纪经济报道》,2013年6月21日。
② 其出发点是好的,然而在"本"未有效提升的情况下,强制性的"治标"手段将是一把双刃剑,在增加黑人就业、稳定黑人群体情绪的同时,难免又会导致行业水平被人为拉低,从长远来看对南非技术竞争力造成破坏,不利于经济发展与社会稳定:曾经完成世界第一例心脏移植手术的南非医疗业水平自此影响一落千丈,为满足比例而匆忙上岗的黑人教师降低了教育行业培养人才的水平,对南非未来造成了深远的不良影响,其他诸如南非政府执政能力下滑、安全部门执法力度下降导致治安情况变差都与强行"治标"有着不可否认的关系。
③ 参见苑基荣:《南非黑人中产阶级崛起》,《人民日报》,2013年9月17日。

通而缺乏交流的人为隔绝,南非大学前教育选择了一种以英语教学为主、其他语言为辅的双语制教学体制。通过英语作为共同语言的纽带作用,不同民族得到了有机结合的机会,也为共同国族文化与记忆的形成奠定了基础。在民族自治方面,南非政府亦表现出充分尊重。对于原住民族,南非政府承认非洲传统领导人依习惯法形成的机构、地位和作用,并设立"全国传统领导人议会",负责就习惯法有关事项向总统提供咨询。

在需要对种族隔离历史与罪行进行清算的转型时刻,"真相与和解委员会"的建立,及时遏制了因为伤疤的再次揭开而可能导致的仇恨蔓延与事态的脱离掌控,标志着在转型正义模式选择中,一条介于"纽伦堡审判"模式与"全民遗忘"模式之间的"第三条道路"的出现。① 诚然,起诉与惩治能够体现正义的要求、重塑道德的价值观念,但公开的审判与秘密档案的公布又难免会对国家、民族、社会的情感形成二次撕裂。大事化小,小事化了的"遗忘模式"尽管可享一时风平浪静,却为国家的未来埋下隐患。面对过去犯下的错误,任何企图通过淡化、掩饰甚至抹除来欺骗自己、蒙蔽他人的"鸵鸟政策"都是对"政治灾难"的"绥靖",从历史记忆中刻意移除的悲剧不会渐行渐远,终有一日它会以现实的形式再次降临。南非"真相与和解委员会"取长舍短,一方面通过细致周密的调查与听证对过去的暴行加以认定,另一方面又对彻底坦白犯罪事实者给予赦免与宽恕,受害者在完整讲述自己受迫害情节之后也将得到人格与尊严的维护与相应的补偿。

四、南非政治整合仍在路上

通过新南非建立之初的一系列努力尝试,南非以一种尊重、包容的态度成功做到了统一国家中对立民族的和解。然而,这种和解更多的是情感上的和解,是对种族主义历史与仇恨的释怀,对于复杂交错的利益关系问题,新南非仍未找到妥善的解决办法。利益纠葛无论过去抑或未来都是矛盾赖

---

① 参见石海雄、王勃:《在"遗忘"与"审判"之间——论南非社会转型正义模式选择》,《云南行政学院学报》,2016 年第 6 期。

以滋生的温床,利益分配如无法做到公平正义,将撕开新的社会"伤口"。

(一)"庙堂"拱顶石的裂纹

建筑学上有一个原理,即向上拱起的物体最能承受压力,拱桥、拱门的设计正是对这一原理的应用,优质的石拱桥甚至不需任何黏合剂,仅借助桥自身重力和拱桥张力就可使石块紧密贴合、结构稳定。如果将"拱形理论"运用到国家社会生活当中,将社会、人民视为支撑其上一切政治经济建筑的大地,将横亘其间的江河看作人民、社会内部的分歧隔膜,那么想要联结大河两岸不使其隔绝分裂,就需要一架能够沟通两岸、负载承重的坚桥,国家便是这样的存在。这其中,具有利益表达与综合功能,作为社会与国家之间联结纽带的政党,正是这个国家政治拱桥搭建过程中所需的那一块块或大或小、长短不一的条石。在建构过程中,各条石的契合如能严丝合缝,则政治稳定发展、社会秩序井然,但如果条石中间存有缝隙,甚至不按大小形状合理镶嵌拼凑,其后果轻致政治动荡,重或桥塌政亡,无政府状态下原有社会矛盾失去调和,日渐失控也就在所难免。

新南非国家政治的拱形结构能否做到牢不可破取决于三个变量的稳定与否。首先,长期执政的南非非洲人国民大会党内的团结与否直接影响国内政治生态的状况。党内姆贝基与祖马两派之间的明争暗斗由来已久,在曼德拉隐退之后日渐不受约束,姆贝基引咎辞职的原因甚至就是对祖玛受贿案审判的干涉。同时,原苏联势力在南非非洲人国民大会党内仍具影响,尽管新南非建立之初曼德拉通过一系列诸如非暴力和解、国企私有化、土地"自愿买卖"的政治经济政策否定了党内原苏联势力的激进武斗、社会主义改造的政策主张,一定程度上压制住了党内左派激进呼声,但诸多"革命战士"却作为南非非洲人国民大会党内的中坚力量存续下来,其中最具代表性的当属曾担任原南非共政治局委员的祖马。而祖马及其党内亲信正是目下南非土地无偿征收策略的坚定支持者,这一点恰同现总统拉马福萨依照宪法框架、有序推进土改的主张相左。

其次,新南非建立以来南非非洲人国民大会的执政地位二十年未曾动摇,一来有赖于其历史声望的加持与人民对其绩效合法性的肯定,二则离不开其执政联盟内部的互相扶持。从反种族主义斗争中形成并固定下来的包括南非非洲人国民大会、南非工会大会与南非共产党在内的三方联盟在新南非建立之后,进一步演变为三方执政同盟。但近年来,尤其在关于经济社会政策的选择上,奉行自由主义经济政策的南非非洲人国民大会与激进偏左的南非工会大会和南非共产党分歧日盛,后者包括矿业国有化与加速土地改革的一系列激进主张历来不为南非非洲人国民大会所喜,而南非非洲人国民大会力主的 BEE 政策仅使少数黑人精英受益,甚至催生出一个新生的"裙带资本家"阶层的结果,则招致了代表广大工人阶级利益的公会大会和以实现共产主义为最终奋斗目标的南非共产党的不满,①三者之间怎样才能"斗而不破"②,将是对三方同盟未来分歧管控能力的一项考验。

最后,一党多元制下南非非洲人国民大会及其执政同盟长期执政,其他中小政党的呼声能否得到采纳进而上升为国家政策,权力运作是否规范透明与受外部监督,都对执政党在政治整合过程中如何扮演好自身角色提出了挑战。

(二)主客观层面限制性因素

在主观层面,受历史影响的种族歧视现象并没有完全从这片土地上消失,一方面一些白人雇主虐待、侵害黑人雇工的消息仍不时被媒体曝出,③另一方面,在 20 世纪 90 年代的逃难潮中无力离开的底层弱势白人又成了当下种族歧视的新对象。成批的白人贫民窟的出现是南非当下新的社会难题,固然贫民窟中白人以老弱妇孺等生活自理困难群体居多,但也不乏受过良好教育与技能训练者,然而基于认为白人懒惰等歧视性观念的影响,他们甚至无法得到一份诸如环卫清洁、佣人、安保这样的无技术性或低技术性工作,只得在家以制作手工制品甚至拾荒为生。2019 年 3 月,由总统拉马福萨提出的旨在解决失业六个月以上年轻人就业问题的青年就业服务计划规

① 参见程云凤、严庆:《浅析南非的黑人经济振兴政策》,《民族论坛》,2015 年第 5 期。
② 戴旭:《南非执政三方联盟为何斗而不破?》,《当代世界》,2005 年第 11 期。
③ 杨立华:《新南非的包容性发展之路——非国大 100 周年纪念》,《西亚非洲》,2012 年第 1 期。

定,其申请者必须是 18 至 34 岁的南非"黑人"①,且同时符合《黑人经济振兴法案》(BEE)中的定义,南非白人因而无法在青年就业服务网站注册。在新形势下,反转的多数对少数的暴力应成为南非接下来重点关注的问题之一。

在客观层面,黑人与白人居住区的隔离仍是种族融合的现实制约因素,受种族隔离历史影响的白人多居于城市郊区、黑人聚居于黑人城镇的分散现实,一定程度上制约了黑人与白人之间的交流与融合。另外,经济的不平衡、不充分发展导致的贫富分化在持续激化广大黑人对白人群体依然拥有的经济上优越地位不满的同时,又在催生着黑人群体内部的阶层分化。一方面,南非白人在经济上占据主导地位的状况并未发生根本性改变,2011 年南非第三次全国人口普查数据显示,白人家庭的年收入是黑人的 6.02 倍,2015 年南非失业率黑人为 27.9%,白人则为 7%。另据《南非就业平等委员会 2014—2015 年报告》,在南非企业最高管理层中,仅占全国总人口不到 10% 的白人占据了 70% 的职位,而黑人仅占 13.4%,种族整体间的贫富差距仍然明显。另一方面,黑人经济授权使财富从经济寡头手中再分配给黑人中上层阶级,一个新的非生产性的、富裕的黑人政治家和前政治家阶层出现,这些人在确保矿产能源联合体的存在方面成为经济寡头的同盟。② 更多的普通黑人并没有分享到政策的福利,不患寡而患不均,黑人内部利益的分配不均使普通黑人对南非非洲人国民大会执政的正义性提出了质疑。正如南非人所言,现在的南非社会就像一杯层次分明的卡布奇诺,由从下至上的咖啡(黑人)、牛奶(白人中产)、奶泡(白人富豪)跟少量点缀的可可粉(黑人精英)所组成。

事实上,南非黑白种族间与黑人内部阶层之间贫富差距存在的原因,不仅在于南非经济的"蛋糕"没有分好,也在于该"蛋糕"没有被做大、做强。新南非当局奉行的新自由主义经济政策使得本国跨国公司"肆虐",来自欧美的资本与亚洲的廉价商品迅速占领国内市场,政府当局一方面招商引资,另

---

① 此"黑人"仍是《广义黑人经济振兴法案》中规定的包括南非黑人、有色人、印度人在内的广义黑人概念。

② 参见[南非]默莱斯茨·姆贝基:《南非后种族隔离时代的统治阶级与南非的不发达》,《西亚非洲》,2008 年第 4 期。

一方面又不对本国工业制造业进行保护与扶持,甚至还要加征环保专项税收,如此一来原本完备的金融工业体系受到冲击,南非很快沦为了全球化时代"产业上游国家"的原材料产地与商品倾销市场。

(三)被"柔性排挤"的阿非利卡白人群体

白人政府时期,阿非利卡人精英作为英裔商业精英在政治上的合作伙伴实际掌握着国家政权,然而新南非建立后阿非利卡人失去了曾经的国家统治权,作为昔日社会中流砥柱的阿非利卡人逐渐从公共部门和国有企业各级各层的技术与管理岗位被迫退出,利益和生存空间受到严重挤压。正如历史上的白人联合、黑人受害、三方角力的利益重组有两方从中获益,另一方的利益就难免或多或少得受到损害,而新的黑白妥协的结果便是英裔白人仍然控制资本,黑人获得了平等的权利与地位,获得了政权与大量的工作机会,阿非利卡人为那个相对弱势的利益受损的角色。

始于 2018 年初的一场旨在无偿征收南非白人土地的土地改革,将这场白人尤其是阿非利卡白人处于弱势地位的种族间利益分配的角力推向了高潮。2018 年 2 月,南非反对党经济自由斗士党领导人朱丽叶斯·马莱马提出的旨在无偿征收白人土地的动议在议会获得通过,并得到了来自执政党南非非洲人国民大会的支持。[①] 同年 7 月 31 日,拉马福萨代表南非非洲人国民大会宣布将支持修宪推动土地强征。一时间,关于以非暴力、和解著称的南非为何要效仿津巴布韦血腥的失败案例与其是否还在坚持包容性发展的问题引发热议。事实上,南非土地问题由来已久,最初的《原住民土地法》做出了极不平等的土地分配规定,至 1994 年新南非建立,占南非总人口77% 的黑人仍仅拥有全国 4% 的土地,白人人均土地占有量是黑人的 13 倍。为改变种族间的土地占有不平等,1998 年南非政府修改了《提供土地和援助法》,确立自愿买卖原则,并由政府出资,帮助黑人弱势群体从市场上购买土

---

① National Assembly Gives The Constitution Review Committee Mandate to Review Section 25 of The Constitution. https://www. parliament. gov. za/press - releases/national - assembly - gives - constitution - review - committee - mandate - review - section - 25 - constitution.

地。① 然而,尽管南非迄今已经购买 490 万公顷土地,并将其中的 340 万公顷用于再分配,却仍未完全改变原有的土地结构。南非温和的土改政策受资金和白人农场主抵制等因素影响进展缓慢,在这一过程中广大黑人的不满情绪日渐高涨,加之经济危机以来南非经济复苏乏力、失业率居高不下,民粹主义得以滋生蔓延。经济自由斗士党正是抓住这次机会大肆鼓吹对白人土地的无偿征收,而南非非洲人国民大会基于对即将到来的全国大选的考量也在一定程度上受到民粹主义裹挟,对其采取放任甚至支持的态度。不过事实上,现实中的南非并不需要这样一场"土地改革"来提振经济、挽救就业,相反,这样的一场运动极有可能摧毁经济不景气、民族关系脆弱的南非。就经济结构而言,南非自 19 世纪 40 年代起就已从农业国家升级为工业国家,1995 年之后农业从业者所占人口比更是降至 13.7%。而一个以二、三产业为主导的国家将高达 27% 的失业率的原因推卸给农业土地的不平等分配其实并无道理,南非土地也难有如此惊人的容纳能力。从另一角度来看,当下南非流动土地仍多数居于白人名下的状况不应只单纯归因于南非政府温和的土改政策,众多南非政府分配给黑人的土地实际最终又回到白人手中。其原因,一方面在于南非长久以来实行对无地黑人现金补偿与土地分配相结合的政策,基于利益选择,提出土地"申诉"的 8 万黑人中的 6 万人选择了现金补偿而非获得土地;另一方面,即便领到土地的黑人,也因为缺少相关技术经验的原因而难以妥善经营,最终土地减产甚至抛荒,兜兜转转下土地可能就又重新流回白人手中。一些南非的有识之士同样对"土地改革"的前景表示担忧。经济人士表示,由于当前南非白人手中的土地多是阿非利卡人自祖上继承得来,土地基本是他们唯一的财产,而南非农业又非经济利润丰厚的部门,所以不少农民都是以土地为抵押贷款进行运营周转,一旦南非政府无偿征收土地开始,广大阿非利卡白人将失去赖以为生的土地不说,高达 137 亿美元的农民贷款也将给南非金融业带来巨大打击。

由此不难看出,南非土改之路盖有百害或难得一利,不仅难以实现缓解失业的最初愿景,甚至可能导致更多白人游民的产生与金融业的受损,从而

① 参见蔡淳:《南非土地改革将是一场大考》,《经济日报》,2018 年 8 月 10 日。

为社会经济的稳定带来隐患。如果说这一切的代价只是为了迎合民粹主义、获得大选胜利，则代价未免太大。事实上，南非政界对于土改的看法并不统一，南非土改政策也未必真的会以暴力强征的面貌出现。与马莱马所代表的极左势力的强硬表态不同，总统拉马福萨对于土改一事的支持一直模棱两可，其在表态支持党内外的无偿征收意见的同时，也一再强调土地分配政策的选择要以宪法为准绳，不能影响经济生产的重要性。在回应特朗普的公开指责时南非总统拉马福萨就曾指出，"非国大会提出修改宪法的议案，明确在何种条件下土地可以被合法无偿征收，包括那些没有得到有效利用的土地、非正式的定居点以及城市里的废弃建筑物等"①，这显然与经济自由斗士党所强调的"无偿征收白人土地"的建议有所出入。

（四）民粹主义与排外情绪的兴起

源于曼德拉于1991年发表的"自由的精神"演说，南非当局对于国际移民（无论合法还是偷渡）和难民都展现出一种包容的态度。2002年的《移民法》从法律层面上确立了这种宽松的移民政策。因此，目前南非每年都有十万左右或合法或非法的移民流入，移民人数估计在300万上下，其中在南非就业的外籍人数120万，约占南非总就业人数3200万的4%。② 基数庞大的外来移民不仅在一定程度上抢占了本就不充裕的南非就业机会，而且给国家基层治安带来了隐患，再结合南非本国居民居高不下的失业率，南非民粹主义便有了滋生发展的土壤，因此南非国内极端排外的行为在近几年屡见报端。发生于2015年的排外骚乱就是近年南非排外心理的一次总爆发，南非不得不以对待危机的态度与做法来应对这次骚乱，总统祖马取消了外出访问活动，留待国内坐镇指挥，并出动军警以维持骚乱地区稳定。这次的排外事件是对南非包容性理念的又一次强烈冲击，南非国内本就脆弱的民族关系在一次次的运动与对抗当中日渐生出裂痕。

① 张凯：《南非土地改革：一项未竟的事业》，《中国投资》，2018年第9期。
② 杨立华：《南非的民主转型与国家治理》，《西亚非洲》，2015年第4期。

五、总　结

自南非 1910 年完成领土整合至 1994 年新南非的建立这一段时间内，南非经历了民族情感的长期对立与领土的人为分裂，而后黑白种族之间通过谈判妥协与后续诸如"真相与和解委员会"的一系列努力取得了情感心理上的和解，随着班图斯坦制度的结束，被人为割裂的南非重新获得统一。彼时的南非，基本完成了对于地域与国民心理情感的政治整合。然而二十年来南非包容性发展之路并不平坦，本已和解的民族情感因为彼此间利益的纠纷而一次又一次遭受创伤，诸如黑人之间的阶层分化、外来移民导致排外情绪与民粹主义发展等新问题的出现也在考验着南非对于坚持包容性发展道路的决心与能力。另外，尽管二十年来南非在民族和解与包容性发展方向上做出的努力与取得的成果世界有目共睹，但其包容并不等于放纵，和解也未必不会重新破裂。当白人成为国家中的弱势群体，外来人口遭到排斥，南非社会与政府应当警惕日渐崛起的黑人民族主义右倾化趋势，防止 20 世纪的悲剧以主客体倒换的形式再次上演。

比较政治与政治制度研究

美国如何塑造敌人

——以冷战前后美国电影中的苏、俄人形象为例*

王 坚

（天津师范大学政治文化与政治文明建设研究院）

[内容摘要]二战以来，美国电影中苏、俄人形象大致经历了由政治、军事盟友到意识形态敌人，再到文化他者与"泛敌人"的演变过程。这些电影不仅以塑造苏、俄人的负面形象为绝对的主流，而且在塑造过程中，还渗透着典型的二元对立思维。这显然不是对现实与现实变化的实录，而是基于美国自身需要的一种想象与建构。它的背后，有票房考虑、政治-经济竞争与意识形态对立需要等中短期现实因素；但更为根本的，则是根植于长期以来西方对俄罗斯人与俄罗斯文明的认知，及在此基础上形成的刻板印象。苏、俄人这种电影形象，比较典型地表现了美国塑造敌人的办法与逻辑。

[关键词]美国电影 苏、俄人 塑造敌人 负面形象 刻板印象

---

* 本文系笔者主持的国家社科基金青年项目"美利坚民族—国家建构的过程、理论与经验研究"（编号：15CMZ036）的研究成果。
美国电影往往并不那么严格、精确地区分苏联人和俄罗斯人。他们常常错误地将苏联人直接等同于俄罗斯人。本文一般情况下，也对苏、俄人不作过细的区分。

从轻喜剧《异国鸳鸯》(*Ninotchka*,1939,又名《妮诺契卡》)中粗鲁、教条但完全经不住花花世界诱惑的共产主义分子,到《巴顿将军》(*Patton*,1970)中粗鲁的俄国士兵和同样粗鲁又很强硬的苏联元帅,再到抗俄"神剧"《赤色黎明》(*Red Dawn*,1984)中被假想为进攻美国本土、无恶不作的侵略者,直到科幻大片《地球引力》(*Gravity*,2013)中罔顾国际责任、肆意摧毁自家卫星,结果造成太空事故的肇事者等,长期以来,美国电影中的苏、俄人给人一种"洪洞县里无好人"的印象。他们是叛乱分子、专制主义者、煽动家、冷血杀人狂、间谍、恐怖分子、军火商、酗酒者……《和平制造者》(*The Peacemaker*,1997,又名《末日戒备》)中将俄罗斯人仅仅塑造成只是因为管理无方、军事无能而在无意中导致核弹外流的形象,就已经算是好莱坞格外开恩、口下留德了。

如果将这些苏、俄人形象与同样广泛存在于美国电影中的其他"他者"比较,这种印象会更加深。"坏犹太人"的形象在西方舞台上不知道流传了多少年,但现在,他们至少因在二战中深受纳粹戕害而成为银幕上最受同情的对象;黑人的起点是"蠢笨或好使唤的奴仆",他们现在也咸鱼翻身——搭配几个"好"黑人,已经成为好莱坞规避种族主义坏名声与政治正确方面的指摘的最佳护身符;印第安人在银幕上,不仅不再是过去动辄被射杀的野蛮人,而且总体超越了"高贵的野蛮人"形象;至于中国人,则在《地球引力》中被阴差阳错地安排成帮助那些被俄国人害惨的美国太空人的最后的大救星……

一、苏、俄人形象演变的过程

二战以来,苏、俄人形象在美国电影中大致经历了三个演变阶段:

(一)政治、军事盟友的形象

这种形象主要出现于二战末期的美国电影。是时世界大战虽然即将收尾,但冷战的脚步声已经清晰可闻。无论喜欢还是不喜欢,愿意还是不愿意,战后的美国都要面临经常与俄国人打交道的任务。与现实呼应的是,美国出现了一批苏、俄题材的电影。《俄国之歌》(*Song of Russia*,1943)、《莫斯科使团》(*Mission to Moscow*,1943)、《光荣岁月》(*Days of Glory*,1944)是典型的支持苏联的电影。这一批电影中有部分是受美国政府委托制作的,目的既包括让美国公众熟悉盟国的情况,也包括对盟友释放善意。同一批的电影还包括赞颂英国的《忠勇之家》等片。《俄国之歌》中一个在俄罗斯的美国交响乐指挥爱上了一位苏联的音乐家。《莫斯科使团》根据美国驻苏联大使约瑟夫·戴维斯(Joseph Davies)的自传改编,进行亲苏宣传。为了展现苏联是"有价值的同盟",影片不仅对俄国人的美德与他们的"五年计划"等大加赞赏,而且"粉饰了在此过程中苏联的过失"。[①] 这部电影后来受到非美活动委员会的重点关注和调查,被指为罗斯福政府亲苏亲共的证据。

归纳起来,这一阶段的苏、俄人题材电影与其形象有如下主要特征:

第一,强调苏、俄人作为"他们",本质上是和"我们"一样的人。即使是《莫斯科使团》中的斯大林,在银幕上也能暂时逃脱意识形态审判,变身为"乔大叔"。

第二,苏、俄人的政治行为往往得到美国式的辩护、支持和谅解。如在《莫斯科使团》中,"五年计划"、集体农庄这些苏联最为引人注目的政治安排,被叙述为最终目的同样是指向美国式意识形态承诺(即《独立宣言》中所说的平等、生命、自由和追求幸福等权利)的实现。

第三,寄托美国式的普世、乐观期望。这些电影基本上都相信:"他们"(苏、俄人)最终将变得和"我们"(美国人)一样。

(二)意识形态敌人的形象

这种形象在二战时期的美国电影中就屡见不鲜,冷战期间更是达到巅峰。即使冷战结束以后,仍然不绝如缕。试举例如下:

●《异国鸳鸯》(*Ninotchka*,1939,又名《妮诺契卡》)讲述了一个教条主义的苏联官员如何轻易地被资本主义奢华世界(物质享受、男女情爱……)所诱惑,回归"正常的人性",结果脱离苏联与其政党的故事。

---

① [美]约翰·贝尔顿:《美国电影 美国文化》,米静等译,四川人民出版社,2018年,第281页。

●《铁幕》(*The Iron Curtain*,1948)是从真实的故事改编而来,通过一个逃到加拿大使馆的苏联情报人员的供词,揭露苏联间谍在加拿大的活动。

●《俄国人来了! 俄国人来了!》(*The Russians Are Coming, The Russians Are Coming*,1966)虽然结局皆大欢喜,但俄国人毕竟扮演了冒失的闯入者角色(如果还不算入侵者的话)。

●《赤色黎明》(*Red Dawn*,1984)设想苏联和古巴一起进攻美国。"侵略者"不仅把科罗拉多乡村地区变成一个大战场,而且无恶不作,以屠杀使乡镇变为修罗场,以高压使人道路以目,以共产主义宣传取代美国理想。幸而几个美国青年挺身而出,跑到山上打游击战,敌进我退,敌驻我扰,敌疲我打……终于上演了一出可歌可泣的抗俄神剧。其中,"鬼子"枪杀"乡亲",女游击队员色诱奸敌,神枪手智勇杀敌……当然,影片最后以我们的胜利、敌人的失败而告终,是一个永不更改的俗套。

●《洛奇4》(*Rocky* Ⅳ,1985)中洛奇迎战的苏联拳击手不仅被塑造为美国的意识形态敌人,而且阴险冷血,不择手段,成为美国人的天然对手。

●《壮志凌云》(*Top Gun*,1986)中的海军飞行员在与苏联米格战斗机的空中贴身对抗中锻炼自己。一点也不意外的是,在这种对抗中,苏联人既不可能占得上风,更不可能抢走应该属于美国人的风头——他们注定要被好莱坞量身定做为一些倒霉蛋。这部电影的拍摄因此而得到美国海军的全力配合,并成为"电影版的征兵广告"①。

●《走投无路》(*No Way Out*,1987,又名《谍海军魂》)到片尾才最终揭晓,闹得满城风雨的伪间谍案歪打正着,被陷害为俄国间谍的美军职员原来正是活动于五角大楼的俄国间谍。这种出人意料的情节设计,造成一种俄国间谍无处不在、无孔不入的声势。

●《第一滴血3》(*Rambo* Ⅲ,1988)不加掩饰地表达了反苏情绪,苏联人不仅是占据阿富汗的邪恶殖民者,而且是美国孤胆英雄的手下败将。这个影片通过描绘美国在苏联外来势力支持的世俗政权与当地人以神为中心的政权之间的取舍,还无意中留下了冷战以来美国对外政策与后来横行于世

---

① [美]约翰·贝尔顿:《美国电影 美国文化》,米静等译,四川人民出版社,2018年,第358页。

的原教旨恐怖主义之间存在紧密联系的蛛丝马迹。做出同样暗示的还有《查理·威尔逊的战争》。

●《猎杀红色十月》(*The Hunt for Red October*,1990)中变节向美国投靠的苏联核潜艇司令被塑造为机智敏捷的英雄,而与他对立的,既有职级更低的苏联克格勃的破坏分子,也有更为狂热、不惜制造世界末日计划的上司(当然最后被该潜艇司令与其他美国英雄联合起来击败)。

●《K-19:寡妇制造者》(K-19:*The Widowmaker*,2002)讲述了1959年发生的一次苏联潜艇核事件。片名显示出的不祥之兆表明,这不可能是一部从正面描写苏、俄人的影片,尽管它确实着力表现普通水兵们的爱国忠勇等美德——这样做,或许只是为了反衬苏、俄当局的好大喜功、草菅人命。

归纳起来,这一阶段的苏、俄人题材电影与其形象有如下主要特征:

第一,冷战思维贯穿始终,但往往只有苏、俄政府与其意识形态是美国的敌人。

第二,普世性的人性假设与政治逻辑:俄罗斯人民和美国人民是一样的,在电影中,他们往往会做出美国人认为正确的政治选择。这意味着与苏、俄政府及其意识形态的决裂。

第三,英雄主义情结与乐观的喜剧风格,迎合了普通美国人肤浅而自大的心理,延续至今。

(三)文化他者与"泛敌人"的形象

这种形象在冷战期间的美国电影中,已经有所揭示:

●《第三人》(*The Third Man*,1949)对于俄罗斯的不可接触性与俄罗斯人的不可转变性已经有所暗示,所以影片以曲折隐讳的手法表达的,不仅是"一出冷战思维下的政治悲剧"[①],而且是强调不同文化隔阂的电影。

●《奇爱博士》(*Dr. Strangelove or: How I Learned to Stop Worrying and Love the Bomb*,1964)虽然主要是一部反映冷战恐慌中各种怪异甚至变态行为的黑色喜剧,而且讽刺的重点是美国人,但片中直接、间接出场的苏联人,一个

---

① [法]马克·费罗:《电影和历史》,彭姝祎译,北京大学出版社,2008年,第119页。

是咄咄逼人,威胁说苏联政府将按下"世界末日装置"的驻美大使,一个是喝得醉醺醺的苏维埃总理。影片似乎暗示双方之间沟通与理解的困难。

●《屋顶上的小提琴手》(Fiddler on the Roof,1971)中的俄罗斯人和犹太人都被描写为与"我们美国人"不一样的人,虽然前者是迫害犹太人的坏蛋与掠夺者,而后者是在传统向现代嬗变之间彷徨的好人与受害者。

●《烽火赤焰万里情》(Reds,1981)中,曲折表达了苏俄政治伦理与正常人伦之间的不相容。

冷战结束后,苏、俄人的这样一种形象,更是进一步得到毫无节制地大肆渲染,随便就可以举出很多例证:

●《和平制造者》(The Peacemaker,1997,又名《末日戒备》)中苏、俄人管理无方、军事无能而在无意中导致核弹外流。

●《查理·威尔逊的战争》(Charlie Wilson's War,2007)重现了20世纪80年代阿富汗的反苏反共活动,它不但控诉了苏联殖民者在阿富汗制造的罪行,而且通过主人公的眼睛,设想美国战胜苏联,取得了冷战的胜利。

●《夺宝奇兵4》(Indiana Jones and the Kingdom of the Crystal Skull,2008)。影片继续了评论家指出的"为第一世界国家的收藏家从第三世界国家抢掠洗劫文物的、英俊潇洒的殖民主义冒险家形象"[1],第一部是从南美的丛林、西藏的荒山和埃及的沙漠里寻找《圣经》传说中的约柜,第二部是在远东,第三部则是在中东的圣地去找圣杯,第四部终于轮到了与俄罗斯坏蛋的角逐。

●《地球引力》(Gravity,2013)中俄国人是罔顾国际责任,肆意摧毁自家卫星,结果造成太空事故的肇事者。

●其他电影,如《X战警:第一战》《007:黄金眼》《兵临城下》《俄罗斯之家》(又名《红场谍恋》)《红场特警》……

苏、俄"泛敌人"形象充斥于银幕,几乎所有的"坏蛋"类型,都能找到对应者。归纳起来,这一阶段的苏、俄人题材电影与其形象有如下主要特征:

第一,旧的负面形象与新的负面形象并存。俄罗斯人传统的负面形象

---

① [美]约翰·贝尔顿:《美国电影 美国文化》,米静等译,四川人民出版社,2018年,第359页。

继续保留;同时,国际上出现的任何一种新的负面类型(如恐怖分子、种族迫害、贩卖核武器、扰乱太空秩序……),都能很快在银幕上找到对应的苏、俄人形象。

第二,不再强调苏、俄人是和美国人一样的人。

第三,对苏联和俄罗斯不再寄予美国式的普世、乐观期望。

二、苏、俄人形象塑造的特征

(一)负面形象占绝对主流

除了为时极短而且有着明显外在原因的时期外,苏、俄人基本上以敌人而且是负面的形象出现。就其演变过程而言,苏、俄人的形象是变化的、不固定的;但就其负面性而言,则是相当稳定的。

对荣获奥斯卡最佳影片与最佳影片提名奖的统计数据证明,苏、俄人在涉及苏、俄的电影中占据绝对主流。1939年以来至今,奥斯卡奖最佳影片、最佳影片提名中,明显涉及苏、俄的有9部:

1940年——《异国鸳鸯》。

1965年——《奇爱博士》。

1966年——《日瓦戈医生》(*Doctor Zhivago*,1965)。

1967年——《俄国人来了! 俄国人来了!》。

1971年——《巴顿将军》。

1972年——《俄宫秘史》(*Nicholas and Alexandra*,1971);《屋顶上的小提琴手》。

1981年——《烽火赤焰万里情》。

2014年——《地球引力》。

按时间顺序,上面这个名单中的苏、俄人形象,大致经历了由可以挽救的敌人到顽固的意识形态敌人,再到不可救药的文化他者与"泛敌人"的演变过程。

美国电影中的苏、俄人负面形象还有如下特征:

第一,趋势上越演越烈。虽然它也有限地受美苏(俄)之间政治关系变化的影响,但没有改变整体负面化的趋势。

第二,跨越电影类型。出于众所周知的原因,如果在美国电影中,那些战争、间谍片(尤其是其中的系列商业片)将苏、俄人负面化,是一种很正常的现象;不正常的是:在美国电影中,那些科幻片、文艺片(这种片子按理来说最讲究塑造和表现丰富、多面的人性,力戒对个体与群众进行单一化、漫画化的处理)中的苏俄人,也以负面形象为主。

第三,跨越了意识形态变迁。在冷战前的美国电影中,苏、俄人是"坏蛋",是很容易理解的事情。但是冷战结束后,苏联已经解体,俄罗斯正在"向自由转型",银幕上的苏、俄人照旧是"坏蛋",就比较反常了。下面的表格对冷战后美国电影中的苏、俄人"坏蛋"进行了简单的归类:

表1　冷战后美国电影中的苏、俄人"坏蛋"类型

"坏蛋"类型	冷战后美国影片举例
恐怖分子、军火商	《空军一号》《末日戒备》
腐败专制分子	《虎胆龙威5》《红场谍恋》《兵临城下》《红场特警》
黑社会头子	《东方的承诺》(*Eastern Promises*,2007)《圣徒》
间谍、特务、侵略者	《夺宝奇兵4》《复仇者联盟》《查理·威尔逊的战争》
邪恶富商	《一触即发》
太空肇事者	《地球引力》
醉汉	《绝世天劫》

(二)渗透着典型的二元对立思维

从战争中"我们的"盟友,到冷战中"我们的"敌人,再到更晚的文化他者与"泛敌人",苏、俄人被塑造成不仅限于意识形态的敌人。在电影中,美国与苏俄之间的对立,是正义与邪恶、光明与黑暗、高尚与卑鄙的关系,往往以美国的胜利和苏俄的失败作为结局。即使是描写苏、俄国内、无涉美国的影片,也往往以人民与统治者之间正与邪的对立为叙述框架。

以思考复杂人性为目的的文艺片,本来应该力戒黑白分明、善恶对立的简单叙事模式。但苏、俄人似乎是一个例外,在这里,"模糊地带"似乎是缺

失的。如与美国电影中出现的其他民族形象对比，这一点更为明显。德国和德国人也经常在美国电影中以负面形象出现，但这些形象留下的，往往是对于普遍人性的深沉思考，而不是有意针对某个群体的小丑化和漫画化。

（三）很大程度上是人为构建和有意想象的产物

在 2006 年的 007 系列电影《皇家赌场》中，邦德的上司 M 夫人被后冷战时代的复杂政治秩序搞晕了头，她说："上帝啊，我真怀念冷战时代。"确实，在冷战时代，至少敌我之间的界限是清晰的，那些需要敌人的人不会感到寂寞；而到了敌我不再清晰、事事要顾及"国际影响"的后冷战时代，那些害怕没有敌人的人，就不免要感到惶惑不满了。他们把自己那种无法在现实中得到充分满足的情感，转移到了电影制造的敌我冲突乌托邦当中。所以 M 夫人这句话形象地揭示了一个事实：在美国电影中，不论是制造朋友，还是制造敌人，苏、俄人形象的变化，显然不是对现实变化的实录，而是基于美国自身的需要。正如沃尔坎所说，人需要"有敌人和有盟友"，青少年就倾向于"将另一批人视为敌人"，这种心理"造出了敌人的理念……只要能在心理上跟另一批人为敌，我们自己就会加强凝聚力，从敌我对比之中得到满足"；也如亨廷顿所说，"竞争导致对立，使本来较狭窄的区别感导致较强烈和较根本性的同异感。这种认识模式固定下来，就会将对立面妖魔化，使对方变成敌人"[①]。电影中描绘的是苏、俄人问题，背后深层次的因素，却是美国人自己的问题。

三、塑造苏、俄人负面形象的原因

上述现象的出现，有四种可能的解释：

（一）票房考虑

电影公司为追求利益驱使，利用人类对于暴力、英雄主义、财富和神秘

① [美]亨廷顿：《我们是谁？——美国国家特性面临的挑战》，程克雄译，新华出版社，2005年，第23页。

现象的共同兴趣,需要寻找、制造敌人,是可以理解的。长期以来,苏、俄对于美国的票房贡献率不高(下表提供了一个年度的例证)。这确实可能导致美国电影导演们缺乏刻意"讨好""迎合"苏、俄人的需要(那里难以获取更大的市场蛋糕)。不过,这一解释说不通的地方也有很多。譬如,论对于美国的票房贡献率,有些国家和地区并不比苏、俄更高,但它们并没有像后者一样,成为美国银幕上被长期、集体唱衰的对象。

表1 2017年非北美电影市场票房TOP20(单位:10亿美元)

1.中国	$7.9	11.巴西	$0.9
2.日本	$2.0	12.西班牙	$0.7
3.英国	$1.6	13.意大利	$0.7
4.印度	$1.6	14.中国台湾	$0.4
5.韩国	$1.6	15.荷兰	$0.3
6.法国	$1.5	16.印度尼西亚	$0.3
7.德国	$1.2	17.阿根廷	$0.3
8.俄罗斯	$1.0	18.波兰	$0.3
9.澳大利亚	$0.9	19.土耳其	$0.2
10.墨西哥	$0.9	20.中国香港	$0.2

资料来源:美国电影协会发布全球电影产业报告(2017年),参见 http://www. sohu. com/a/227655956_100097343。

(二)俄裔美国人的特殊性

苏、俄人普遍被塑造为负面形象,与在美国的俄罗斯移民的数量和影响力也可能存在相关性。据2009年统计,美国有3163084人申报为俄裔,约占美国总人口的1%。这些人基本上已经融入了当地社会,对美国的认同更加坚定,而不太认同俄罗斯。他们对于涉及本族群负面形象电影的抗议热情,明显低于美国的犹太人、华人等。

另外,俄罗斯人在种族特征上与西方白人难以区别。同为白人,以苏、俄人为负面形象,不致有遭种族主义指责之虞。

这种解释有一定的说服力,不过,它同样无法说清楚:为什么有很多比俄裔美国人还要微弱的族群,其母国就没有在美国银幕上收到集体性的敌意?

(三)政治－经济－军事竞争对手与意识形态敌人

这可以说是非常有说服力的原因之一。如果考虑到国家利益和意识形态在美国所占的地位与重要性,这种解释将更有说服力。一个典型的例证是,当美苏外交关系缓和时,美国电影中的苏、俄人形象,确实有某些有限的改善。乔治·凯南提供了另外一种观察:"由于我们在和平时期维持庞大的军事机构并向其他国家出售大批军火,成千上万的既得利益者业已形成,也就是说,我们在冷战中造成一个庞大的既得利益集团。我们已经使自己依赖于这种可憎的行径。而且如今我们对它的依赖程度已经很深,以致可以毫无偏见地说:假如没有俄国人和他们那莫须有的邪恶作为我们黩武有理的根据,我们还会想出另一些敌手来代替他们。"①这足以说明,美国电影中那些政治－经济－军事－意识形态争斗,多多少少与现实之间存在一种呼应的关系。

但这一因素无法解释的是:在苏、俄人以外,美国人还有其他的政治－经济－军事－意识形态对手,为什么后者就不像苏、俄人那样普遍地被负面化。它尤其无法解释:为什么冷战结束后,俄罗斯已经不再是美国的主要对手,而苏、俄人的电影形象却并没有随之明显改善?

(四)长期以来西方对俄罗斯人与俄罗斯文明的认知,及在此基础上形成的刻板印象

亨廷顿如是说:"俄罗斯没有或很少经历过以下这些界定西方文明的历史现象:罗马天主教、封建主义、文艺复兴、宗教改革、海外扩张和殖民化、启蒙运动以及民族国家的出现";"俄罗斯文明是基辅罗斯和莫斯科的本土根

---

① ［美］乔治·凯南:《美国外交》(增订本),葵阳、南木、李活译,世界知识出版社,1989 年,第 136~137 页。

源、拜占庭的强大影响和蒙古长期统治的产物,这些影响造成了一种社会和一种文化,它们与在极为不同的力量影响下发展起来的西欧社会和文化几乎没有相似之处"。① 俄罗斯文明虽然与西方文明有某些微弱的共同渊源,而且前者在现代转型起步阶段,还有过专门向后者学习的历史,但俄罗斯并不属于西方集团,却是明显的事实。

亨廷顿所说的,是真实的历史。此外,还有更重要的因素,那就是西方人长期以来对于俄罗斯人与俄罗斯文明的认知。正如 1915 年别尔嘉耶夫所说:"对于文明的西方社会而言,俄罗斯还是完全不可知的,是某种异己的东方,时而以其神秘迷惑人,时而以其野蛮而令人厌恶。甚至如托尔斯泰和陀思妥耶夫斯基之吸引西方文明社会,也仿佛是一种异国风味的食品,有着西方人所不习惯的辛辣。"② 有学者因此而提出:西方解读俄罗斯,存在"一种稳固倾向",他们习惯于透过西方形成的俄罗斯人特殊形象来了解俄罗斯的方方面面。由此营造出来一些有关俄罗斯的"集体神话","一方面将俄罗斯看作是一种外省文化,另一方面也意识到其文化成就具有世界影响",但是,"这一神话的核心内涵在于,俄罗斯被认为是专制和侵略的堡垒",西方因此自然而然地将俄罗斯"理解为一个对内实行专制、对外实行侵略的国家"。这个集体神话"并非完全取决于政治……神话在某种程度上不受多变的政治气候所左右……在相当长的一段历史时期内保持相对稳定性——乃是它的一个典型特点",即使是苏联的崩溃与一系列的民主化改革,也"从总体上未能引起西方从根本上改变对俄罗斯的看法"。这表明,"西方所形成的认识已经根深蒂固,在某种程度上并不取决于俄罗斯实际所运行的社会政治进程,不依赖于俄罗斯人本身是如何理解这些进程的"。③

诸如此类的认知,以及基于此之上的刻板印象,验之于美国电影的苏、俄人形象,立刻能发现它们的灵验程度。

---

① [美]亨廷顿:《文明的冲突》,周琪等译,新华出版社,2013 年,第 119~120 页。
② [俄]别尔嘉耶夫:《俄罗斯的命运》,汪剑钊译,译林出版社,2014 年,第 2 页。
③ [俄]沙波瓦洛夫:《俄罗斯文明的起源与意义》,胡学星等译,南京大学出版社,2014 年,第 357~362 页。

四、结　语

　　所谓刻板印象,主要指对某一类事物、某一个群体形成的一种概括而固定的看法,人们往往把这样的看法无限推广,认为凡属于此类事物或此一群体,必具有这些特征(虽然包括正面特征和负面特征,但显然,负面特征更易于引人注目)。刻板印象针对的对象带有集体性甚至全体性,忽视个体之间的差异。这一点已经引起人们的高度关注和批评。但刻板印象还有另外两点特征,恐怕更值得人们关注和思考:一是其虚拟性(指刻板印象主要来自想象者本身的问题、需要与困境等);二是其复合性(指刻板印象与经济利益、意识形态等各方面竞争之类的动机,以及文明之间的差异与碰撞等因素混合在一起)。美国电影中的苏、俄人形象,为我们提供了一个典型例证。我们既可以由此而观察刻板印象的特征(尤其是后两点特征),亦可以由此而观察美国塑造敌人的典型办法与其背后逻辑。

冷战后日本政治制度对其走向政治大国的制约效应*

张　鑫

（天津师范大学政治文化与政治文明建设研究院）

[内容摘要] 选举制度、政党制度和政府制度构成了日本政治制度的"铁三角"，三者在日本共同支撑起现代民主制度。"铁三角"之间相互作用，导致日本内阁的效率低、稳定性差，从而严重制约了日本走向政治大国这一战略目标的实现。鉴于此，日本有必要对其"多党议会民主制"进行改革，其指导原则是在民主的基础上更加注重效率。从现实出发，在近期内使日本走上英国式"两党议会民主制"的道路是可取和适宜的。

[关键词] 日本政治制度　政治大国　制约效应

"政治大国"是对国家整体性质的一种外交判定，一般是指以强大经济实力或军事实力为后盾从而在国际社会具有相应的政治影响力的国家，它是判断一个国家成为真正意义上的"世界大国"或"世界一极"的根本标准。1868 年的明治维新揭开了日本现代化进程的序幕，经过三十多年的发展，日本在 1905 年打败俄国，成为军事大国，一战结束后作为战胜国成为国际联盟

* 本文系天津市哲学社会科学规划项目（项目编码：TJZZ16－002Q）、教育部人文社会科学研究青年基金项目（项目批准号：17YJC810022）的研究成果。

行政院常任理事国,从而正式成为政治大国,日本通过"军事崛起"第一次实现了世界大国的梦想。日本在二战中的彻底失败将其打回了原形,战后,在美国的扶植下,日本决心从头再来,这次试图通过"经济崛起"恢复日本的世界大国地位。经过20世纪50至70年代的高速发展,日本成为仅次于美国的世界第二经济大国,这时日本人开始再次梦想政治大国的地位,1983年日本首相中曾根康弘正式提出了要做"政治大国"的口号,此后历届内阁都将谋求政治大国地位作为对外政策的根本目标。

在笔者看来,对外政策根本目标的实现有赖于国家运用大战略(grand strategy),从而调动一切可以利用的资源为之服务,因此可将对外政策根本目标称为"大战略目标"。走向政治大国就是二战后日本的"大战略目标",日本必须综合利用国外和国内各种因素以实现之。但时至今日,日本仍没有达到衡量二战后政治大国的重要标准——成为联合国安理会常任理事国,日本似乎与政治大国的目标还有不小的距离。日本迟迟没能成为真正意义上的政治大国,这一现象是由许多原因复合造成的,例如二战的历史效应、日本在"美日同盟"中居从属地位等,除此之外,日本的政治制度是制约其走向政治大国的重要内在因素。接下来,笔者将首先从选举制度、政党制度和政府制度入手全面考察二战后(尤其是冷战后)日本的政治制度,然后分析这一政治制度对日本走向政治大国的制约效应,最后展望日本政治制度改革的前景。

一、结构:日本政治制度的"铁三角"

现代民主制度主要包括三大要素,即选举制度、政党制度和政府制度①,这些要素为政治系统健康运行提供了制度保障。二战后,在美国的主导下,日本制定了新宪法(即《日本国宪法》,又称"和平宪法")与其他相关法律,从而构建起现代民主制度。

---

① 在现代民主制度下,选举制度主要包括多数代表制、半比例代表制、比例代表制和混合制;政党制度主要包括两党制和多党制;政府制度主要包括议会制、总统制和半总统半议会制。政府制度是现代民主制度的核心,选举制度和政党制度是外围。

(一)日本选举制度

日本的国会由众议院和参议院组成,二者分别由选民直接选举产生。参众两院选举在二战后初期均实行单记不可让渡投票制①。参议院选举在1982年引入了名单式比例代表制②,从而形成现今的混合制③,即应用单记不可让渡投票制在全国45个行政选区(基本以47个都道府县为界)产生146席,同时应用名单式比例代表制以全国为一个大选区产生另外96席(2016年选举)。众议院选举在1994年也改行了混合制,即应用单一选区相对多数代表制④在全国289个单一选区产生289席,同时应用名单式比例代表制在全国11个比例选区产生另外176席(2017年选举)。

从上述内容可以看出,二战后的日本选举制度具有两大特点。第一,国会选举总体上实行了以半比例代表制和比例代表制为主、多数代表制为辅的选举制度,这意味着选举结果的比例性程度⑤是比较高的,这为小党的生存提供了良好的环境,从而促进了政党格局多元化的发展。第二,单记不可让渡投票制在选举制度中居于重要地位,由于在这种制度下一个选区可产生多名当选人,有的政党为避免本党票源过于集中而使其他政党候选人以低票当选,可能会在一个选区提出多个候选人,这使得同属一个政党的候选人之间也存在竞争,从而容易滋生党内派系政治。

---

① 单记不可让渡投票制(single non-transferable vote,简称SNTV)是半比例代表制的一种形式,它是指每个选区产生n(n>1)名当选人,选区内每位选民投1票给某名候选人,而且选票不能在候选人之间转移,得票数最多的n名候选人当选。

② 名单式比例代表制(list proportional representation,简称List PR)是比例代表制的一种形式,它一般是指每个选区产生n(n>1)名当选人,每个政党提出包括若干候选人的名单参选,选区内每位选民投1票给某政党,根据各政党的得票比例分配席位,分配给某个政党的席位由该党名单上的候选人按照顺序依次获得。

③ 混合制(mixed system)一般情况下是多数代表制(或半比例代表制)与比例代表制两者之间的混合。

④ 单一选区相对多数代表制(first-past-the-post,简称FPTP)是多数代表制的一种形式,它是指每个选区只产生1名当选人,选区内每位选民投1票给某名候选人,得票数最多(不必获得半数以上选票)的候选人当选。

⑤ 比例性程度(degree of proportionality)可以用政党的得票率与所获席位率之差的绝对值来衡量,绝对值越小时比例性程度越高,当绝对值为零时即实现了完全的比例性。半比例代表制导致的选举结果的比例性程度低于比例代表制,但高于多数代表制。也就是说,比例代表制的比例性效应最强,多数代表制的比例性效应最弱。

(二)日本政党制度

从理论上分析,影响政党制度形成的因素有很多,比如历史传统、社会状况,但是选举制度对于政党制度的形成具有重要甚至是决定性的影响,这在日本政坛也不例外。法国学者莫里斯·迪韦尔热认为,多数代表制促进两党制的形成,比例代表制促进多党制的形成。[①] 那么,以半比例代表制和比例代表制为主、多数代表制为辅的选举制度,应该会促进日本形成多党制(或准多党制),这与前述的国会选举制度有利于政党格局多元化的特点相吻合。从二战后日本政党的发展史来看,也的确呈现出多党制(或准多党制)的政治情景,只不过在 1994 年众议院选举大规模引入多数代表制之前,日本政坛主要呈现出一党(自民党)主导的多党制,有的学者称其为"一党优位制"[②]。然而在 1994 年以后,经过一段时间的分化组合,日本政坛逐渐呈现出两党(自民党和民主党)主导的多党制的趋势。

此外,由于单记不可让渡投票制容易滋生党内派系政治,这使得所谓的"派阀政治"成为日本政党政治的重要特征。"派阀政治"是指在政党内部存在着许多组织性较强并且公开活动的派阀,俨然是"党中有党"[③],这些派阀是政党施行政治活动的"基本单位"[④],它们对于政党的政策出台往往具有重大甚至是决定性的影响。"派阀政治"在自民党和民主党内都是存在的,尤以自民党内为甚,目前自民党内共有八大派阀。从历届日本内阁构成情况来看,在一般情况下,内阁职位以派阀为单位进行分配,即遵循所谓的"派阀均衡"原则,不隶属于某一派阀而要谋取职位非常困难,现任内阁也不例外,从而形成了目前在自民党和公明党"大联合执政"下自民党内多个派阀"小联合执政"的局面,这构成了"双重执政联盟"的特殊政治现象。

(三)日本政府制度

二战后,日本虽然保留了天皇,但政府制度从战前的二元制君主立宪制

---

① See Maurice Duverger, *Political Parties* (*Edition 3*) , Methuen, 1964, pp. 55 – 206.
② 〔日〕佐藤诚三郎、松崎哲久:《自民党政权》,中央公论社,1986 年,第 9 页。
③ 徐家驹:《论日本自民党派阀政治回归的必然性》,《东北亚论坛》,2007 年第 4 期。
④ 徐万胜:《论冷战后日本自民党的派阀政治》,《日本学刊》,2006 年第 2 期。

转变为议会制君主立宪制,这是现代民主制度在日本确立的根本标志。议会制君主立宪制又称议会君主制,是议会制的一种形式。

在日本的议会君主制下,国会(即议会)是最高国家权力机关,由众议院和参议院组成,掌握立法权,法案须经两院分别批准方可通过,众议院的权力大于参议院。天皇是国家元首,由世袭产生,终身任职,但没有实权,仅作为国家的象征行使某些程序性和礼仪性权力。内阁掌握行政权,内阁由国会占据半数以上席位的政党或政党联盟组织,具体来说,先由国会选举产生首相担任行政首脑,①然后由首相挑选阁员(须一半以上是国会议员)组成内阁,当然内阁须经过天皇的程序性认证才能就职,内阁具有集体决策权,并向国会负责。国会与内阁相互制衡,众议院拥有倒阁权,它可以通过对内阁的不信任案而迫使内阁下台,反过来,内阁有权在众议院任期未满之前提请天皇解散众议院,提前进行众议院选举。②

综上所述,选举制度、政党制度和政府制度构成了日本政治制度的"铁三角",三者共同支撑起日本的现代民主制度。

二、效应:日本政治制度制约其走向政治大国

要想实现一个固定的战略目标,对任何一个国家的政府来说,都必须具备两个基本条件:一是行政机关要有良好的决策能力和执行力;二是行政机关要持续足够长的时间来实现这一战略目标或阶段目标。对于日本来说,走向政治大国毫无疑问是一个战略目标,而且是"大战略目标",然而日本政坛的实际情况却不能满足以上两个条件,这表现在:

第一,内阁的决策能力和执行力有限。国会选举制度使得日本的政党格局呈现出多党制(或准多党制)与"党中有党"的态势,同时政府制度要求只有占据国会半数以上席位的政党或政党联盟才能组阁执政,这意味着当

---

① 国会两院分别选举首相,当两院的选举结果不一致时,以众议院选出的首相人选为准。按照惯例,首相的当选人一般情况下是执政党或主要执政党的领袖。可以看出,在日本,众议院选举关乎执政权的归属。

② 《日本国宪法》,1947 年 5 月 3 日生效。

国会第一大党不能获得国会半数以上席位时,它需要与其他小党派组成联合政府共同执政,①即使第一大党可以单独执政,但党内"派阀政治"的存在使得内阁呈现出"五颜六色"的多元局面。首相虽然是最有权势的政治人物,但这是相对的,他往往并不能完全控制内阁,因为组阁之初首相就不能随着自己的意愿任意挑选阁员,他必须得考虑执政盟友和党内派阀的因素,自然而然的这种内阁的效率较低,任何政策的出台都必须平衡各方的利益,难以进行大幅度的改革,因此内阁的决策能力和执行力有限。

第二,内阁持续时间短,随时有倒台的危险。由于内阁呈现出"五颜六色"的多元局面,首相往往不能控制全局,首相一着不慎就会遭受党内各派阀所施加的压力,严重时只能被迫辞去党魁,这也就意味着首相辞职和内阁解体。即使首相以党魁身份能够得到党内各派阀的支持,但如果相关政策损害了执政盟友的利益,执政盟友很有可能退出内阁,这将导致内阁无法获取国会半数以上支持,这时反对党很容易使得众议院通过对内阁的不信任案而迫使内阁倒台。综观日本政治史,二战后至今七十余年间,共历经33位首相、56届内阁,冷战后先后更替了14位首相、21届内阁,最短命的内阁仅运行两个月,这些在世界上也是罕见的。因此,日本政治制度下的内阁实际上是没有固定任期的,随时有倒台的危险。

日本政治制度制约其走向政治大国在现实中最典型的一个例子就是安倍晋三第一届内阁(2006—2007年)。安倍晋三是日本历史上第一位二战后出生的日本首相,并且是1945年以来最年轻的日本首相,他从2006年9月上台开始就雄心勃勃地展开了一系列重大行动,例如,对外,他推动国会延长《反恐特别法案》,继续向海外派兵,协助美国"反恐",从而扩大日本的国际影响力;对内,他推动国会通过了《公民投票法》,并修改了《教育基本法》,同时将防卫厅升格为防卫省,并期望以此为契机为将来修改"和平宪法"铺路。总之,安倍晋三这一系列行动的根本目的是突破"战后体制"的束缚,使日本成为真正意义上的政治大国。但是安倍晋三忽视了日本政治制度的固有特点,他在组阁之初就不顾党内各派阀的利益,在内阁中安排了很多自己

---

① 参见金熙德:《日本政治结构的演变趋势》,《日本学刊》,2006年第1期。

的亲信,即所谓"亲友内阁"①,并且他在施政中经常一意孤行,不注意考虑内阁中各方意见,导致党内各派阀和执政盟友对安倍晋三不满并对其施加压力,特别是在 2007 年 7 月的参议院选举中执政联盟大败之后,自民党内要求安倍晋三下台的呼声与日俱增,再加上以民主党为首的在野联盟凭借在参议院的多数席位试图否决延长《反恐特别法案》。2007 年 9 月,成立仅一年的安倍内阁在日本"多党议会民主制"的传统政治效应下黯然倒台,安倍晋三所谓使日本走向政治大国的宏大规划暂时搁浅。

综上所述,日本的选举制度、政党制度和政府制度即所谓政治制度"铁三角"相互作用,形成了日本特有的政治环境,使得日本内阁的效率低、稳定性差,从而严重制约了日本走向政治大国的战略目标的实现。

三、前景:日本政治制度改革

二战后,美国给日本量身打造的一整套政治制度,包括比例性效应较强的选举制度、多党制(或准多党制)的政党制度与议会君主制的政府制度,都比较强烈地体现出多元民主的精神,这主要是为二战后日本建立现代民主制度从而促进世界和平服务的。但是,日本发展到今天,具有一个高效与稳定的行政机关对于其实现走向政治大国的战略目标是至关重要的,这就需要日本政治制度在民主与效率之间取得一个适当的平衡,因此日本有必要进行政治制度改革,指导原则是在民主的基础上更加注重效率。

改革有两种方案:一是进行"小改",改革日本政治制度的外围,即选举制度和政党制度,保留日本议会君主制的政府制度;二是进行"大改",改革日本政治制度的核心,即政府制度。

由于选举制度对于政党制度具有重要甚至是决定性的影响,因此"小改"重在改革选举制度。改革选举制度具体来说可以保留现有的众议院选举制度,改革参议院选举制度,即参议院不再由选民直接选举产生,参议员

---

① 《日首相安倍推出"厚重型布局"全新内阁——回归"派阀平衡"老路》,《文汇报》,2007 年 8 月 28 日。

改由全国47个都道府县派送，①这既可维护参议院代表行政区域的功能，又可取消国会选举制度中存在的单记不可让渡投票制，大大压缩党内派系的生存空间，有助于削弱"派阀政治"。如此在日本中央层面，只剩下众议院由选民直接选举产生，继而日本选举制度转变为以多数代表制为主、比例代表制为辅的选举制度，这有利于促进日本政党制度从多党制（或准多党制）向两党制（或准两党制）的方向发展。总之，如果改革成功，在议会君主制下，两党轮流上台执政，首相的控制力将大大增强，内阁的效率和稳定性会大大提高，日本政治将走上英国式"两党议会民主制"的道路。②

如果施行"大改"，那么在不改变国会选举制度的前提下，需要彻底改革政府制度，即取消议会制，改行总统制。在总统制下，实行严格的"三权分立"，国会不再是最高国家权力机关，而是成为与总统、最高法院平行的机关，但它仍掌握立法权；取消天皇，③设立总统，总统由选民直接选举产生，总统担任国家元首兼行政首脑，掌握行政权，由总统挑选阁员（不能同时是国会议员）组成内阁，内阁只是总统的咨询和执行机构，不具有集体决策权，决策在于总统；总统和内阁不向国会负责，也不能提前解散国会，同时国会也没有倒阁权，不能通过对总统和内阁的不信任案而迫使其下台。由于在总统制下，总统集行政权于一身，不必与其他党派或党内其他派系联合执政，而且总统任期固定（除非被国会弹劾下台），因此即使政党格局多元化或"派阀政治"发达，行政机关的效率和稳定性也会得到保证。如果改革成功，日本政治将走上美国式"总统民主制"的道路。④

综上所述，日本政治制度改革的两种方案，都是设法通过提高行政机关的效率和稳定性，来促进日本走向政治大国这一重大战略目标的实现。从

---

① 派送的具体方式可采用由都道府县的议会间接选举产生参议员，如此并不涉及修改宪法，因为"和平宪法"第43条只规定国会议员由选举产生，并没有指出必须由选民直接选举产生。

② 二战后至今，英国共历经14位首相（冷战后5位），大大少于同期日本的33位首相（冷战后14位）。

③ 鉴于天皇在日本存在了上千年，已经成为日本文化的一部分，为了减少改革的阻力，"大改"也可以考虑保留天皇，让其继续担任虚位的国家元首，同时采取严格的"三权分立"，由选民直选产生的首相担任行政首脑，使其成为美国总统型的首相，如此日本将创造世界上独一无二的政府制度。

④ 二战后至今，美国共历经13位总统（冷战后5位），大大少于同期日本的33位首相（冷战后14位）。

理论上说，"大改"比"小改"更彻底，更有利于日本走向政治大国，但对日本来说，"小改"是比较容易实现的，因为它只需要修改选举法等相关法律，并不涉及宪法的修改，而"大改"在现有政治环境下是比较难操作的，因为它涉及敏感的宪法修改问题。因此，在近期内，对日本政治制度进行"小改"是可取和适宜的。

四、结 论

比例性效应较强的选举制度、多党制（或准多党制）的政党制度和议会君主制的政府制度构成了日本政治制度的"铁三角"，三者在日本共同支撑起现代民主制度。"铁三角"之间相互作用，形成了日本特有的政治环境，使得日本内阁的效率低、稳定性差，从而严重制约了日本走向政治大国这一战略目标的实现。鉴于此，日本有必要对其"多党议会民主制"进行改革，指导原则是在民主的基础上更加注重效率，或者进行"小改"，即走上英国式"两党议会民主制"的道路，或者寻求"大改"，即走上美国式"总统民主制"的道路，这两种方案都是设法通过提高日本行政机关的效率和稳定性，来促进日本走向政治大国的，但是从现实出发，在近期内对日本政治制度进行"小改"显得更加可取和适宜。综观历史，日本是世界上最擅于向他国学习并进行自身改革的国家之一，①从长远看，日本会探索出一条适合自己并符合时代发展潮流的道路来不断地进行政治制度改革，以期达到自身的"大战略目标"。

---

① 参见李海鹏:《日本政治体制改革的比较分析》,《日本学刊》,2005 年第 5 期。

特朗普时代的美国民主输出

——解析非政府组织的作用

卢宜宜

（天津师范大学政治与行政学院）

[内容摘要]本文在对民主输出的概念及相关研究的多重维度进行梳理的基础上,提出对民主输出的研究需要更加精细化,并以特朗普时代的美国民主输出为例,重点分析了非政府组织在美国民主输出中所起的作用。文章认为,研究美国的民主输出时,应避免过分强调美国政府的作用,而忽视非政府组织的独立立场和自主行动;不应只将美国政府与非政府组织视为目标一致、互相配合的合作伙伴,而是需要关注美国政府与非政府组织关系的多样性与复杂性。

[关键词]民主输出　民主援助　美国　特朗普时代　非政府组织

民主输出(democracy promotion),也称民主促进、民主推广等,其含义似乎很容易从字面上直观理解,不需要过多的解释,但仔细研究可以发现,不同的研究者对这一概念的理解并不一致。例如,有的国内学者倾向于使用"民主制度输出"这一提法,并将其表述为"指美国等西方国家凭借其强大的经济和军事实力,以本国意识形态和价值标准左右他国政治发展,力图在全世界推进西式民主制度"①。这一提法强调的仅是民主的制度维度。其他大多数研究者不仅关注制度的输出,同时也强调与制度相应的价值观的输出,将西方国家的民主输出理解为"一种西方国家输出其民主价值观和民主制度的行为"②。

关于民主输出的方式和手段,不同的研究者也有不同的认识。一篇研究美国民主促进战略③的论文将这一概念定义为:

> 指美国政府机构(如美国国际开发署 USAID)或(具有政府背景的)非政府组织(如美国全国民主基金会 NED),通过向目标国及其内部各种社会和政治组织提供人、财、物等多方面的援助,在选举、政党、国家制度设计与公民社会建设等领域,直接干预目标国政治民主化的变革。④

这一定义明显将民主输出视为主要是美国政府的行为,虽然也提到了非政府组织(NGO),但强调了它们的"政府背景"。与此形成对照的是,另一些研究民主输出的论文则认为非政府组织才是西方国家民主输出的主要工具和载体。⑤

在研究民主输出时,不少研究者还会使用一个含义与之有相当程度重叠的概念——民主援助(democracy aid 或 democracy assistance)。从字面上看,民主输出的含义比民主援助更广泛,因为民主输出既可以通过对外援助

---

① 金英君:《美国"民主制度输出"战略解析》,《马克思主义研究》,2019 年第 4 期。

② 张云莲、李福建、王海云:《国外学界关于西方民主输出的研究述评》,《学术探索》,2016 年第 6 期。

③ 如前所述,在研究同一现象时,国内学者有的使用"民主输出",有的则使用"民主促进""民主推广"等表述。鉴于"民主输出"的使用更为普遍,为保持行文前后一致,本文统一使用"民主输出"的表述。此处所引文献原文使用的是"民主促进"一词而非"民主输出",为忠实于原文,此处也采用了"民主促进"的表述。

④ 王海洋:《析论美国民主促进战略:现代国家构建的视角》,《云南行政学院学报》,2017 年第 1 期。

⑤ 参见李海、金源云:《非政府组织参与美国民主输出战略的方式及特点透视》,《辽宁省社会主义学院学报》,2016 年第 3 期;王宏伟:《社会运动视角下西方 NGO 的民主输出与"颜色革命"》,《学术探索》,2018 年第 5 期。

的方式进行,也可以通过其他方式来实施,如通过军事占领,直接在其他国家推行民主化改革,这方面最著名的例子就是二战后的日本和德国。不过,自冷战结束以来,西方国家的民主输出主要还是通过对外援助的方式来实施的,因此,很多对当代西方国家民主输出的研究,其研究内容实际就是集中于民主援助。

与民主输出类似,研究者对民主援助也存在不同的理解。一位美国学者将其定义为"明确以推进民主为目标而在海外提供的援助"①,而一位国内研究者则认为,附加条件的经济援助也属于民主援助,并将美国旨在推动受援国私营经济和市场经济发展的对外援助都看作民主援助的一部分。②

对民主援助概念的理解与研究者对民主本身和民主化过程的认识有着直接的联系。如果研究者认为法制、人权、善治、自由市场经济等都是西方国家所提倡的民主和民主化过程的重要组成部分,则任何涉及这些目标的对外援助都应被视为民主援助。当代西方国家对外提供的援助,即便是表述为以促进经济和社会发展为目标的援助,也往往会包含加强法制建设和人权保护,改善政府治理,鼓励私营经济的发展和市场化改革等内容,因此按照对民主的广义理解都可以划入民主援助的范围。

从以上对民主输出与相关概念的简单介绍可以看出,一旦仔细推敲,这个看似含义明确的概念包含的内容实际相当复杂,学界对其内涵和外延也并不存在统一的认识。对民主输出的研究可以从多种维度和角度展开,或者说相关研究可以分解成很多不同的问题,对此有必要进行一些梳理。

一、民主输出研究的不同角度和维度

如上所述,民主输出首先涉及什么是民主的问题。如何定义民主? 民主有哪些必不可少的构成要素? 不同的国家是否应该有最适合自己的不同的民主模式? 诸如此类的问题,是民主输出需要考虑的最基本的问题,否则

① See Sarah Sunn Bush, *The Taming of Democracy Assistance: Why Democracy Promotion Does Not Confront Dictators*, Cambridge University Press, 2015, p. 7.

② 参见刘国柱:《当代美国"民主援助"解析》,《美国研究》,2010 年第 3 期。

就连到底要输出什么都无法确定。研究民主输出,首先就需要研究输出国对民主本身的认知。

其次,民主输出涉及如何才能实现民主化的问题。推动民主化变革最有效的方式是自上而下还是自下而上,抑或两者相结合? 民主化是否必定是一个长期的过程,需要做好投资长期项目的准备? 如果采取自上而下的方式,即鼓动对象国的政府自上而下地启动民主化改革,那么是许以经济援助等各种好处的方法,还是以制裁相威胁的方法更好? 即"胡萝卜"和"大棒"哪个更有效? 这些问题事关民主输出的策略选择,分析输出国采取何种策略也是民主输出研究的一个方向。

关于民主输出的组织和实施方式同样有很多值得研究的问题。以美国为例,总统、政府部门、国会、非政府组织、媒体、私营企业(如跨国公司)各发挥了什么作用? 不同的政府部门(如国务院、美国国际开发署、司法部、中央情报局、美国新闻署等)之间如何分工和协作? 非政府组织是在美国政府的指挥下开展民主输出活动,还是有独立于政府的自己的目标和策略?

民主援助具体资助了哪些活动、其效果如何也是一个可供研究的领域。在不同时期、不同国家,民主援助的重点是什么? 是为目标国的选举活动提供经费、支持其政党的能力建设、资助目标国的司法改革、培育目标国的独立媒体,还是促进目标国公民社会的发展、为当地的非政府组织提供经费和人员培训,等等? 这些活动的效果如何? 是否达到了实施援助的机构的预期? 根据对效果的评估,援助机构对后续的活动进行了哪些调整?

民主输出研究还包括对动机和后果的研究。仍以美国为例,民主输出是基于现实主义的考虑,为了在目标国实现美国的国家利益,以及建立美国的全球霸权,还是根植于理想主义,把在全球推行美式民主看作自己国家的使命和道义责任? 又或者美国的民主输出既有现实主义也有理想主义的成分,是两者相结合的产物? 此外,民主输出的后果如何? 对目标国造成了何种影响? 目标国是按照美国的设想开启了民主化进程,政治、经济和社会有了积极的发展,还是并未发生任何明显的改变,抑或民主输出给目标国造成了严重的不良后果,导致政局不稳、社会动荡、经济衰退? 这种后果反过来又对美国产生了什么影响? 是提升还是损害了美国的国际形象和软实力?

是否导致了美国外交战略和民主输出政策的调整?

对于民主输出,还可以将其作为输出国的外交政策和国际关系的一部分进行研究,或者研究其与输出国国内政治发展的关系。再者,可以结合全球化的发展与全球治理格局变迁的背景来研究民主输出的演变。

最后,对民主输出还可以进行比较研究,可以横向比较,如比较美国和欧洲国家民主输出的战略、方式和效果的异同,也可以纵向比较,如比较冷战时期和冷战后美国民主输出战略、方式和效果的变化。①

从以上讨论可以看出,民主输出实际是一个覆盖面很广的研究课题,即使将其限定在一个国家的一个历史时期,涉及的问题还是很多,仍然容易导致泛泛而谈。为避免流于肤浅,力求对问题进行较深入的分析,本文仅限于探讨特朗普时代美国民主输出的发展趋势,并聚焦于一个具体问题,即在美国的民主输出过程中非政府组织所起的作用。在展开分析之前,下文先简要介绍一下美国非政府组织与政府的关系。

二、美国非政府组织概况及与政府的关系

美国的非政府组织(也称非营利机构)十分发达,达数百万之多,并且总体规模一直在持续增加。据美国劳工部发布的数据,2012 年,美国非营利部门的就业人数超过 1140 万人。当年美国非公共部门的就业总人数约为 1 亿 1 千万人,也就是说,在公共部门之外的所有就业岗位中,超过 10% 是由非政府组织提供的。② 在美国,成立非政府组织非常方便。法律对非政府组织的创办没有限制,成立非政府组织不需要政府的审批,创办人甚至不必是美国

---

① See Amichai Magen, Thomas Risse & Michael A. McFaul (eds.) , *Promoting Democracy and the Rule of Law : American , European Strategies* , Palgrave MacMillan , 2009 ; Michael Cox , G. John Ikenberry , Takashi Inoguchi(eds.) , *American Democracy Promotion : Issues , Strategies , and Impacts* , Oxford University Press ,2000.

② 参见美国劳工部统计局网站, https://www. bls. gov/opub/mlr/2016/article/nonprofits – in – a-merica. htm.

公民。美国政府对非政府组织接受外国的资金一般也没有限制。①

美国的非政府组织数量、人员庞大,种类繁多,运作方式也多种多样。不同的非政府组织间既可能合作,也难免存在竞争关系,如竞争政府的资助。有的非政府组织只需根据机构自身的利益和目标行动,另一些非政府组织却需对其背后的社会团体的利益和目标负责。举例来说,一个美国私营基金会在开展海外项目时只需按机构自身的意愿行事,而一个教会背景的非政府组织在选择海外项目时,机构的职业管理人员除了做出自身的判断,还需尊重机构背后的教会群众的偏好。

非政府组织,尤其是国际性非政府组织,一般都有听起来很高尚的目标,如消除贫困、普及基础教育、促进人权保护等,但在实践中,机构往往会演化出自身的利益,机构的工作人员也会有个人利益。机构和个体员工为了维护自身利益,可能做出偏离机构大目标或者不利于实现大目标的选择,甚至可能为了自身利益而损害资助者或受助者的利益。大量关于非政府组织的研究都分析过这一现象。例如,一个在外国开展扶贫项目的美国非政府组织,可能为了争取到美国政府更多的资助而夸大其项目所在地区的贫困状况,或者为了能得到持续的资助而掩盖其项目效果不佳的事实,并夸大项目的成果。

正因为非政府组织既可能廉洁高效,也可能腐败浪费,可能存在不当使用资金、使资助者的意图无法实现的情况,所以各国对非政府组织的监督和评估也越来越细致。在 2015 年出版的一本专著中,萨拉·布什分析了美国民主基金会(The National Endowment for Democracy,简称民主基金会)资助过的 5000 个项目,并得出结论:随着资助机构更加注重对项目效果的评估,要求看到可以测量的投入和产出,接受资助的非政府组织往往会出于自身生存的需要而对项目进行调整。民主基金会的主要目标是在该组织认定的民主发展落后的国家推进民主,而这些国家往往是西方国家眼中的专制独裁国家。非政府组织在这些国家从事推动民主的项目存在随时被取缔的风

---

① 参见美国国务院民主、人权与劳工局网站,https://www.state.gov/j/drl/rls/fs/2017/266904.htm。

险。为了能够将项目进行下去,保住民主基金会的资金支持,同时也为了满足民主基金会对可以量化评估的项目产出的要求,非政府组织逐渐放弃了对非民主国家的专制制度更具对抗或挑战性的项目,转而选择较为温和、更易于量化评估的项目。这种项目使得非政府组织的活动一方面能够被非民主国家的政府容忍,另一方面能满足民主基金会的要求,但推动民主的实际效果却大打折扣。简而言之,萨拉·布什指出,在过去的三十年间,民主基金会顺应国际上对非政府组织项目管理和评估的潮流,采用看似更专业化、更精细的评估指标,实际的后果却是使其资助的民主促进项目的效果变差了。[1] 萨拉·布什的研究显示,虽然美国的非政府组织拿着美国政府提供的资金在海外实施民主输出项目,但这些项目未必都能很好地贯彻民主输出的意图。美国政府和非政府组织之间不存在前者制定政策和提供经费,后者完美执行政策的关系。

在美国数量庞大的非政府组织中,国际性非政府组织只占不足 1% 的比例,但它们却是参与民主输出的主要非政府力量。一篇专门研究美国国际性非政府组织的论文指出,此类组织应符合以下条件:

> 组织宗旨涉及国际事务、国际交流或美国与外部世界的关系;服务、倡导活动或资助行为的主要对象是境外公众、境外组织、移民、与外部世界有密切关系的美国公众、组织或政策制定者;主要活动和决定具有跨境性或者能够产生重大国际影响。[2]

该文综合几种不同来源的数据,估计美国国际性非政府组织的数量大约为 1.4 万个。

美国非政府组织研究方面的重要机构城市研究所(Urban Institute)发布过针对美国国际性非政府组织的专门报告,它们在城市研究所的报告中被归类为"从事国际与外交事务的公共慈善机构"。报告显示,政府资助仅占

---

[1]　See Sarah Sunn Bush, *The Taming of Democracy Assistance*: *Why Democracy Promotion Does Not Confront Dictators*, Cambridge University Press, 2015.

[2]　徐彤武:《美国国际性民间组织研究》,《美国研究》, 2010 年第 4 期。

这些机构总收入的20%,即它们的主要资金来源是私人捐助或提供有偿服务的收入(即机构自身的创收项目),而非美国政府。不仅如此,这些机构中只有大约10%获得了政府资助,也就是说有限的美国政府资助也是集中在少数国际性非政府组织身上。城市研究所的报告还对"国际与外交事务"类公共慈善机构按业务领域细分为经济、教育、卫生健康、民主与公民社会、环境、难民等小类。① 在"民主与公民社会"小类中,获得美国政府资助的国际性非政府组织占总数的1/3,换言之,有2/3 的组织未获得政府资助。②

托克维尔在其经典著作《论美国的民主》一书中写道:"美国是世界上最便于组党结社和把这一强大行动手段用于多种多样目的的国家","在美国,以政治为目的的结社自由是无限的"。③ 托克维尔还比较了欧洲与美国公众在结社活动方面的不同之处,指出在当时的欧洲,社团都自认为代表了多数人的意志,而美国的社团却不认为自己代表了大多数人的观点和想法。恰恰相反,在美国,创立社团的人首先认为自己只代表少数派的观点,所以才希望通过温和的说理和恳求,争取更多人认同自己的主张。托克维尔观察到的美国社团的特性植根于美国独特的政治与文化土壤。时至今日,美国的非政府组织仍然延续了托克维尔提及的希望影响多数意见的传统,在与政府的互动中,非政府组织通过倡导、游说等活动试图影响政府政策的情况屡见不鲜。

我们不妨将非政府组织看作特定的利益集团。在美国的体制下,利益集团试图影响政府,使其采纳对自己更有利的政策,并在资源配置上对自己倾斜是常见现象。如一篇题为《非政府组织如何影响美国对外援助资金的分配》的论文④就发现,美国的国际发展和国际救援类非政府组织能够对美国政府对外援助资金的分配产生影响。具体来说,在某个受援国开展项目的美国非政府组织的数量越多,这些组织在该国开展项目的历史越长,则由

---

① ② 参见 http://www.urban.org/sites/default/files/publication/50561/311332 - U - S - Government - Funding - of - International - Nongovernmental - Organizations.PDF。

③ [法]托克维尔:《论美国的民主》,董果良译,商务印书馆,1995 年,第 241、244 页。

④ Kim,Youngwan,How NGOs Influence US Foreign Aid Allocations,*Foreign Policy Analysis*,No.1,2014,pp.1 - 21.

于非政府组织的影响,该国就越可能获得更多的美国政府援助。① 非政府组织之所以能影响美国政府对不同受援国提供资金的多寡是因为他们兼有信息提供者和游说者的角色。通过长期在某个国家开展项目,非政府组织往往对该国各方面的情况都有了深入的了解,因此可以向美国政府提供很多关于该国的信息,从而影响美国政府的相关决策。同时,非政府组织一般也都会通过自身在美国政府和议会中的关系网来积极游说美国政府。在某国的美国非政府组织数量越多,则非政府组织游说的力量也会越大,美国政府在分派外援资金时更可能对该国倾斜。

美国非政府组织影响政府的途径很多。《非政府组织如何影响美国对外援助资金的分配》一文中提到,国际发展和救援类非政府组织通过参加各种会议、出席国会的听证会、撰写关于受援国情况的报告等方式与美国政府和国会保持着广泛的接触。以国际关怀协会(CARE)为例,该机构的工作人员经常会给政府官员做报告,介绍协会的项目活动、项目所在国的政治形势、项目所在地区的情况、经济发展状况等内容,并就美国的外援政策向官员们提出建议。国际关怀协会还积极组织活动对美国对外援助领域的关键人物"开展教育",如协会有一个名为"学习之旅"的项目,2010年该项目组织了一次前往埃塞俄比亚的考察访问,访问团成员包括两名国会众议员,媒体工作人员和潜在的资助人。②

除了非政府组织自发在政府官员、国会议员等能够影响决策的群体中建立的关系网,美国也有不少官方的供非政府组织与政府沟通的机制和渠道。国会的听证会就是这种官方渠道之一。美国的国会听证会经常会邀请非政府组织的代表发言,听取非政府组织的陈述和建议。此外,美国政府还有顾问委员会等机制,便于非政府组织向政府部门提供咨询建议。例如,在对外援助领域,美国有在二战后根据总统指令成立的志愿对外援助顾问委员会(Advisory Committeeon Voluntary Foreign Aid)。顾问委员会的章程规定,其目标与活动范围是:"作为美国政府与海外救援、重建和发展领域的私

---

①② 论文作者通过统计分析发现,非政府组织在某受援国的数量与开展项目时间的长久与美国政府对该国外援数额的关系是前者影响后者,而非后者影响前者。即不是因为美国政府向某国提供的援助更多而导致在该国开展项目的美国非政府组织数量更多,活动时间更长。

营及志愿组织相互关系的交汇点,确保志愿部门在对外援助项目的制定和实施中能够起到不可或缺的、积极活跃的作用。"①

在正式的沟通机制之外,非政府组织与政府和国会之间通过私人关系而产生交流互动在美国也是很常见的现象。由于美国的非政府组织与政府机构等其他类型的组织之间人员流动频繁,很多在政府或国会任职的人都有过非政府组织的任职经历,很多曾在政府或国会任职的人也会在离职后加入非政府组织。例如,查一下美国政府中最近三任负责民主、人权与劳工事务的助理国务卿的简历,可以发现他们均有长期在非政府组织工作的经历。

2014—2017 年间担任该职务的汤姆·马里诺斯基(Tom Malinowski)曾有过在欧洲的智库维也纳人文科学研究所(Institute for Human Sciences)、福特基金会、人权观察(Human Rights Watch)等非政府组织的工作经历。在其职业生涯中,马里诺斯基一直在非政府组织和政府内交替任职。② 2009—2013 年间担任该职务的迈克尔·珀斯纳(Michael Posner)曾担任非政府组织人权第一(Human Rights First)的领导人长达 31 年。③ 2008—2009 年间担任该职务的大卫·克雷默(David J. Kramer)曾在战略与国际研究中心、卡内基国际和平基金会(Carnegie Endowment for International Peace)和新美国世纪计划(Project for the New American Century)三家智库工作过,2009 年卸任助理国务卿后又就职于智库德国马歇尔基金(German Marshall Fund)和非政府组织自由之家(Freedom House)。④

一般级别的政府雇员可能在离职后加入现有的非政府组织工作,而比较有影响力的美国政治人物则可能在卸任公职后直接创办新的非政府组织。如美国前总统卡特建立的卡特中心、美国前总统克林顿建立的克林顿基金会,以及曾任克林顿白宫幕僚长的约翰·波德斯塔(John Podesta)建立

---

① 关于志愿对外援助顾问委员会的章程和介绍见美国国际开发署网站:https://www.usaid.gov/who－we－are/organization/advisory－committee。

② 参见维基百科,https://en.wikipedia.org/wiki/Tom_Malinowski。

③ 参见维基百科,https://en.wikipedia.org/wiki/Michael_Posner_(lawyer)。

④ 参见维基百科,https://en.wikipedia.org/wiki/David_J._Kramer。

的智库美国进步中心（Center for American Progress）。在政府、国会和非政府组织的交叉任职经历使很多美国非政府组织的领导人和工作人员都在政府和国会内有广泛的私人关系网。

通过文献检索可以发现，国内一些涉及民主输出的研究都强调西方非政府组织与西方国家政府的相互配合与伙伴关系，甚至直指西方非政府组织是受西方政府操纵的、为其实施民主输出的工具。例如，一篇分析西方非政府组织与"颜色革命"的论文写到，西方的非政府组织"名义上是独立、中立的，但背后却有本国政府的支持，需要完成本国政府赋予的使命，为其进行调查研究、搜集情报、政策宣传、甚至成为政府推行'颜色革命'的工具"[1]。一篇解析美国民主输出战略的论文主张："美国常常利用基金会与资助对象（多为目标国中潜在的反对派）建立联系，实现干涉、颠覆他国政权等目的。美国的国际问题研究所、全国民主研究所、国际选举制度基金会、国际共和政体研究所等，都是受命从事策动'民主'革命的美国非政府组织。"[2]另一篇研究西方国家对外传播的文章说："西方非政府组织（NGO）或配合政府的行为，为政府拉高声势；或补充、代替政府去完成政府不便出面或难以完成的使命。"[3]

这些研究中描述的只是西方非政府组织与政府关系的一个方面。由于西方、特别是美国非政府组织的多样性和其与政府关系的复杂性，在民主输出过程中，并非只是政府制定战略，非政府组织配合实施，甚至不一定是政府主导民主输出政策的制定。如果要把美国的民主输出研究进一步推向深入，就需要探讨在这一过程中美国政府与非政府组织互动的复杂性和多面性。

---

① 王宏伟：《社会运动视角下西方 NGO 的民主输出与"颜色革命"》，《学术探索》，2018 年第 5 期。

② 金英君：《美国"民主制度输出"战略解析》，《马克思主义研究》，2019 年第 4 期。

③ 刘小燕、王洁：《政府对外传播中的"NGO"力量及其利用——基于西方国家借 NGO 对发展中国家渗透的考察》，《新闻大学》，2009 年第 1 期。

三、美国民主输出的历史回顾

美国民主输出领域的一位资深研究者托马斯·卡拉瑟斯（Thomas Carothers）撰写的《境外民主援助：学习曲线》（Aiding Democracy Abroad：The Learning Curve）一书详细分析了美国对外输出民主的历史与经验教训。通过历史的回顾可以看出，美国通过对外援助在国际上推行民主人权的行动在不同时期有不同的方向、广度和深度，具体受到多重因素的影响，包括国际局势、美国当时的外交战略、当时的美国政策制定者对相关问题的认识水平、以往的民主输出项目的成效等。[①]

例如，20世纪60年代美国外交曾有较多的理想主义色彩，尤其是在拉丁美洲地区，美国政府曾积极致力于通过对外援助促进该地区国家的经济发展，进而带来民主的进步。这种理想主义背后有特定的思想理论的支撑，即当时流行的现代化理论。现代化理论认为经济发展必然会导致民主的发展。在这种信心的支持下，肯尼迪总统将美国对外援助的预算增加了33%，并创立了美国国际开发署与和平队。但是，美国政府的努力并没有取得很好的效果。很多拉美国家虽然经济有所发展，却没有变得更加民主，反而滑向了军事独裁。另外，在冷战背景下，比起促进民主，遏制共产主义的扩张对美国来说是更重要的目标，因此美国政府常常又会支持第三世界国家非民主的政府与军事组织，支持他们镇压国内的左翼力量，这种自相矛盾的政策进一步使得推进民主的项目缺乏成效。[②]

到了20世纪70年代，由于20世纪60年代对外民主援助项目的效果不佳，加上现代化理论遭到质疑，被其他新的思想和理论取代，美国政府转向了更加现实主义的外交政策，对输出民主的兴趣明显减弱。不过，20世纪80年代之后，民主输出又逐渐重新成为美国外交的重要目标之一。这种转变与里根总统积极反对共产主义，全面加强与苏联的竞争有直接关系，但民主

---

①② Thomas Carothers，*Aiding Democracy Abroad：The Learning Curve*，Carnegie Endowment for International Peace，1999.

输出的具体方式却不是一开始就计划好的。里根政府曾经策划了一个"民主计划",主要内容包括组织以民主为主题的国际会议,组织国际交流,以便让外国来访者了解美国的民主,翻译传播相关书籍,以及扩大对共产主义国家的广播宣传等。①

与此同时,里根政府之外的一批政治活动家,包括国会众议员但丁·法赛尔(Dante Fascell),美国劳工联合会-产业工会联合会(即劳联产联)的雷恩·柯克兰德(Lane Kirkland),共和党全国委员会的威廉姆·布洛克(William Brock),民主党全国委员会的查尔斯·莫纳特(Charles Manatt),美国商会的迈克尔·塞谬斯(Michael Samuels),一位名叫乔治·俄格瑞(George Agree)的政治学者,以及一位名叫艾伦·温斯坦(Allen Weinstein)的历史学家,在一起酝酿成立一个专门在海外推进民主的基金会。里根政府对这一设想也持积极态度,认为这可以与他们筹划的"民主计划"相互配合。②

然而到了国会审议这两个方案的时候,本来被认为可以互相配合的两个民主促进项目却实际上构成了竞争关系。最后,国会未通过里根政府的"民主计划",而是批准了成立基金会的方案,并首次拨款1800万美元,这就是现在为人熟知的美国民主基金会的由来。③

回顾历史可以看出,总统的个人偏好会对美国的民主输出政策产生影响,但影响的大小取决于总统在多大程度上能让国会乃至美国的主流精英阶层接受并支持其政策。民主基金会的历史就是一个很好的例子。20世纪80年代里根总统任内美国的对外民主输出重新兴起,但这不仅仅是里根的个人偏好造成的。这种外交政策选择获得了美国政治精英的广泛支持,在很大程度上达成了共识。因此,即使里根政府自己设计的民主输出项目未能得到国会的批准,也有由政府之外的政治活动家推动的类似项目得以实行。此外,卡拉瑟斯还指出,从20世纪80年代起美国民主输出的势头不断高涨,这与冷战后期和苏联解体后国际形势的发展有重要关系。先有了民主化浪潮,之后民主输出项目才有了机会,而不是美国的民主输出就能够导

---

①②③ Thomas Carothers, *Aiding Democracy Abroad: The Learning Curve*, Carnegie Endowment for International Peace, 1999.

致民主化的发生。

四、特朗普时代的美国民主输出政策

特朗普总统在竞选时就提出了"美国优先"（America First）的外交政策原则。① 虽然"美国优先"政策在面对特定问题时会如何操作还有待进一步观察，但根据特朗普政府对该原则的阐述，以及目前的一些具体决策和行动，可以看出，特朗普政府对在国际上推进人权民主，向贫穷国家提供发展援助，以及文化交流等软实力项目不太感兴趣。时任美国国务卿蒂勒森在2017年5月3日对国务院员工的首次讲话中明确提出，维护自由和人权是美国的基本价值观，但价值观和政策不是一回事。价值观是不会变的，但政策需要变化以适应实际情况。如果美国在与其他国家打交道时要求他国也遵循美国的价值观，以此作为前提条件，则可能不利于推进美国的国家安全和经济利益。② 蒂勒森的讲话比较明确地传达出了美国外交将优先追求美国的安全和经济利益，而不是关注他国民主人权状况的信息。

在总统提议的2018财政年度预算中，特朗普政府希望将美国国务院和美国国际开发署的预算削减约100亿美元，与2017年相比减少28%，③其中具体包括：完全撤销"发展援助"账户，从而削减约25亿美元的开支；④取消给亚洲基金会的拨款一千七百万美元；将用于支持国际教育和文化交流项目的资金从五亿九千万美元减少到二亿八千五百万美元；撤销非洲发展基金会（African Development Foundation）和美洲国家基金会（Inter - American

---

① 参见白宫网站对"美国优先"外交政策的说明，https：//www. whitehouse. gov/america - first - foreign - policy。

② 参见美国国务院官网上的蒂勒森讲话全文，https：//www. state. gov/secretary/remarks/2017/05/270620. htm。

③ 参见白宫网站的2018年财政预算的总统建议版，https：//www. whitehouse. gov/sites/whitehouse. gov/files/omb/budget/fy2018/2018_blueprint. pdf。

④ 需要说明的是，总统预算建议书指出，对发展援助并非要完全终止。部分发展援助资金支援的国家和项目仍将获得资助，但这些工作将会通过一个新设立的基金来进行。

Foundation）；等等。①

亚洲基金会是美国知名的国际性非政府组织,在美国的民主输出中起着重要作用。它虽然是作为非政府组织而设立的,但美国国会专门通过了法案,授权联邦政府每年直接向其拨款。② 对于取消给亚洲基金会的拨款,总统2018年财政预算给出的理由是:亚洲基金会是一家非政府组织,它得到政府的直接拨款,却不受政府行政部门的直接领导和监督,这种情况是很少见的。它或许能有效地实现细分的具体目标,但对美国外交政策的执行没有关键性的作用,并且其工作与其他联邦政府项目、其他非政府组织或者私营机构的工作可能存在重复性。取消对亚洲基金会的直接拨款可以激励它与其他机构一样通过申请来竞争联邦政府的资助,同时减少政府资金重复资助同样活动的可能性。③

与总统的2018财政年度预算建议一致,美国国务院的2018财政年度预算也削减了用于对外援助与民主输出的经费。国务院的预算将给民主基金会的拨款从2017财政年度的大约一亿七千万美元减少到一亿零三百万美元,减少约六千六百万美元。④

美国政府的2018财政年度预算方案印证了特朗普注重维护美国的安全和经济利益,对推动民主人权,扩展美国软实力等相对"务虚"的目标缺乏兴趣的政策取向。相应地,特朗普政府明显对拨款支持美国国际性非政府组织的活动不抱热情。从非政府组织的角度看,这显然不是好消息。不过,特朗普政府在说明不愿为非政府组织拨款的理由时,多次提到非政府组织可以从私人渠道筹集资金,所以不应依靠政府的资金,这也从另一个角度说明了上文已经分析过的情况,即政府资助并不是美国国际性非政府组织的首要资金来源。

虽然目前特朗普政府明显表现出不重视国际性非政府组织的态度,但

---

① 参见白宫网站对2018年总统财政预算中具体缩减的开支项的说明,https://www.whitehouse.gov/sites/whitehouse.gov/files/omb/budget/fy2018/msar.pdf.

②③ 国会授权向亚洲基金会拨款的法案的链接,https://www.gpo.gov/fdsys/pkg/STATUTE－97/pdf/STATUTE－97－Pg1017.pdf.

④ 参见美国国务院网站上的2018财政年度预算说明书,https://www.state.gov/documents/organization/271013.pdf.

美国总统的政策随着时间的推移发生改变的情况并不少见,所以我们还需对其政策进行持续的观察。更重要的是,我们不应过高估计美国总统和联邦政府对美国非政府组织的影响力。虽然特朗普总统在 2018 财政年的预算方案中提出了削减给非政府组织拨款的具体方案,但美国联邦政府的预算最终需要由国会来决定。总统的预算方案无法获得国会通过,最后只能被放弃的情况经常发生。

在特朗普政府公布其依照"美国优先"原则提出的 2018 财政年度预算后,对于削减对外援助和外交领域预算的计划,很快就有超过 200 位国会议员发言表示反对,另有 121 名退役的三星或四星将军、100 名宗教界领袖和 220 名商业领袖写信表示反对这一预算方案。[1] 最终,国会通过的 2018 年联邦政府预算明显没有采纳特朗普政府的建议,而是继续保留了分别给亚洲基金会和东西方中心的一千七百万美元拨款,以及给民主基金会的一亿七千万美元拨款。[2]

评估特朗普的美国优先政策对美国民主输出活动可能产生的影响需要看新政策在多大程度上能代表当前的美国民意和美国政治精英的态度。一方面,特朗普能够当选,说明他关注国内问题、淡化民主人权议题的偏好得到了相当一部分美国民众的支持,但不一定达到了压倒性的民意支持。另一方面,特朗普的政策在多大程度上得到了美国精英阶层的认可还并不确定。因此,对于特朗普政府任内美国在民主输出方面的政策与实践,我们还是需要继续观察。

在 2018 年 1 月的一篇文章中,卡拉瑟斯预测了特朗普任内美国的民主输出会出现什么样的局面。他指出,尽管种种迹象都表明特朗普对促进民主人权的工作毫无兴趣,但特朗普任内美国民主输出的前景未必很悲观。首先,不管总统在竞选时怎么想怎么说,一旦成为总统,随着形势的变化,其实际做法很可能与竞选时所说的不同。小布什总统及其竞选团队在竞选时

---

[1] 参见 https://www.brookings.edu/podcast - episode/on - proposed - budget - cuts - to - foreign - assistance - programs/。

[2] 美国国会最终通过的 2018 年预算见国会网站,https://www.congress.gov/bill/115th - congress/house - bill/1625/text。

对民主输出嗤之以鼻,但"9·11"事件之后小布什政府认定在伊斯兰国家推进民主可以削弱极端主义,促进民主最后成为小布什外交政策的主旋律。奥巴马在就任总统之初曾想要纠正其前任对民主促进的过度强调,但上任半年之后他就开始谈论在中东实现民主的前景了。①

卡拉瑟斯指出,不少总统竞选时提倡现实主义,而就任之后却不能放弃民主促进项目的一个原因是价值观与利益实际很难分开。以缅甸为例,美国支持缅甸向民主转型是基于其价值观的选择,但这同时也是美国的利益所在。因此,推进民主这种"软"目标与维护美国的经济和安全利益等"硬"目标完全可以是互相配合的。②

卡拉瑟斯进一步直言不讳地提出,如果特朗普真是像他自己声称的那样,喜欢在处理国际事务时用生意人的方式和其他国家明明白白地交易,而不在意民主人权这些比较虚的东西,那么他恰恰应该把民主人权作为一种与他国讨价还价的手段。既然谈民主人权会激怒中国和俄罗斯等国的政府,使他们觉得不堪其扰,那么民主人权不正可以成为美国与这些国家谈判的筹码吗?特朗普如果真喜欢用商人谈判做交易的方式与他国打交道,就没理由放弃这一筹码。③

其次,即使特朗普政府下定决心要抛弃民主输出行动,也会面临不少阻力。在国会的民主党和共和党议员中都有一些民主输出的坚定拥护者,包括本·卡丁(Ben Cardin)、林赛·格雷汉姆(Lindsey Graham)、蒂姆·凯恩(Tim Kaine)、帕特里克·里易(Patrick Leahy)、约翰·麦凯恩(John McCain)和马可·卢比奥(Marco Rubio)等人,他们会抵制特朗普政府的相关政策。另外,民主促进工作已经融入了美国政府的官僚体系中,在外交领域的政府组织架构中有了自己的一席之地,将其剥离也不容易。还有,美国公众也并非都拥护特朗普的孤立主义外交战略,很多人还是支持美国继续在国际事务中多发挥作用的。最后,民主输出并非美国一国的政策。很多美国的盟国也都在做这方面的工作。他们仍然相信在国际上促进民主的重要性,所

---

①②③　参见 http://carnegieendowment. org/2017/01/05/prospects – for – u. s. – democracy – promotion – under – trump – pub – 66588。

以未必支持特朗普的政策。①

基于以上这些原因,卡拉瑟斯认为,希望美国继续在促进人权和民主领域发挥作用的人不需要对特朗普政府可能给这项工作带来的打击过分悲观,但他也建议,支持民主促进工作的人士需要采取行动来对抗特朗普可能带来的不利影响,包括努力与特朗普团队沟通、向他们说明民主促进工作也是能够为美国的经济和安全利益服务的。同时,他建议有关人士应更加努力地做国会的工作,除了与上述那些长期支持民主输出的议员保持联系,还应去做更多的议员与其幕僚的工作,把更多的人争取过来。他还建议美国国内支持民主促进工作的人士要与其他民主国家从事相关工作的人士多联系,并促成他们与特朗普政府多沟通,以使特朗普政府认识到美国与其他民主国家在这方面有共同利益,并且可以采取联合行动。②总之,卡拉瑟斯建议美国支持民主输出的人士可以从国内国际一起加强对特朗普政府的游说和施压,以努力影响特朗普的政策。

五、结　语

现有的一些对美国民主输出的研究存在强调美国政府的主导作用、忽视非政府组织影响政策的能力、将非政府组织仅看作美国政府的工具的倾向。实际上,在民主输出领域,美国非政府组织与政府之间存在着相互影响的关系。美国的政治体制具有"小政府、大社会"的特点,不仅政府可以通过立法、拨款(或不拨款)、行使法律规定的监管职能等方式影响非政府组织,非政府组织也可以通过各种渠道,比如在国会议员中寻找盟友、支持者和代言人,来影响政府的决策。由于非政府组织和国会、政府之间的人员流动频繁,非政府组织常常在政府中有不少可资利用的私人关系。研究者除了关注供非政府组织参与政府决策的正式的、制度化的机制,也不应忽视它们通过非正式渠道影响政府决策的能力。

---

①② 参见 http://carnegieendowment. org/2017/01/05/prospects - for - u. s. - democracy - promotion - under - trump - pub - 66588。

在民主输出问题上,非政府组织与美国政府并非永远持有同样的意见与态度。同一个美国国际性非政府组织在不同时期和美国政府完全可能有不同的关系。有的非政府组织可能在意识形态上属于自由派,另一些则可能支持保守派的意识形态。有的非政府组织拥护民主党的政见,有的则可能认同共和党。因此,当不同的政府执政时,具体的非政府组织和政府的关系就可能发生变化。在特朗普时代,虽然总统与其政府表现出对民主输出缺乏热情,但政府之外的国会、非政府组织等力量仍可能积极支持民主输出。

研究美国的民主输出应避免过分强调美国政府的作用,而忽视非政府组织的独立立场和自主行动;不应只将美国政府与非政府组织视为目标一致、互相配合的合作伙伴,而是需要关注美国政府与非政府组织关系的多样性与复杂性。当美国政府整体上表现出对民主输出的重视程度较低时,如当前的特朗普任期内,研究者就更需要多关注非政府组织的动向。

后冷战时代英国地方公共服务供给的多元累加模式研究 *

孙宏伟

（天津师范大学政治文化与政治文明建设研究院）

[内容摘要]后冷战时代的英国地方处于地方治理体制下,地方公共服务供给模式由以科层管理为核心的传统福利型逐步转变为注重效率优先的市场取向型、注重质量竞争的顾客取向型和注重网络治理的合作取向型。英国地方公共服务供给逐步由政府直接提供公共服务,发展到私人部门、志愿部门和公民积极参与到服务提供的竞争过程中;由强调公私部门的分离,发展到更加注重各服务提供主体之间的合作治理;由以服务提供者为中心,发展到以服务使用者为中心、视服务使用者为顾客来更好地满足地方居民的服务要求。在转型过程中,受执政党的政治理念与政治文化的影响,后一种模式更多的是对前一种模式的延续和借鉴,使后冷战时代英国地方服务供给呈现为多元累加模式。中国可以在现代化程度不同的地区充分利用英国多元累加模式的经验,更好地实现不同模式的地方服务供给,提升地方治理能力。

[关键词]地方政府 公共服务 供给模式 发展取向

---

* 本文系天津市哲学社会科学研究规划项目"英国地方治理改革研究"（项目编号:TJZZQN18 – 002)阶段性研究成果。

后冷战时代的英国开始于撒切尔政府执政的末期,虽未能摆脱与美国亲密盟友的关系,但与欧洲国家的合作越来越密切,积极参与欧洲一体化进程。但传统的疑欧力量又使英国对欧盟保持若即若离的态度。在此种大背景下,英国由地方政府直接提供公共服务转变到地方治理的发展期,开始了英国地方公共服务的多元累加过程。

服务职能是地方政府的基本职能之一。二战后,英国地方公共服务形成一种福利型的供给模式。20世纪80年代,公共部门内部进行重组,私人部门作为公共服务提供者这种新的角色出现,在地方上呈现出市场取向的地方公共服务供给模式。90年代,在市场取向改革的基础上,地方公共服务供给更加注重服务质量,以顾客取向为改革核心。进入21世纪,在一个"网络化的时代",形成了公共部门、私人部门、志愿部门和社区等共同提供公共服务的治理模式,以合作取向为改革核心。当今英国地方公共服务供给模式更加多样和复杂,核心领域的公共服务仍主要由国家及其机构提供,但公共部门的任务越来越多地由私营部门和志愿部门完成,各级政府成为公共服务的最终保障者,并对最终结果负有责任。① 从美国和欧洲的发展趋势来看,未来公共服务提供评估将基于"服务内容"(what works),而不考虑提供服务的部门、服务所有权与组织形式。②

一、科层管理:传统福利型地方公共服务供给模式

二战后不久,全球进入冷战时代,英国由于受战争影响经济受到重创,选择接受美国的大量经济援助来加大国内社会保障的支出,成为美国的亲密盟友。在有了经济援助的基础上,克莱门特·艾德礼(Clement Attlee,1945—1951年任首相)政府将凯恩斯主义和英国社会主义作为战后改革的理论基础。在这两种理论的指导下,英国地方公共服务不再走自由竞争的

---

① [英]奈杰尔·福尔曼、道格拉斯·鲍德温:《英国政治通论》,苏淑民译,中国社会科学出版社,2015年,第348页。

② Emma Carmel,Jenny Harlock,Instituting the"Third Sector"as a Governable Terrain:Partnership,Procurement and Performance in the UK,*Policy&Politics*,Vol.36,No.2,2008,pp.155–171.

公共服务供给模式路线,转变成几乎全部由中央政府和地方政府直接提供,以实现每个人"从摇篮到坟墓"的全面服务。尤其是1942年的贝弗里奇报告明确了二战后地方公共服务提供的模式,即政府承担公共服务的主要责任。地方政府按功能来划分服务部门,在教育、住房和社会保障等公共服务提供方面负主要责任,但不负责医疗保健方面的服务。以教育服务为例,各地方议会拥有自由裁量权决定为学生提供什么样的教育,全国并没有统一的教育模式。

如果将艾德礼政府到撒切尔政府这一时期称为传统地方公共服务供给模式,那么其特征为以服务提供者为核心,由大量垄断性的公共部门、地方当局和政府部门提供公共服务,服务的使用者被动接受服务,是一种等级式的治理模式。[①] 这种模式强调公共部门的自治、公私部门的分离,以及行政系统中的等级权威。[②] 传统地方公共服务供给模式满足了战后全面重建社会的需求,但福利费用的居高不下也带来了政府财政压力过大、服务效率低下等问题。二战后由地方政府直接全面提供公共服务的福利模式于20世纪70年代开始受到挑战。

二、效率优先:市场取向的地方公共服务供给模式

玛格丽特·撒切尔(Margaret Thatcher,1979—1990年任首相)是冷战结束前英国的最后一位首相,她奉行大西洋主义外交策略,与时任美国总统的里根关系友好,两人对新右翼持共同的看法。在地方公共服务供给方面,两位国家领导人都认为市场是解决危机的良药。所以自20世纪70年代末以来,撒切尔政府时期为解决政府面临的财政危机与管理危机,将新自由主义和新保守主义思想作为改革的理论基础,开展了新公共管理运动。新公共管理模式重视绩效评价和服务结果,实行服务外包。1988年《地方政府法

---

① Vivien Lowndes, Chris Skelcher, The Dynamics of Multi – Organizational Partnerships: an Analysis of Changing Modes of Governance, *Public Administration*, Vol. 76, 1998, pp. 313 – 333.

② [英]斯蒂芬·P. 奥斯本编著:《新公共治理? ——公共治理理论和实践方面的新观点》,包国宪、赵晓军等译,科学出版社,2016年,第33页。

案》中提及地方公共服务可以实行竞争性外包,合同外包通过法律加以保障。新公共管理模式的核心就是市场取向的改革,这为地方公共服务供给改革奠定了基础,围绕政府与市场的关系构建新型公共服务供给模式。

此种以市场为取向而进行改革的主要特征为:①崇尚市场机制与力量,主张尽量减少政府的干预;②为了节省政府开支和减少税收,赞同廉价小政府,激励私人资本投资公共服务,实现经济繁荣;③怀疑政府的官僚主义导致政府工作效率低下和浪费,要大力削减公务员规模,并加强对高级文官的政治控制;④赞赏私营部门的管理方法与手段。[1] 改革不仅鼓励公共部门与私营部门公开竞争,还倡导私营部门积极参与公共服务的提供,将市场检验与绩效审查相结合来达到缩减公共开支、实现节约资金的目的。[2]

撒切尔政府在地方实施的具体政策为强制性竞标制度(Compulsory Competitive Tendering,简称 CCT)。这项制度使原来由公共部门提供的服务转移到私人部门手中,卫生、教育、文官系统都引进了竞争机制,实行私有化改革。以教育服务为例,1988 年《教育改革法案》规定全国要有统一的课程体系,剥夺了地方政府决定教学内容的自由裁量权,私人部门也可以加入教育提供的竞争中。

强制性竞标制度主要有两点新意,一是强制性的成分被引进,二是竞标过程和服务提供要在合同的规范下进行。[3] 在法律上,地方当局只能行使许可权,以招标的方式来选择提供服务或选择工程,并不拥有服务的直接分配权。实行这项制度的目的是解决地方政府公有部门开支"极其浪费"和内部员工(in-house workforces)效率低下、官僚主义与过度政府干预等问题。通过竞标来提供公共服务,人们可以了解提供公共服务需要的真正费用,从而更加有效地利用资源。

实施强制性竞标的领域通过几次立法逐步扩大,《1980 年地方政府规划

---

① John Greenwood, David Wilson, *Public Administration in Britain Today* (Second edition), Unwin Hyman Ltd., 1989, pp. 121 – 122.

② James Downe, Steve Martin, Regulation inside Government: Processes and Impacts of Inspection of Local Public Services, *Policy&Politics*, Vol. 35, No. 2, 2007, pp. 215 – 232.

③ See Robert Leach, Janie Percy – Smith, *Local Governance in Britain*, Palgrave, 2001, p. 161.

和土地法案》(*Local Government Planning and Land Act 1980*)仅在建筑物与公路的建设和维护这两个领域采用强制性竞标;《1988 年地方政府法案》(*Local Government Act 1988*)将强制性竞标领域扩展到地方政府提供的大部分公共服务中,包括建筑物与街道清洗、学校与其他公共餐饮的提供、垃圾回收、公共场所维护,以及体育和娱乐服务;《1990 年环境保护法案》(*Environmental Protection Act 1990*)规定废物处理也进行竞标;《1992 年地方政府法案》(*Local Government Act 1992*)将强制性竞标扩展到金融、法律和技术服务等领域。

值得注意的是,并不是所有实行强制性竞标的服务领域都能竞标成功,私营部门接管了大部分房屋和建筑类服务,而娱乐、管理、法律类服务更多地由地方政府直接提供服务。强制性竞标制度以费用为标准,在竞标过程中,如果没有收到比较标价中较低的,地方政府将继续提供服务,[1]但要改变原有的管理方式与组织实践,增加了很多程序性的限制。[2] 这次改革并没有出现私营部门全面接管公共服务的现象,形成了地方政府与私营部门共同提供公共服务的局面,英国地方公共服务供给具有了私有化特征。

强制性竞标制度对地方公共服务供给产生很大的影响,地方政府转变为"授权型权力机构",改变了传统的以部门为基础的行政方式,服务目标和标准更加明确,不再注重更多详细的服务运作问题,提高了服务效率。私人部门加入地方公共服务的竞争也降低了服务成本,削减了政府的公共开支。地方服务提供者之间的关系不再是传统的层级制,而是形成了复杂的网络化关系,以及一系列合同与准合同的关系。

此种新的转变也带来新的问题,地方政府为了减轻直接服务组织管理人的压力,不断需要一些核心服务来证明地方政府收费的合理性。合同外包一定程度上降低了服务成本,但调查发现服务成本的降低都出自对体力劳动者提供服务条件的恶化,[3]一定程度上降低了公共服务的质量。多元服

---

[1]　这种地方政府被称为直接服务组织(DSO)。

[2]　Christopher Hood et al. ,Regulation Inside Government:Where New Public Management Meets the Audit Explosion,*Public Money&Management*,1998,pp. 61 – 68.

[3]　Robert Leach,Janie Percy – Smith,*Local Governance in Britain*,Palgrave,2001,pp. 162 – 163.

务提供主体共同提供公共服务造成服务的碎片化,也模糊了地方政府的治理责任,因为地方政府虽然将地方的一些公共服务交由私人部门来管理,却不能将地方政府的责任全部交由私人部门。

三、质量竞争:顾客取向的地方公共服务供给模式

冷战结束后,两极意识形态迅速消失,英国外交政策的固定框架被打破,并没有形成新的政治秩序,英国的外交陷入了无序状态之中。而冷战后的全球化进程和欧洲一体化进程加快,资源分配更加有效,人们更加注重对国内民众生活品质的追求。20 世纪 80 年代公共服务供给的市场化改革,一定程度上解决了公共部门的经济与效率问题,但也损害了地方公共服务供给的公平与公正,公共开支的削减也牺牲了公共服务的质量,市场取向与公共价值的增加之间存在着紧张的关系。在私有部门通过竞标参与到地方公共服务的过程中,地方政府开始吸收私有部门提供服务的理念,把服务对象视为"顾客",扭转服务提供者在公共服务提供中居于主导地位的局面,征求服务对象对公共服务的意见,并让其参与到服务决策过程中。以教育服务为例,学生可以自主地选择学校,学校视学生为顾客,依据学生的需求来更好地提高教学质量。

1988 年,为了确保公共服务的质量,内阁办公厅发布《服务于公众》(*Service to the Public*)的文件,为在公共部门中发展以顾客为取向的管理提供了蓝图。在这种背景下,20 世纪 90 年代开启了以顾客为取向、旨在提高地方公共服务质量的服务供给改革,其中公民宪章运动(The Citizen's Charter)和竞争求质量运动(Competing for Quality)最具代表性,是英国新公共管理改革进一步深化的产物。

公民宪章运动是约翰 · 梅杰(John Major,1990—1997 年任首相)政府发起的旨在提高公共服务标准、质量和效能的服务供给改革运动,是 20 世纪 90 年代政府政策的核心。1991 年 3 月,梅杰在绍斯波特(Southport)的保守党核心会议(the Conservative Central Council)上发表演讲,发动公民宪章运动。在演讲中,梅杰讲道:"公民宪章运动将为提高整体公共服务的质量而

运作,给予那些寻求更高标准的服务使用者支持。这些依赖公共服务的人们(病人、乘客、父母、小学生、领取社会福利的人)都必须了解自己的身份,明白他们有权力获得什么样的服务。"①中央政府在内阁办公厅下专门成立了公民宪章小组(Citizen's Charter Unit),并任命健康部部长威廉·沃尔格雷夫(William Waldegrave)为宪章部长(Minister for the Citizen's Charter),专门负责宪章的实施、发展和协调工作。同时还成立了公民宪章顾问小组(the Citizen's Charter Panel of Advisers)供首相和宪章部长商讨宪章事宜。

1991年7月,政府发布《公民宪章白皮书》,指出公民宪章就是用法律或部门承诺的章程即宪章的形式,把公共部门服务的内容、标准与责任等公之于众,并接受公众的监督。适用范围就是一般的公共服务,也包括医疗、教育和文官系统提供的服务。主要针对具有一定垄断性质的公共服务,例如,铁路、水电部门和邮政等服务,城市交通和卫生等非营利性公共服务,户籍管理与执照核发等管制性公共服务。② 各公共服务部门均要设定"消费者"满意的服务标准和目标,如果"消费者"不满意,要告诉他们投诉的渠道和获得赔偿的方式,同时各公共服务部门要将其绩效表现向公众公开。各服务部门可依据自身实际情况灵活设计宪章的具体内容和实施时间,《公民宪章白皮书》并不是要给予每个服务规定统一的形式,也没有法定的宪章架构或补偿机制,只是设定增加服务选择性、提高服务质量、服务价值和可问责性的手段。但公民宪章必须基于以下六个原则来设计③:

①公共部门制定明确的服务标准和目标,并公布完成这些标准和目标的绩效。

②在设定服务标准时,要与服务的使用者进行协商。

③用最简洁的语言阐明可提供的服务的基本信息。

④为消费者提供彬彬有礼和高效的服务。

⑤设定有效的投诉服务,并采取一些手段进行独立的评估。

---

① Antony Seely, Peter Jenkins, *The Citizen's Charter*, Research Paper 95/66, House of Commons Library, 25 May 1995, p. 1.

② 参见周志忍:《当代国外行政改革比较研究》,国家行政学院出版社,1999年,第118页。

③ Robert Leach, Janie Percy - Smith, *Local Governance in Britain*, Palgrave, 2001, p. 171.

⑥确保绩效评估的独立性,并明确金钱的价值。

公民宪章并不是一个单独的宪章,大多数公共部门都可以依据上述六个原则制定自己的宪章,例如病人宪章、乘客宪章、父母宪章、法院宪章、纳税者宪章、求职者宪章等。地方政府各部门也出台了一些具体的服务宪章。截至1996年,已发布42个公民宪章。政府随后又发布了一系列报告:《公民宪章指南》《1992年公民宪章首次报告》《1994年公民宪章第二次报告》《1996年公民宪章:五年回顾》。这些报告更加详细地阐明了宪章的具体信息和在实践中实施宪章原则的情况。

1998年工党重新发起公民宪章运动,但"在本质上其实都是一个非常狭隘的用户至上主义者的公民权概念,消费者价值代替了民主价值"①。2006年地方政府白皮书《强大和繁荣的社区》(*Strong and prosperous communities*)提出地方邻里宪章(*Local charters for Neighbourhoods*),用于设定服务标准,以及地方公众期待从地方当局获得的优先服务。这一宪章是社区、地方当局与服务提供者三者对话的结果,提高了邻里或教区规划运作的过程。② 以英格兰北部城镇博尔顿(Bolton)为例,地方居民和服务提供者在邻里管理者的指导下,协商达成《安全和清洁宪章》(*Safe and Clean Charter*),明确了责任、服务标准和与居民的主要联系。自2003年以来,地区居民的满意度提高了16%,对垃圾处理的不满意度下降了18%。③ 总之,这些地方宪章的实施改善了地方环境、增强了社区安全、提高了居民的满意度。

公民宪章运动的成功之处在于使公共服务标准化与公开化,使公共服务变得更规范、可测量与透明,这为非营利组织提供公共服务奠定了基础。公民宪章运动在国际上的影响力很大,很多国家到英国考察公民宪章的效果,截至1996年,15个国家效仿英国,制定与英国公民宪章运动相类似的公共服务承诺制度,例如,法国和比利时颁布的"公共服务宪章"。美国前副总

---

① [英]戴维·威尔逊、克里斯·盖姆:《英国地方政府》(第三版),张勇等译,北京大学出版社,2009年,第375页。

② Department for Communities and Local Government, *Strong and Prosperous Communities*, HMSO, 2006, p.41.

③ Ibid., p.42.

统阿尔·戈尔(Al Gore)在其政府改革报告中特别强调"顾客至上"原则,具体要做到:倾听顾客声音,让顾客自由选择;服务组织进行竞争;创造市场动力;利用市场机制解决问题。1993年,美国政府部门制定了顾客服务标准来贯彻戈尔"顾客至上"的原则。[1] 不足之处在于《公民宪章白皮书》阐明要给予公民更多的权力,但不涉及公民的政治权力,明确将公民视为服务的消费者。

竞争求质量运动是梅杰政府继公民宪章运动后,进一步推动以顾客满意为核心的旨在提高公共服务质量的改革。公民宪章运动的核心就是提供最优质的公共服务,使其与纳税人的金钱价值相当。为了实现这一原则,广泛的竞争是关键。于是1991年11月梅杰政府发布《竞争求质量白皮书》,进一步深化公共服务提供中的竞争观念,并尝试将竞争机制制度化。竞争并不一定意味着要选择最廉价的服务,而是将质量与价格兼顾以提供最符合金钱价值的服务,《竞争求质量白皮书》确保这样的竞争更容易实现,使竞争更加公平和开放,[2]并确立了竞争求质量运动的三个目标:使政府机构把精力集中于核心事务;在公共服务提供领域引进更多的竞争和选择;改善服务标准。[3]

市场检验(market testing)是竞争求质量运动推崇的竞争方式,是对内部和外部服务承担者进行比较以检验资金价值的过程,由内部承担的服务也要向竞争者开放,无论最后的结果是合同外包还是内部继续承担,市场检验能够确保以最佳的方式提供公共服务,实现公共资金的最大价值。[4] 为了使以顾客为取向的公共服务供给改革真正能够改善服务质量,英国地方政府做到了制度上的承诺,提出了质量控制(quality control)、质量保证(quality assurance)和全面质量管理(total quality management)三种提高地方服务的手段。质量控制是发生在服务已经提供或准备提供后的一种检验,目的是以先前制定的标准来衡量绩效从而确定服务提供过程中任何的失误率;质量

---

① 周志忍:《当代国外行政改革比较研究》,国家行政学院出版社,1999年,第134页。
② House of Commons, *Competing for Quality*, 1991.
③ 参见陈天祥:《新公共管理》,中国人民大学出版社,2007年,第79页。
④ 参见周志忍:《当代国外行政改革比较研究》,国家行政学院出版社,1999年,第142页。

保证是为了终止以低于服务标准提供的服务,设计服务提供的系统和程序以确保服务标准;全面质量管理是为了使服务质量成为地方当局整个组织文化的驱动力的方法,涉及整个组织、每个部门、每个活动、每个人。①

此种公共服务的供给模式打破了传统公共服务供给以服务提供者为核心的模式,开始回应服务使用者的需求。以顾客取向的地方公共服务供给改革提高了地方公共服务的质量,但将居民视为为服务的使用者,其次才是公民的做法也同时剥夺了居民的很多政治权力。

四、网络治理:合作取向的地方公共服务供给模式

在后冷战时代,世界格局走向多极化,英国在外交上不断调和欧洲派和大西洋派。一方面,布莱尔与克里顿的个人关系亲密,两人在双边关系和意识形态方面持一致的政策立场,"英美特殊关系"持续进行。另一方面,布莱尔政府开始采用更积极的欧盟政策,推动《马斯特里赫特条约》的达成。此外,英国政府还与非政府组织、跨国公司等展开合作,开启了多边合作的新模式。在地方公共服务供给方面,英国地方政府也注重多元主体的合作,尤其是更加依赖与欧盟的合作。1979 年撒切尔政府开启了地方治理的新时代,但此后一段时间更加强调的是私人部门和志愿部门对公共服务的参与。1997 年托尼·布莱尔(Tony Blair)任首相,其组建的新工党政府认为自 1979 年以来新公共管理改革过分强调竞争,忽视服务提供主体之间的合作,形成了碎片化的地方治理模式。布莱尔的改革以"第三条道路"作为理论基础,并没有全盘否定撒切尔政府的私有化措施,保留了撒切尔治理理念中的市场机制,但同时又强调政府在治理中要发挥主导作用和有效的干预,很好地处理了国家、市场、公民社会的关系。

与撒切尔政府在地方公共服务改革中引入企业和私人部门的政策相比,布莱尔政府的改革更多致力于在各治理主体间建立新型合作伙伴关系,

---

① See David Wilson, Chris Game, *Local Government in the United Kingdom (fifth edition)*, Palgrave Macmillan, 2011, p. 372.

建立纵向与横向相结合的地方网络伙伴体系,开始强调治理主体之间的合作,试图通过合作取向的地方公共服务供给改革来解决竞争带来的影响,通过"现代化"的总改革口号为人民创造更好的生活。以教育服务为例,私人部门可以赞助学校,与地方政府合作来共同管理学校,这打破了原来中央政府通过教育部等部门直接管理教育局的垂直关系。2001年的"地方战略伙伴"计划(Local Strategic Partnership,简称 LSPs)专门规范治理主体之间的伙伴关系。为了协调各机构之间的矛盾,布莱尔政府还建立很多交叉机构,这有益于实现对各部门的管理与控制。

地方公共服务供给改革以合作为发展取向于1999年3月在布莱尔政府正式发布的白皮书《政府现代化》(Modernising Government)中明确提出,白皮书致力于打造一个更加注重结果、公民需要、合作并有效地使用新技术的信息化时代政府,还试图解决以顾客取向为核心的地方公共服务供给中完全将人民视为消费者的问题,指出未来的改革在把人民视为消费者的同时,也要把人民视为公民,使政府成为更好的政府,成为人民的政府。在白皮书中,内阁部长杰克·坎宁安(Jack Cunningham)指出:"政府的服务是最好的,能够真正反映人民的生活,提供人民真正需要的服务。为了提升政府提供服务的方式,需要政府的各部分更好地一起运作,需要一个合作的政府。"[1]现代化政府有三个主要的目的:①确保政策制定更具有合作性和战略性;②确保以公共服务使用者为核心,而不是提供者,以使服务更加接近人民的生活;③提供高质量和高效率的公共服务。[2]

在横向网络关系中,地方政府主要与私人部门和志愿部门展开合作,与私人部门主要通过私人主动融资模式(Private Finance Initiatives)在基础设施服务领域合作,与志愿部门通过政府和志愿及社区部门的关系协定(COM-PACT)来规范合作关系。2010年戴维·卡梅伦(David Cameron,2010—2016年任首相)政府时期奉行"大社会"治理理念,此种理念突出了志愿部门的重要性,促进了地方政府与志愿部门的进一步合作。此外,地方政府还与大量准地方自治机构(Quangos)、公民进行合作。公民主要通过"携手共建"政策

---

[1][2]　Cabinet Office, *Modernising government*, Cm4310, March 1999, p.5.

(Together We Can,2004 年)积极参与到地方公共服务提供中。2016 年特蕾莎·梅(Theresa May)上台执政后,奉行"中间路线"的治理理念,其在就职演讲中谈道:"政府会服务每一个人,给予民众更多的自主权。"这使得公民拥有了更多与地方政府合作提供公共服务的机会,

在纵向网络关系中,地方政府可以与中央政府、欧盟等合作,主要是与中央政府之间通过一系列协议来合作。布莱尔政府以"最佳价值"政策取代强制性竞标制度,更加注重治理主体之间的纵向合作。1997 年 6 月中央政府发布了实行最佳价值的 12 条暂时性原则[①]:

①最佳价值的责任就是使地方当局对地方人民负责,把地方人民视为纳税人和地方当局服务的顾客。绩效方案应该有助于地方对全体选民负责。

②最佳价值要达到的目的不仅包括提高地方服务的经济和效率,而且还要提高地方服务的效能和品质,因此目标和绩效的设定应该支持这一新制度。

③最佳价值适用的服务范围将比强制性竞标所覆盖的要广泛。

④服务的提供不必一定是私有化的,也不强制地方议会将其服务进行竞标,但是如果有其他更加有效的服务提供方式,也没有理由非要坚持服务由地方政府直接提供。重要的是适合且有效的服务提供,做到物有所值。

⑤竞争将继续作为一个重要的管理工具,可以检测最佳价值,也是绩效方案中的一个重要特征。但竞争不再是唯一的管理工具,竞争本身并不足以表明最佳价值已实现。

⑥中央政府将继续设定服务提供的基本框架,某些领域将包含国家标准。

⑦具体地方目标须参照国家目标,详细的指标地方当局之间可以进行比较。

⑧国家目标和地方目标都应依据绩效信息而定,这在任何情况下都需

---

① Department of the Environment, Transport and the Regions, *Modernising Local Government: Improving Local Services Through Best Value*, HMSO, 1998, p. 9.

要好的管理者。

⑨审计过程应确保绩效信息的完整性与可比性。

⑩审核者将公开报告最佳价值是否已经完成,并且应该提出建设性的补救行动方案,将包括合适的改善目标以及报告完成方案的进度。

⑪当一个地方当局实施最佳价值失败,在审计委员会的建议下,国务大臣将会干涉地方服务提供。

⑫干涉的形式要依失败的性质而定。

1998年3月,环境、交通和区域部专门发布《地方政府现代化:通过最佳价值提高地方服务》的文件(Modernising Local Government: Improving Local Services Through Best Value),详细阐述最佳价值的理论和实践,将上述的12个原则纳入其中,核心原则为"挑战、比较、协商和竞争",最佳价值绩效框架可参看图1,这个框架确立了一套新的国家与地方绩效指标系统,并有独立的审计和督查机构支撑。

《1999年地方政府法案》(Local Government Act 1999)最终确立了最佳价值制度,取消了撒切尔政府时期实行的强制性竞标制度,更加强调用责任取代后者中的强制性要求。两者目的相同,都是为了提高地方服务的质量,但实现途径却不同。最佳价值减少了对市场模式的依赖,中央政府的干预增多。两者的主要区别在于:①最佳价值计划适用于地方政权的所有职能,而强制性竞标只适用于地方政权的部分有限职能。②最佳价值计划要求对所有服务展开一个循环的绩效审查,而强制性竞标主要由市场来检测某些服务。③最佳价值计划的核心是允许消费者咨询,而强制性竞标是不允许的。最佳价值计划也允许强制性竞标的市场试销或合同外包,但更注重政府与私营部门或志愿组织形成新型的合作伙伴关系。④最佳价值计划实行了一项新的督查服务,并给予中央政府一定的干预权力确保最佳价值的实行,防止服务失败。①

对最佳价值的评价得到了很多积极回应,多数受访者认为最佳价值渐

---

① 参见[英]格里·斯托克:《转变中的地方治理》,常晶等译,吉林出版集团股份有限公司,2015年,第78页。

进地改进了地方公共服务提供的效率和品质。但也有受访者认为最佳价值绩效考核耗时长(完成一项考核需近10周),审核程序复杂(审核文件和报告、深度访问、起草发现的问题、提交给上级管理者等),费用较高,员工满意度和公平性也不是很理想,此外,中央政府的评估给地方政府造成了很大的负担。在最佳价值实施8年后,许多地方当局不愿意继续走服务外包的路线,只是在理论上表达最佳价值而不是在实践中去实施。①

其实,最佳价值本身就存在一定的矛盾,一方面要符合国家的统一标准,另一方面还要依据地方政府自身情况设计标准,地方当局首先要接受中央政府的指导,其次才考虑服务的质量与效率,中央与地方之间存在潜在的冲突,两者如何有效合作、寻找平衡点,是最佳价值面临的挑战。最佳价值追求高品质的地方服务,但提供服务的成本并没有显著增加,如何在不增加成本的前提下提供高品质的服务是最佳价值面临的又一挑战。

2001年的白皮书《强有力的地方领导力》(*Strong Local Leadership—Quality Public Services*)倡导开始实行地方公共服务协议计划(Public Service Agreements,简称PSAs),进一步明确了地方政府提供服务的绩效标准。2007年的地区协议(Local Area Agreements,简称LAAs)进一步协调地方公共服务供给伙伴之间的关系。2010年卡梅伦任联合政府首相,颁布了2010年地方主义法案(*The Localism Bill 2010*),要更加以地方真正的需要为核心来提供公共服务。地方政府协会提出了新的改进公共服务的框架来代替综合绩效评估项目和地方区域协议,新的框架将简化检查机构,并设定严格的自我规制,包含每三年的同行评审。

学者们对地方公共服务供给改革中合作的看法不一。乐观者发现了合作性政策网络的诸多机会,可以鼓励更多的公私合作,有效动员与利用更多的资源,鼓励人们参与其中,地方治理的前景就是一种要求各方具有良好沟通策略的双赢的协作关系,为人们提供更好的服务。悲观者则不看好各服务提供主体之间的合作,认为其中各方都将追求自己的利益,按自己的组织

---

① See Tony Bovaird, Developing New Forms of Partnership with the "Market" in the Procurement of Public Services, *Public Administration*, Vol. 84, No. 1, 2006, pp. 81 – 102.

习惯行事,也不能有效地承担责任,合作只具有象征意义不会提供太多有价值的资源。[①] 在实际的运作中,各服务提供主体远远比我们描述的还要复杂。各服务提供主体间有合作,也有竞争。如何衡量服务效果,明确各服务提供主体的责任是网络化伙伴关系未来有待解决的难题。

五、结　语

后冷战时代的英国治理,在全球化和欧洲一体化的影响下开始具有融合性,体现为多层级治理的特征:一方面,注重与其他国家或国际组织的合作,尤其是与美国和欧盟之间的合作;另一方面,又注重本土安全建设,将国家利益放在第一位,为公民提供更好的服务。在地方政府层面,英国政府打破了冷战时期要么以政府为中心,要么以市场为中心的公共服务供给模式,后冷战时代的英国地方处于地方治理体制下,发生了几次有重要影响的地方管理改革,使得地方公共服务供给方式产生重大变革。英国不同政府执政时期奉行的治理理念不同,改革的理论基础不同,使地方公共服务供给具有明显的阶段性特征,呈现出福利型、市场取向、顾客取向和合作取向的地方公共服务供给模式。20 世纪 80 年代的地方公共服务供给改革以市场取向为核心,政府实施了强制性竞标制度,主要是为了解决财政危机、缩减服务成本,试图通过地方公共服务的市场化来提高地方服务供给的效率。90 年代以顾客取向为核心,政府开展了公民宪章运动和竞争求质量运动,进一步满足民众的愿望与需求,更加注重地方公共服务的质量。进入 21 世纪,以合作取向为核心,地方政府与私人部门、准地方自治机构、志愿组织、中央政府等合作共同提供公共服务,政府实施了公私合作制、私人主动融资模式、政府和志愿及社区部门的关系协定、最佳价值计划为代表的绩效评估、与地方政府签订地方公共服务协议和地区协议,以“现代化”的改革口号为地方居民提供更加民主和优质的服务,为人民创造更好的生活。

---

① ［英］比尔·考克瑟、林顿·罗宾斯、罗伯特·里奇:《当代英国政治》(第四版),孔新峰、蒋鲲译,北京大学出版社,2009 年,第 503 页。

　　但由于英国政党的执政理念逐步趋同,存在很多共识政治现象,以及受英国包容性和试错性的政治文化影响,又不能将英国的地方公共服务模式变化简单地理解为前一时期的地方公共服务供给模式被一种新的和完全不同的模式所取代,只是某一种供给模式在一个时期内更加突出。事实上,后一种模式更多的是对前一种模式的延续和借鉴。当前的地方公共服务供给模式既有政府直接提供服务的传统福利型服务供给特征,也保留了撒切尔政府时期重视效率的竞争型服务供给、梅杰政府时期重视质量的顾客型服务供给、布莱尔政府时期重视合作的网络型服务供给、卡梅伦政府时期重视责任的社会型服务供给。这些供给模式与特蕾莎·梅政府积极强调的赋予公民更多自主权参与地方公共服务供给的模式相互并存,使得后冷战时代的英国地方公共服务供给更具有多元性,是多种特征的混合,多元模式的融合和累加。良好的地方公共服务供给模式应该是"有为政府"指导和监督服务供给,"有效市场"创造竞争性的服务供给,"多元供给主体"各负其责的合作,"有权公民"积极参与服务供给的建设。

　　党的十九大报告指出群众在就业、教育、医疗、居住、养老等方面面临不少难题,国家治理体系和治理能力有待加强,必须着力加以解决,着力解决好发展不平衡不充分问题。中国可以学习英国地方公共服务供给的多元累加治理模式,在现代化程度不同的地区,适用不同的模式。从现代化向后现代化转型的东部地区,可以借鉴英国的网络治理,地方政府可以与私人部门、志愿部门和公民进行合作,共同为地方居民提供优质的公共服务;在中西部仍在现代化发展过程中的地区,中央政府可以给予地方政府更多的资助,可以借鉴英国的福利型和私有化型的地方公共服务供给模式。总之,各地方政府不必拘泥于以怎样的模式来提供服务,应该基于自身的现代化程度选择适合发展的服务供给模式,以多元的服务供给方式满足居民的多种服务需求。

当代墨西哥脆弱整合现状分析

——基于新自由主义与民主化改革以来的历史与现实

陈翔宇

（天津师范大学政治文化与政治文明建设研究院）

[**内容摘要**]20 世纪七八十年代,墨西哥开启了经济上的新自由主义与政治上的民主化改革的尝试。然而,政治经济体制转轨后的墨西哥并未按照理想蓝图的规划发展演进。一方面,墨西哥民族问题依然存在;另一方面,政党政治以及经济政策选择的变化又带来了政治、经济、社会层面的诸多新问题、新挑战,央地关系处于局部对峙的状态,中央权力甚至无法向地方完成有效渗透,最终在改革过程中于族际关系、政体结构、社会治理三个维度上受挫,由此可见,墨西哥的国家整合的基础不稳固,甚至变得更加脆弱了。

[**关键词**]脆弱整合　改革　族际关系　政体结构　社会治理

政治整合从来不是静止的,维护政治整合的长期性与稳定性,是多民族发展中国家一个长期而艰巨的任务。[①] 20 世纪在革命制度党大部分时间的威权主义统治下,墨西哥以统合主义作为连接政党与社会、国家与劳资双方的纽带,经济上奉行进口替代的经济政策,在保持政治与社会的稳定的同时,创造了长达三十年经济中高速增长的"墨西哥奇迹"。然而面对上 20 世

---

① 参见常士闇:《国家性建设与多民族发展中国家政治整合》,《思想战线》,2016 年第 1 期。

纪七八十年代国内国际局势的变化,革命制度党不得已开启了政治经济体制改革,转轨后的墨西哥在国家整合方面遇到了不小的挑战。首先在族际关系层面,旧有的墨西哥主体民族与作为少数的印第安族群间的文化与利益冲突仍未得到妥善解决,少数族群对于自身族属身份认同愈强而对国家认同愈弱;其次,政体结构层面,由一党威权制向多党竞争制度的转变则使过去运行七十余年的统合主义结构失去了生存的土壤,政党与社会的联系受到削弱,党派之间围绕制度框架甚至"越轨"的党争引发了一系列的政治不稳定现象;最后,社会治理层面上,受自由主义经济政策与国家行动党执政期内所发动的"毒品战争"影响,贫富分化以及毒品、暴力等城市问题进一步恶化。最终,以上民族、政治、经济社会问题的合力导致了墨西哥国家权威与国家实力的衰弱,在紧张对峙的央地关系中,墨西哥国家主权呈现碎片化,政治整合的基础十分脆弱。

一、仍待完善的族际政治整合

墨西哥是一个种族高度融合的国家。尽管具有鲜明的种族多样性特征,但在经过数百年的通婚、非婚的两愿结合①与文化的交融后,各族群的血统与文化特征早已不再壁垒分明。一个占总人口比例约二分之一至三分之二的美斯蒂索人②(Mestizos)群体在以西班牙裔为主的欧洲人与当地土著混血的基础上产生,其自身携带的民族特质与文化因素也在这一过程中相互混合,在此基础上墨西哥人逐渐形成了自身的国族认同③。诚然,相较于实行"印第安保留地"政策的巴西、美国等其他域内大国,墨西哥在民族融合,尤其在与印第安土著民族的融合方面要优秀许多,与其他深陷主体民族与亚民族冲突、纠缠泥淖的多民族发展中国家相比,其民族问题也不甚突出。

---

① 两愿结合对于墨西哥混血人种的快速增加具有重要意义,大量的非婚生子成为一夫一妻制下混血儿产生的另一种补充方式。

② Mexico – Ethnic groups, https://www. britannica. com/place/Mexico/Ethnic – groups, 2018 – 12 – 06.

③ Hall Steckel, Richard; R. Haines, Michael, *A population history of North America*, Cambridge University Press, 2000, p. 621.

但整体或表面的波澜不惊掩盖了其内部的涌动暗流,根植于墨西哥历史现实的作为少数的印第安族群的文化、利益不受主体民族重视,甚至被压制的情况,自20世纪末期开始已经愈来愈多地受到来自印第安土著群体的抵制与冲击。

由于血缘上高度混血融合,当代印第安人的民族认同更多地体现在其心理与语言文化认同方面。作为墨西哥民族的两大主体族群之一,印第安人由五十多个原住民族组成,[①]根据不同划分标准,其具体人数及在全国人口中所占比重不同,如果以讲土著语言的能力作为界定标准,其比例为5.4%,使用种族自我认同作为标准则占14.9%,而将认为自己部分是土著人的人口也包含在内的话,这一比例就达到了23%。[②] 尽管在里克·巴伦西亚与罗·斯塔维哈金等墨西哥学者的看来,墨西哥的印第安族群具有既是某一群体的成员,又是墨西哥民族中一员的"双重身份",[③]但这种平行的身份结构并不稳固,在面对来自统治族群的诸如文化的压制与同化、利益的忽视与侵犯时,后者更多地会向前者并靠,激荡的民族主义情绪此时也就像滔天洪水一般淹没了理性的国族认同。

正如海啸的巨浪由海底地壳碰撞挤压所致,在未至海岸前不过是三五米的水波,但是一旦翻滚着抵近大陆沿岸,则一拱而起,数十米的水墙拍下对临海城市,往往造成毁灭性的打击一样,印第安民族主义的崛起也拥有一个两方势力挤压碰撞的动因,也是一个日积月累的漫长过程,而在积蓄到一定程度时,同样只需一个"临岸"契机便会一股脑爆发出来造成巨大影响,甚至破坏。长久以来,印第安群体利益诉求的核心无外乎两个方面,即事关语言、教育等问题的文化层面,与涉及土地、资源与民族自治的政治经济要求。其中前者在自16世纪以降的漫长历史中,历经从民族同化到逐渐承认民族多元化、保护原住民民族语言的一系列政策影响,截至今日已基本得到解

---

① 其评估数量仍变动不定,早先比较主流的观点是墨西哥学者恩里克·巴伦西亚与罗·斯塔维哈金等人主张的56个之说,其主要根据语言进行划分,当然,有些语言只是方言上的区别。

② Encuesta Intercensal 2015, https://www.inegi.org.mx, 2018 - 12 - 06.

③ [墨]罗·斯塔维哈金、陈志远:《墨西哥和拉丁美洲的民族问题》,《民族译丛》,1984年第6期。

决。20 世纪 70 年代末 80 年代初,是继续奉行同化或一体化政策、推行西班牙语化,还是承认多语言多文化的现实、积极保护少数族群语言文化的观点政策之争,伴随国内"印第安主义"(indianismo)的崛起和原住民运动的出现,以及国际上包括第八届美洲本土化会议对民族一体化政策修改的议案的通过与日内瓦国际劳工组织会议上"169 号公约"对原住民族的承认而日趋白热化。在这一过程中,胜利的天平逐渐向后者倾斜,墨西哥当局在巨大的内外部压力面前不得不承认本国多语言多文化的现实,转而推进多语言教学改革,承认各印第安族群有权使用母语参与司法事务。① 1994 年恰逢帕斯州萨帕塔民族解放军(EZLN)武装起义,进一步倒逼当局做出相应改革回应,双方于 1996 年签订《圣安德烈斯协议》(San Andres Larraínza Accords, Acuerdos de San Andres Larraíza)。协议的签订,标志着双方就印第安人享有的政治、社会、经济、司法、文化等权利达成共识,印第安人可以参与管理地方政府事务。② 2003 年,作为近代墨西哥最重要语言法律的《印第安民族语言权利基本法》(General Law of Language Rights of Indian Nations)颁布,该法对印第安语的地位、使用、保护发展以及相应的实施策略做出了细致明确的规定,为保护印第安人语言权利、促进土著语言的使用与发展提供了法理上的支持与保证。进入 21 世纪以来,原住民族的语言文化传统已经越来越多地得到来自官方的尊重与保护,在主体民族与亚群体之间文化的统一与多元的关系得到有效处理后,印第安族群对于自身政治经济利益的诉求无疑成了当下墨西哥最突出的民族问题。

这一阶段双方斗争的焦点主要围绕印第安族群自治权利问题展开,以印第安人对政府政策选择(主要为新自由主义政策)所导致的自身贫困状态进一步恶化以及自身土地、资源的所有权与处置权之实在性受到冲击的不满为表现形式。20 世纪 80 年代,出于缓解国内经济危机的考量,墨西哥开

---

① Rainer E Hamel, Linguistic Rights for Amerindian peoples in Latin America, Tove Skutnabb – Kangas And Robert Phillipson(eds.) , *Overcoming Linguistic Discriminations* , Mouton de Gruyter, 1994 , p. 303.

② Roland Terborg, Laura García Landa, Pauline Moore. The Language Situation in Mexico, *Current Issues in Language Planning* ,2006 ,(4) :442 – 443. 转引自李丹:《夹缝中生存的墨西哥印第安民族及其语言——墨西哥语言政策研究》,《北华大学学报(社会科学版)》,2014 年第 15 期。

始由进口替代工业化向新自由主义出口导向型经济转变,在德拉马德里与萨利纳斯两届总统任内,墨西哥相继加入"关税与贸易总协定"与"北美自由贸易协定"等国际或地区多边经济组织,然而失去了政府对农产品最低价格保护与相应补贴的农业在国门开放的过程中最先受到冲击,大批小农场主破产。另外,为适应即将生效的北美自贸协定的需要,政府还对宪法第 27 条做出修改,并颁行新的农业法。新农业法旨在通过土地经营的相对集中以吸引对农业的投资,①为此,其不仅放宽了私人拥有土地的范围,还结束了自 1915 年以来所实行的土地分配政策,并允许集体土地所有制向私人所有制转变。随着传统村社土地所有制的废除,集体土地不再不可转让,土地兼并以及良田的旁落使得"大批印第安村社在这一过程中瓦解,原住民失去土地"②。对政策影响最为敏感的当属位于墨西哥东南的恰帕斯州,受制于恶劣的自然条件与贫瘠的土壤状况,该州一直以来都是墨西哥最为贫困的州。占全州人口 30% 以上、拥有 14 个印第安民族的原住民生活则更加贫困。③州内原住民族多以种植玉米、咖啡等农作物为生,尽管咖啡等热带经济作物种植在北美自贸区成立后受影响不大,但玉米种植却未能幸免,失去保护的玉米种植在北美低廉玉米价格的冲击下损失惨重。不仅如此,受之前土地分配政策落实无效与 90 年代该政策直接取消的影响,人口不断增多的印第安村社的人均土地面积亦在持续减少。在土地资源的匮乏与外部价格冲击的合力作用下,恰帕斯农民的生存状况不容乐观。而作为墨西哥民族问题最为严重的州,恰帕斯的问题又不仅局限于此,几乎所有的民族问题在其身上都能找到反映。自然资源方面,法理上的原住民对所居土地上自然资源的享有权与实际的资源开发之间存在矛盾。原住民因不满国家将土地与

---

① 刘学东:《墨西哥土地制度改革与土地城市化进程评估》,《江苏师范大学学报(哲学社会科学版)》,2015 年第 5 期。

② Reding, Andrew A. Fragile Stability: *Reform and Repression in Mexico under Carlos Salinas*, *Mexico under Salinas*, North America Project: World Policy Institute at the New School for Social Research, 1992, 186.

③ John Holloway & Eloína Peláez, Zapatista, *Reinventing Revolution in Mexico*, Pluto Press, 1998, p. 21.

各种资源的开发权彻底转卖给资本市场,①且担心"国家或企业能否认真考虑当地民众的利益"②,抗议不断。

正是出于对国家在以上方面相应举措的不满,近年来恰帕斯原住民谋求民族自治或者区域自治权利的行动从未停止。发生于1994年元旦的恰帕斯州农民武装暴动是积压已久的多重矛盾的一次总爆发。作为暴动主导者的萨帕塔民族解放军(EZLN)占领了一些重要城镇,宣称为夺回印第安人失去的土地,摆脱贫困、饥饿和落后而斗争。③ 此后两方签订的《圣安德烈斯协议》,由于国会拒绝批准而未能兑现,萨帕特武装随即开启了以所占印第安村社为基础的自治实践,以此为借鉴,其他处于非萨军势力范围的国家统治区域内的印第安社会组织也相继展开了自身的自治实践活动。印第安自下而上的政治实践被以印欧人为主体的统治阶层视为实在的威胁,是对国家主权与自身统治的挑战。对此,政府尽管在表面上不得已赋予了印第安人有限的自治权力,但是对于萨帕特自治区以及其他国家统治区域内的自治实践却一直未予承认,甚至暗中联合、扶植其他准军事团体,以图通过一系列恐怖、暴力的行动达到在身体与心理两方面击垮自治村社的目的。然而,政府此举不仅是掩耳盗铃,更无异于舍本逐末。将自己从暴力的直接过程中抽离并不能使当局摆脱疚责;单纯依靠暴力、制造冲突也不会使已经壮大的印第安主义偃旗息鼓,使自治区解体消失。双方斗争的焦点表面在于自治,其根源却是长久以来存在的不平衡的族际利益分配格局。如果原有格局不被打破,不从根本上尝试改变印第安族群弱势的政治经济地位,而仅仅抓住"自治"不放,少数族群对于建基于平等公民权利的"赞同性国家认同"④自然无法得到建构,对现有民族关系中多元与统一的症结的改变或许就只会在无休止冲突内耗的死循环中打转,国家主权的重归完整与族际关

---

① 张青仁:《墨西哥恰帕斯州印第安问题及其治理失效的原因》,《世界民族》,2017年第2期。

② 田小红:《拉美左翼运动的新探索——略论20世纪40年代以来的墨西哥社会运动》,《当代世界与社会主义》,2015年第3期。

③ Lynn Stephen,The Zapatista Army of National Liberation and the National Democratic Convention,*Latin American Perspectives*,1995,22(4).

④ 肖滨:《两种公民身份与国家认同的双元结构》,《武汉大学学报(社会科学版)》,2010年第1期。

系的重新整合便无从谈起。

另一方面,少数族群的一系列或超越体制的利益诉求行为在实现对国家改革的倒逼的同时,也破坏了原有的族际政治整合的格局。原有的整合毕竟不是基于平等合作的有机整合,这种建立在强势一方对弱势一方的压迫、同化基础上的整合,在墨西哥这种亚族群实力与主要统治族群相差并不悬殊的国家或许能够维持一时的稳定,但从长远来看却必将引发亚族群的不满、抗争并导致族群间利益的重新洗牌。因此,少数族群的每一次斗争,实际上也是一个破坏原有脆弱不稳定整合,重新建构新的整合结构的过程。破而后立的墨西哥政治整合将不是对过去强制整合的简单复归,而是一种经历了正、反、合阶段后形成的新的民族共生互嵌的状态。这种状态即便仍无法回应、满足少数族群的自治要求,也已经是一个取法乎上得其中的结果,对于保持此后相当长一段时间内墨西哥国内族群关系的稳定和谐至关重要。

二、破裂的政治生态

在革命制度党的一党威权统治之下,墨西哥实现并维持了长达七十年的政治稳定,这在政变频仍,军政府众多的拉美地区实属罕见。这一过程中,互为表里的威权政治体制与统合主义结构无疑起到了至关重要的作用。然而,发轫于 20 世纪七八十年代的自由化与民主化改革冲击了墨西哥原有的职团结构与庇护体系,失去了群众基础优势的革命制度党在选举制度改革后进而失掉了政权。后统合时期的墨西哥,政党与社会互嵌关系的断裂导致国家与社会日渐脱离,而在一党威权向多党竞争的过渡适应过程中,多党竞争的极端化又导致了中央层面府院的牵制拉扯,与国家结构层面央地对峙及由此引发的国家实力的无力下渗等现象。

(一)国家与社会的疏离——由于统合结构的消亡

兴盛于 20 世纪二三十年代拉美地区的统合主义,一度被视作有别于自由主义散漫的多元论与马克思主义阶级冲突的第三条道路①,被广泛运用于伊比利亚半岛与拉美地区国家的政治实践。当代对统合主义所作界定引用最广的当属施密特之语。在其看来,统合主义可以被界定为一个利益中介的系统,各组织化的功能单位被纳入一个责任明确、数量限定、非竞争的、分层有序且功能分化的制度安排中,得到国家的认可或授权,并在利益表达、领导选任、组织支持方面接受国家的相对控制,以换取国家授权的、本领域内的、代表性垄断。② 这一基本反映了统合主义中威权统合主义所具有特点的理论总结,放在墨西哥的历史政治现实中亦无问题。

　　彼时的墨西哥,通过内置于革命制度党中的职团结构将分处这片土地上两端的国家与社会牢牢联系在一起。各职团在这一环节起着上传下达的传动作用,既具备利益代表与向政治体系利益表达的功能,同时又兼具国家政策执行工具的身份。通过这一结构形式,各利益群体尤其对立的劳资双方被纳入国家秩序的轨道,其诉求通过相应职团进行整合、表达,并得到回应,接受国家的仲裁、调和,既避免了马克思主义阶级冲突论下社会分裂对抗的局面,也防止了自由主义与个人主义可能导致的社会多元主体竞争、参与的无序与混乱,同时国家与社会也在政策"输入"与"输出"的有来有往的过程中日渐串联交错、深度整合。除此之外,国家通过给予职团一定的政治、经济实利,包括对职团负责人许以党、政、议会内的相应职务,赋予实际的政治权力(诸如土地分配权就一度交由全国农民联合会行使),以及给予经费、福利、补贴等物质保障等手段,达到了将职团以及职团中成员拢合控制的目的。工人部与农民部上下的成员都或多或少从这个结构中受益,受益少的受收益多的负责人管控,即有些许不满也尚处可控,普遍得利的职团投桃报李,自然要回应制度党政府以相应的合法性支持,并对自身所在组织"严以约束"。在统合主义与职团庇护体系最为鼎盛的几十年间,墨西哥历史上频繁起义的农民成为体制坚定的支持者,工人罢工被工人联合会置于

　　① [美]威亚尔达:《非西方发展理论——地区模式与全球趋势》,董正华、昝涛、郑振清译,北京大学出版社,2006年,第70页。

　　② Philippe C. Schmitter, Still the Century of Corporation? in P. C. Schmitter and G. lehmbruch, eds, *Trends Toward Corporatist Intermediation*, Sage, 1979, p. 13.

可控之秩序框架中,国家社会整体上保持一种高度的整合状态。

这一状态一直持续到自由化改革前夕。经济上,爆发于 1892 年的债务危机使得政府债台高筑,几大行业与职团的福利、补贴因此难以为继;而为重振经济,政府用新自由主义政策取代进口替代工业化战略的举措,也在吸引外国投资、为本国经济重新注入活力的同时,使得失去壁垒保护的本国工农业遭到国际廉价商品的巨大冲击。在政治方面,职团对于代表权以及某些特殊权力的垄断遭到来自社会以及国家的重创。一方面,这一时期新的社会组织与利益集团在职团之外迅速涌现,分流了一部分职团固有的组织功能;而另一方面,诸如新农业法的颁布这样的政策变动也在从顶部分解着职团的控制基础,随着土地分配的历史的终结,作为既得利益者的全国农业联合会由此失去了一项最重要权力。工农两业里无救兵、外临围剿,职团力量遭到"釜底抽薪",利益受到威胁后职团与国家貌合神离、渐行渐远也就不足为奇了。2000 年,墨西哥七十一年来首度政党轮替,而随着作为统合主义上位制度的威权体制的瓦解,作为中层制度的政党统合制度在"结构"意义上也就终结了。[①] 之后 12 年内执政的国家行动党作为精英主导的右翼政党,基层组织力量薄弱,自难担起重新黏合国家社会的重任,而革命制度党虽于 2012 年二度执政,但丢失了威权庇护下职团结构的制度党却已物是人非。面对日渐复杂化的国内政治经济状况,各政党显然都没能显示出令人满意的将国家社会重新整合的能力,反映在国家与公民的互动方面,则直接表现为公民的政治冷漠、政治参与尤其参与选举意愿的下降,[②]以及对政党的不信任。

(二)极端化的多党竞争

20 世纪 70 年代,墨西哥持续三十年的高增长状态结束,加之 80 年代债务危机与 90 年代金融危机的相继爆发,革命制度党一党威权体制所倚靠的

---

① 王季艳:《墨西哥政党统合制度研究》,武汉大学博士论文,2014 年。

② 2006 年与 2012 年总统选举弃权率分别为 41.45% 与 39.92%,相较于 1996 年威权时代 22.84% 的数值具有大幅提高。参见 Instituto Nacional Electoral(INE),"Estadísticas y Resultados Electorales",www.ine.Mx.

绩效合法性遭遇危机,在经济上另谋出路的同时,其政治层面的改革也几乎同时启动。70 年代至 90 年代末的历届制度党总统几乎无一例外对选举制度进行了自由化改革,改革总体上在保持制度党统治地位与议会多数席位的前提下朝着适度放宽反对党参政条件,增加其代表性,使选举过程受监督,增加选举透明度的方向发展,以期就此获得新的政治合法性基础。然而改革的大门一经打开,政党轮替便呈不可逆之势,在一系列内外因素作用下,革命制度党终于在世纪之交交出了手中政权。

尽管最终实现了向多党民主制的平稳过渡,但过渡后的墨西哥政局却并不平稳。各党派围绕权力这一核心要素,在体制框架内相互掣肘牵制,导致行政效率低下,甚至越出秩序框架违法无序的党争现象也时有发生。这在权力运行过程中主要表现为横向机构间,尤其中央层级府院之间的相互扯皮,与纵向的国家结构形式中中央与地方之间的互斥对抗。90 年代后期各政党实力呈现出明显的消长变化。昔日一党独大的革命制度党再难实现对政治权力的垄断,随着革命制度党对政党数量以及政党政治参与控制力的下降,许多中小政党顺势崛起,国家行动党与民主革命党这样具有强大政治资源的政党则一跃成为可以与革命制度党一较高下的另外两极。① 在这一时期中央层面的府院关系方面,国家行动党与革命制度党轮流获得执政权,国会中没有任何一党可以获得绝对多数席位,执政党与两院多数党常常非为一党。如 2000 年革命制度党尽管丢失政权,但仍是参众两院的第一大党,在参议院拥有 60 个席位,超过国家行动党 14 席,在众议院有 209 个席位,比国家行动党 208 席还多一席。② 国家行政权与立法权非由一党独掌,刚刚完成民主转型的墨西哥就不得不直面令成熟民主国家都大为头疼的政治难题。可想而知,还未适应民主政治、实现民主巩固的墨西哥,其新兴的行动党政府自然少不了受到来自各方尤其上任执政党的刁难,因为无法实

———————————

① 2018 年,脱离民主革命党的奥夫拉多尔代表同为左翼政党的新兴政党国家复兴运动党参选,并当选总统,以奥夫拉多尔为核心的国家复兴运动党的崛起,也打破了过去近二十年间墨西哥政坛三足鼎立的格局。

② 王季艳:《从"完美独裁"到"不完美的民主"——墨西哥政治整合与民主质量评析》,《理论月刊》,2014 年第 4 期。

现对立法机关的控制,在财政预算与改革措施批准的环节,行动党政府常常受到重重阻碍。在中央与地方的关系方面,国家行动党执政时期的革命制度党仍控制着地方超过50%的州的执政权,①对于国家行动党执掌的中央政权,革命制度党治理下的各州往往表示出极强的排斥性,因此国家实力到了州一层级便无力下渗,这些州便成为游离于国家主权之外的"域内飞地"。2002年,位于墨西哥南部的瓦哈卡州发生了一起耸人听闻的绑架事件。为了阻止革命制度党州长对于国家资助的社会计划自行其是的分配,社会发展部(Sedesol)官员专门赴瓦哈卡市与国家行动党籍市长展开当面会谈,然而会议期间,时任瓦哈卡州参议员Ulises Ruiz却带领100名革命制度党籍市长突然闯入,逮捕了与会双方。② 这种赤裸裸展示"肌肉"的行动自然醉翁之意不在酒,其意在传递出一种强烈的州内"主权"神圣不可侵犯的态度,直指对方背后的国家行动党领导的中央政权。而类似的这种旨在造成地方割据既定事实,对中央政权不合作、阳奉阴违甚至抵制对抗的地方行为,不仅极大损耗了国家治理的效能,而且对国家权威和国家主权的完整性都构成了难以逆转的损害。

事实上,对于接受了西方新自由主义的政治现代化路径的发展中国家,其政治现代化即向民主的转型必然是向选举民主即竞争性民主的转变,故其转变的方向本身其实就隐含了一种对立竞争的天然内涵。这种西方现代性中的不稳定因素,在公民制度认同牢固、民主制度成熟的西方国家或许即便在其本身发展至极端情况下也不至于引发国家整合的危机,③但对于处于政治现代化的国家就不尽相同了。诚如亨廷顿的那句名言"现代性孕育着

---

① Reynaldo Yunuen Ortega Ortiz, De la Hegemonía al Pluralismo: Elecciones Presidenciales y Comportamiento Electoral, 1976 – 2006, en Soledad Loaeza y Jean – Francois Prud'homme(coordinadores), *Instituciones y Procesos Políticos*, Vol. 14, México, D. F.: El Colegio de México, 2010, p. 441, p. 443. 转引自王文仙:《浅析墨西哥选举制度改革历程及其影响》,《拉丁美洲研究》,2018年第2期。

② Miguel Centeno, eds., *State in the Developing World*, Cambridge University Press, 2017, p. 113.

③ 尽管也有诸如英国国内的苏格兰民族党这样的具备实力,甚至已经采取行动的地方分裂主义政党,但一则其行动并未成功,也没有致使出现国家权力针插不进的地方独立王国的政治事实,二则在于此类情况在成熟的西方民主国家仍尚数个例。

稳定,而现代化过程却滋生着动乱"①,第三波民主化中的国家即便主动转变者也大都面临着这样那样复杂的被迫性因素,倒逼的各种国际国内矛盾压力如再遇到初生不稳定的党争民主,催生足以伤及"国本"的国家整合危局也就不足为奇了。而这种发展的两难困境也许值得身处第三波中,并且选择了竞争性民主的转型国家深思。危机性转型过程中,选择一种没有自身文明基因的政体,究竟是否合适?②

三、城市暴力与地方自治实践
——社会层面失败的国家存在

自20世纪下半叶开始,毒品问题就困扰墨西哥社会,如同人身上一项难以根治的顽疾,尤其加入北美自由贸易协定后,围绕毒品而产生的城市暴力状况进一步激化。毒品暴力不仅摧毁了墨西哥的地方治安,更在墨西哥当局一系列失败的治理行动以及毒贩集团对基层社区的掌控过程中,完成了对于国家权威的削弱,国家存在被从基层社会中剥离。而出于对国家治理能力低下以及国家社会管理职能长期缺位的不满,一系列或大或小的社区自卫、自治团体也开始涌现。墨西哥社会日益呈现团块化,国家实力无力、无法完成对基层社会的有效下渗。

(一)城市暴力对国家完整性的挑战
根据英国国际战略研究所一项针对墨西哥年度武装冲突的调查报告显示,2016年墨西哥因毒品战争而死亡的人数达到23400人,超过伊拉克、阿富汗等国家,仅次于因内战而导致50000人死亡的叙利亚。局部地区,诸如

① [美]亨廷顿:《变化社会中的政治秩序》,王冠华、刘为等译,上海人民出版社,2008年,第31页。
② 转型方向问题非本文论述重点,此仅做简要补充说明。杨光斌教授认为,没有文明基因的政体必然不是好政体,而自由民主作为一种现代性政治,其实就具有来自西方自身的传统性——基督教文明,而基督教文明则包含诸如基督教义促成的个人主义、由多元势力而导致的代议机构等多重关键性要素。对于没有这种传统性的国家能否直接移植根植于其上的西方所谓的"现代性"仍是国内外学界争论未果的议题。

北部边境城市华雷斯,其暴力等级一度达到需要当地政府向联合国申请维和部队的程度。导致墨西哥这一臻至内战水平的城市暴力的原因,根源在于毒品,而催化剂则在于卡尔德隆任内发动的毒品战争。

事实上毒品成为导致墨西哥社会治安问题罪魁的历史并不久远,甚至直到 20 世纪下半叶美国宣布大麻非法并将毒品战争推出国门前,大麻销售都一直是墨西哥政府一项重要的财政来源。处在国家掌控下的大麻不会因为对其的无序争夺而引发暴力,但在大麻丧失合法地位后,①则变得奇货可居,加之后期更具暴利的可卡因②等新型毒品的出现,巨大利润吸引下毒贩们甘愿铤而走险,地下黑市在这一过程中迅速得到发展,毒贩之间对于市场的争夺也成为早期墨西哥城市暴力的主要表现形式。这一状况在 2000 年之后发生了改变。由于执政后期革命制度党政府整体的贪腐,彼时的各级官员普遍存在与毒贩的利益输送与庇护关系,政府对于贩毒集团的打击往往形式大于实质。国家行动党上台后,无论出于新官上任急于求变的意愿,还是受贩毒集团愈发嚣张举措的刺激,其两届政府都选择了与前任截然不同的强硬手段,国家与贩毒集团之间的战争取代毒贩之间的内战成为这一时期墨西哥城市暴力的主要因素。福克斯总统任内的 6 年时间里,墨西哥政府共抓捕毒贩逾 5 万人,③在墨美边境地区查获的毒品数量增加了 50%。④ 卡尔德隆任内对于毒品打击力度进一步加强,考虑到本国司法、警察部门与贩毒集团勾结牵涉甚深的历史现实,卡尔德隆不惜发动"毒品战争",以期通过运用军队的力量一劳永逸地解决毒品问题。截至 2007 年 2 月,新总统到任不过数月时间便出动 2.5 万名士兵参与打击毒品犯罪行动,其打击毒品的决心不可谓不强烈。成果也是明显的,2009 年卡尔德隆政府对于禁毒行动阶

---

① 事实上,无论从依赖性还是对生理伤害性上考量,大麻都远达不到美国当初所评定的 A 级毒品的等级,美国打击大麻的行动在道德考量之外更多的是出于经济利益方面的打算,在于通过打击工业与医药用麻为本国的尼龙、乙醇等工业制品扫清道路。

② 墨西哥毒贩从哥伦比亚等国购买一千克可卡因只需 2000 美元,但是运到美国却可以卖到 30000 美元,如果零售,其利润将更高,可以达到 10 万美元的盈利,利润高达 5000%,价值高于同等重量黄金两倍以上。

③ Burton Kirkwood, *The History of Mexico*, Greenwood Publishing Group, 2010, p. 216.

④ Imtiaz Hussain, *North American Homeland Security*, Greenwood Publishing Group, 2008, p. 187.

段性成果显示,三年来已有 59979 名卷入有组织犯罪的个人被抓获,相继查获可卡因 77 吨、大麻 145 吨、查缴毒资达 2.3 亿美元。[①] 然而,除了毒贩甚至毒枭的落网与物资的缴获外,卡尔德隆堪称雷霆万钧的军事打击行动对墨西哥毒品问题实质性改变的乏力,实际与其前任不作为的革命制度党政府并无二致。

一方面,毒贩活动依然,甚至变得更加猖獗。由于长期以来国家在公共服务方面提供能力的匮乏,在许多城市、社区,缺失的国家存在往往由有能力提供基础服务的非正式或非法权威进行补位,通常情况这种角色都由当地毒枭扮演。出于行动方便的考量,毒枭们一般会通过拉拢、贿赂本地居民,使其不与警方合作甚至为己所用,在缉毒扫荡过程中为自己通风报信。通过向受政府忽略的城市边缘地带的平民甚至城市贫困阶层提供医疗、教育服务甚至直接的金钱馈赠,毒枭等非法权威收获了当地居民的效忠(或自愿或迫于威压),并在此基础上建立起了一套独立于国家主权的社会网络。这种状况尽管可以归因于是前革命制度党威权统治时期出于绩效合法性的考量,重宏观经济目标、轻福利与社会服务提供的行为放任默许所致,但国家行动党政府的打击举措依旧没能改变这一现状。长期盘踞在墨西哥北部边境“塞塔帮”(Los Zetas)甚至通过在拉雷多市步行桥上公开悬挂招募横幅的方式宣传自己。另一方面,许多新问题作为国家行动党当局将毒品问题由社会问题上升为国家安全问题的副产品开始涌现。首先,贩毒集团在与军队经年累月的交手过程中,其实力不降反升。贩毒集团历来不缺资金,不缺武器来源,自身武装力量总兵力也与政府军处于伯仲之间,在这场无限接近于国家内战的“战争”中,政府方面本来就未占便宜,而与军队的接触则给了毒贩以梦寐以求的直接招募甚至策反军人的机会。大量具有专业素养的前军人加入使贩毒集团如虎添翼,使其在持续六年的与政府的军事对抗中依然能够不落下风。另外,军队行动相较于警察而言更显著的暴力性也使得毒贩的回应行为更加趋于残忍疯狂。2007—2014 年间,犯罪集团杀害了

---

① Secretaría de Seguridad Pública, "Mexico and the Fight against Drug Trafficking and Organized Crime:Setting the Record Straight", March 2009,P. 1. 转引自袁艳:《墨西哥犯罪问题与社会治理》,《拉丁美洲研究》,2015 年第 2 期。

82 位市长、64 位政府官员、13 位候选人和 39 位政治领袖以及整治活动家。[①] 约六万人在毒品战争中丢掉了性命。[②] 为了达到恫吓威慑对手的目的,毒贩杀人手法无所不用其极,枭首、肢解,甚至悬挂尸体公开示众的行为使市民不安全感骤升。最后,军队打击毋庸置疑造成了贩毒集团结构上的重创,大批毒枭及其高层也在"毒品战争"中落网,但在毒品问题根本症结未得到根除的情况下,一批人的落网很大程度也仅仅意味着另一批人得到上台的机会,且当一个集团内部群龙无首后,集团内各方对于领导权的争夺势必导致相应暴力事件的发生,其中一些卡特尔在日渐内耗而分裂成诸多小的犯罪团伙后,无力再从事昔日贩毒活动,从而转变成从事其他更容易犯罪活动的地方帮派组织,城市暴力因此也变得更加不受掌控。

实际上,国家行动党政府在毒品问题治理上采取的行动治标而不治本,急于求成的结果从长期来看无异于饮鸩止渴。墨西哥毒品问题的根源在于经济,是庞大基数的失地农民和城市贫困阶层的存在使得毒品问题以及贩毒集团有了源源不断的后备人员供给与生存土壤,墨西哥加入"北美自由贸易协定"的举措在这一过程中起到了推波助澜的作用。由进口替代工业化向出口导向、贸易自由的转变,关键在于消除贸易壁垒,然而一旦失去保护,墨西哥本国的工农业产品在外部尤其美国的产品面前将变得毫无优势可言。一方面,作为墨西哥人主食原料的玉米是墨西哥农民种植最多的粮食作物,但其无论从种植成本,还是单位亩产、出售价格方面都无力与美国竞争。如 1992 年美国对墨西哥的出口玉米价格就仅为墨西哥国内保护价格的一半。[③] 尽管政府在签署条约时争取到了 15 年"保护期",但在实际操作过程中这一保护却形同虚设。自协定生效以来,墨西哥每年进口的玉米总是超出指定限额,政府应对超出部分征收超额进口税,但实际所有进口玉米都

① HERNáNDEZ NORZAGARAY E. Drogas, narcotráfico y política en Mexico[EB/OL]. [2016 − 3 −20]. http://aldea21. mx/2015/08/09/drogas − narcotrafico − y − politica − en − mexico/. 转引自丁波文:《墨西哥禁毒政策及其对中国的启示》,《中国人民公安大学学报(社会科学版)》,2016 年第 6 期。

② Ernesto Zedillo, Haynie Wheeler, Rethinking the "War on Drugs"Through the US − Mexico Prism, Yale Center for the Study of Globalization,2012,p. 33.

③ 张勇、李阳:《北美自由贸易协定对墨西哥农业的影响》,《拉丁美洲研究》,2005 年第 2 期。

是免关税的。① 政府潜在的目的在于通过使小农有序的破产或转向种植更有经济价值的热带水果,从而集约化利用土地、增加土地单位使用价值,并使破产农民进入城市为工业化提供源源不断的廉价劳动力。然而事情的发展并没有朝着政府希望的方向发展,原粮食作物种植户对于热带经济作物种植缺乏经验,保守起见大部分仍选择以增产的方式硬抗价格战,而少部分激进农民则选择铤而走险种植更有价值的大麻,其不仅可以获得超过玉米种植接近四十倍的亩产收入,职业佃户还能得到贩毒集团提供的高达300比索的日工资,②鲜明的利益对比下农民为求生计自然心甘情愿为毒贩做事。另一方面,墨西哥原本就存在基数巨大的市民贫困阶层,自由化改革之后受不当政策体制的影响,这一群体的数量又进一步增加。长久以来,墨西哥工业化水平都远低于城市化速度,数量庞大的待就业人群无法被城市内部的市场空间充分吸纳,导致其不得不转向非正规行业。据墨西哥官方统计,其首都墨西哥城接近70%的城市劳动力受雇于非正式部门,而这种以小商品销售和街头贩卖为主要形式的工作完全无法满足其基本的生计生活。③ 为了满足城市贫困阶层无力负担城市生活的高额负担状况下的住房需求,大量基础设施匮乏的贫民窟就开始在城市边缘自发形成,这也顺势成为毒贩交易贩毒甚至建造独立王国的绝佳之所。而墨西哥加入"北美自由贸易协定"后,随着作为墨西哥人主食的玉米饼原料的玉米价格的下降,墨西哥人生存资料消费占比本应随之下降,但受产业链中游的两家玉米粉加工企业行业垄断的影响,其主食的制作成本却不降反升,这对于处在贫困边缘的低收入群体无疑雪上加霜,助推了其滑向城市贫困阶层的趋势。

除作为根本原因的国内贫弱的经济因素外,墨西哥毒品问题的诱因还有很多,可以从国内、国际,供给与需求,政府与社会等多方面进行考虑。而从是否受国家主观能动性干预角度分析,则可以将其大致分为两类。其中

---

① 董经胜:《墨西哥农业改革和农民动员:1982—2000》,《亚太研究论丛》,2014 年第 11 期。

② El impacto económico del narcotráfico en México. [2015 - 12 - 27]. http://www. ejecentral]. com. me/el - impacto - e - Conomico - del nacrotrafico - en mexxico/. 转引自丁波文:《墨西哥禁毒政策及其对中国的启示》,《中国人民公安大学学报(社会科学版)》,2016 年第 6 期。

③ Miguel Centeno, eds., *State in the Developing World*, Cambridge University Press, 2017, p. 69.

既有地处南北美洲中心、毒品运输的交通要道,背靠全球最大毒品消费市场与本国毒贩最大武器供给市场这样的地理方面和国际关系层面不可改变,或很难改变的因素;也有毒贩与官员沆瀣一气共谋式犯罪,与贫富差距巨大、贫困阶层与游民基数庞大这样可控的国内政治、经济因素。前者不受墨西哥国家、个人的主观意识而转移,后者却可由国家积极有为的举措而改变。也正是基于前国家行动党政府并不成功的治理行动,继任的革命制度党政府与国家复兴运动党政府逐渐对墨西哥毒品与城市暴力问题的根源有了更清晰的认识,进而得以在此基础上采取更加标本兼治的治理举措。涅托在上台后果断结束了持续六年的"毒品战争",使毒品问题重新回归社会问题层面,并推出一系列经济改革举措,通过促进经济发展,拉动就业的方式减少非正规部门的数量规模,改变经济不平衡发展导致的贫富分化状况,从而实现对贩毒集团的生存环境釜底抽薪,切断其与基层社会的紧密联系。于 2018 年 12 月 1 日就任的国家复兴运动党籍总统奥夫拉多尔则承诺将在任内推动立法以实现国内大麻合法化,根据候任内政部长科尔德洛提交的新法案,将允许每个墨西哥人在私人土地上种植多达 20 株大麻,每年生产最高 17 盎司(480 克)的大麻。事实上,大麻不同于可卡因、海洛因等毒品,其性质多年以来一直具有争议,同为美洲国家的加拿大、乌拉圭,以及美国的部分州都已经相继承认了大麻的合法地位。奥夫拉多尔任内如能顺利推进大麻的合法化,势必将带动大麻市场价格的进一步下滑,无利可图下由利益争夺引发的暴力犯罪或可相对减少。

(二)地方自治组织的出现及其影响

出于对国家权力在社会层面的长期缺位,非正式权威与非法权威趁机篡夺并霸占基层社会的国家权力,扰乱社会秩序、破坏社会治安的不满,许多城市及社区相继建立了自己的自治与自卫组织。墨西哥北部城市勒巴隆(Lebaron)的市民受够了当地警察的腐败与帮派暴力,转而向州长寻求资助以建立联合自卫取代本地警力。[①] 在自卫组织分布最集中,实力最强的当属

---

① Miguel Centeno,eds.,*State in the Developing World*,Cambridge University Press,2017,p.76.

米肯却州与格雷罗州,2013 年自卫军甚至成功收复了此前由圣殿骑士卡特尔(Caballeros Templarios Cartel)实际控制的 1/3 的领土。① 自卫组织在米肯却州与格雷罗州的成功,相应地反映了中央政府在两州的失败,政府当局不得不默许这些组织在当地的存在,甚至予以褒奖。尽管国防部在褒奖其关于打击有组织犯罪方面成就的同时,也抛出了旨在"招安"的提议,但却仅收到很少组织的回应,大部分自卫军仍仅同意在不失自身独立性的前提下与当局就共同对抗毒品卡特尔等有组织犯罪集团展开适度合作。自卫军所表露出来的提防情绪归根结底还是在于对政府的不信任与不认同,在墨西哥,毒品暴力未得到实质性缓解,政府权威尚未重新树立,甚至在接下来相当长一段时间内都实难有所改观。墨西哥政府应承认这种现实,联合自卫军——而不是挤压其生存空间——以打击贩毒集团,且将更多的精力投向国计民生与政府治理能力的提高方面。毕竟墨西哥近几十年的历史已经不止一次证明,任何意在迅速解决矛盾以获取政绩声望的行动对于国家的重新整合非但毫无益处,反而会激化原有矛盾,甚至催生新的矛盾点。

四、结　语

民主化与自由化改革后,墨西哥社会便逐渐失去了往日强大政府的控制力,而多元势力则在急剧变化的过程中迅速崛起,此消彼长下,墨西哥向民主转型的同时也悄然完成了由强国家、弱社会向强社会、弱国家的转变。相比于前威权时代,这一时期的墨西哥国家整合仅呈现一种最低限度的脆弱整合,其形成既有身处变革的大时代背景的外部原因,又受自身不恰当政策的刺激等主观因素影响。但总体来说,这一过程对于能够在军政府频现的南美洲保持高度整合,具有长期统合的历史传统的墨西哥而言,不会一直持续下去。统合结构尽管消失了,但深藏国民情感心理中的统合主义情感却可以被重新挖掘;面对族际、党际,国家社会关系层面出现的诸多影响国家整合,甚至挑战国家主权的新问题、新情况,国家应当在通盘考量整体的

---

① Miguel Centeno,eds.,*State in the Developing World*,Cambridge University Press,2017,p.114.

前提下,抓住问题根源,重点治理源头,同时对其他次要矛盾有所兼顾,而非头疼医头、脚疼医脚,陷入无效治理的重复怪圈。

比较政治学理论研究

政党代表性危机与西方国家
民粹主义的兴起*

高春芽

（天津师范大学政治文化与政治文明建设研究院）

[**内容摘要**]内容提要:西方国家民粹主义的兴起,是代表性危机的结果。从政党功能的角度,主流政党疏离社会、融入国家,由代表机构转变为统治机构,导致政治回应性的弱化。主流政党代表功能的萎缩,促使社会成员寻求民粹主义的替代模式。为了控制政策议程,民粹主义政党仍然需要遵循选举政治的逻辑。民粹主义固然挑战了主流的民主制度,但它同样可以扩展代表渠道,在调整国家与社会关系的基础上重构政党政治。

[**关键词**]代表性 民粹主义 政党 民主

20 世纪 90 年代以来,由于国际格局的变化和全球化浪潮的推动,自由民主取得了话语霸权的地位。美国学者塞缪尔·亨廷顿(Samuel Huntington)甚至认为,后发展国家的政治前景取决于对民主价值的"接受程度"①。但西方国家在推广自由民主模式的过程中,自身的治理效能却不断恶化。特别是进入 21 世纪,民粹主义思潮不断发酵,各种民粹主义政党逐渐以组织

---

* 本文发表于《政治学研究》,2020 年第 1 期。

① ［美]塞缪尔·亨廷顿:《第三波——20 世纪后期民主化浪潮》,刘军宁译,上海三联书店,1998 年,第 3 页。

化的方式参与选举,甚至获得了执政地位。有关民粹主义兴起原因的问题,存在多种分析视角。以国家为中心的研究指出,福利制度改革的国家转型弱化了对社会的保护能力,劳动者的传统权益因为市场风险的渗透而不断缩减,由此出现了抗议精英政治的民粹主义运动。[①] 以社会为中心的研究则指出,健全的公民社会是民主制度可持续运转的前提条件,当公民因为观念对立、认同冲突而丧失价值共识时,"激进多元主义"的社会倾向就会导致民粹主义的高涨。[②] 不同于以上研究,本文以国家与社会关系中的政党政治作为分析视角,认为西方主流政党代表功能的萎缩,促使社会成员寻求"民粹主义代表"的替代模式。[③] 民粹主义固然挑战了主流的民主制度,但它同样可以扩展代表渠道,在疏通国家与社会关系的基础上重构政党政治。在政治过程的意义上,民粹主义的实际影响,既取决于自身的话语号召力和组织化程度,也取决于民主体制的适应性调整和选择性吸收。只有客观地分析国家、社会与政党在代表性建构中的互动机制,才能准确地认识民粹主义的社会基础及其发展趋势。

一、代议民主中的政党代表功能

现代国家的民主政治主要表现为代议政治,由公民选举产生的代表行使决策权。代议民主的建立源于代表制和民主制两种成分的复合,它们都曾以不同的形式存在于传统社会或古典时期。代表制可以追溯至欧洲中世纪,"社会多元性"是其形成的重要条件。[④] 在民族国家出现之前,封建社会呈现出多元分散的政治格局。为了处理司法、税收等重要问题,国王召集贵族及其他阶层的代表组成议事机构。政治代表因此带有等级制的印记,和

---

① 张浚:《欧洲的国家转型及其政治图景》,《欧洲》,2018 年第 3 期。

② Marc Plattner,Populism,Pluralism and Liberal Democracy,*Journal of Democracy*,Vol. 21,No. 1,2010,p. 87.

③ Cas Mudde and Cristóbal Rovira Kaltwasser,*Populism:A Very Short Introduction*,Oxford University Press,2017,p. 61.

④ [美]塞缪尔·亨廷顿:《文明的冲突与世界秩序的重建》,周琪等译,新华出版社,2002 年,第 62 页。

平等的公民身份并无直接联系。民主制可以追溯至古希腊时期,当时的雅典城邦公民无须代表的中介作用,直接参与公共事务的管理。城邦民主制适应了小国寡民的地域状态,体现了公民之间的轮番为治。在现代民族国家建构的过程中,国家渗透社会和社会制约国家之间出现了双向互动,政治统治愈发需要社会同意的支持。代议制政府的社会基础最初比较狭窄,只有特权集团或有产阶层拥有代表权。为了实现公民权益的平等代表,以社会中下层群体为基础的民粹主义运动宣扬人民主权思想,成为政治发展史上的"积极因素"①。由于人民主权思想的传播、公民社会力量的发育,以及大众型政党的兴起,民主政治逐渐与代表观念深度融合。历史起源上具有等级色彩的代表制,最终在现实功能上转换为民主制的载体。随着代议民主制度的巩固和发展,社会成员不再是被动的统治对象,他们通过政治参与建构政府的回应责任。公民向代表赋权和代表向人民负责,成为民主政治的基本特征。

代议民主的组织结构和社会基础均不同程度地表现出多元主义的特点。在代议制政府的组织结构方面,政治权力分别由立法、行政、司法等不同国家机关行使,而非排他性地集中于特定的个人或部门。权力结构的多中心设计,成为维护公民权益的制度保障。代议民主是在资产阶级革命后逐步确立的宪政体制,它的宗旨是保护公民权利,特别是人身财产安全。机构分权的制度设计,限制了国家对社会的侵犯,为资本主义经济的自由发展奠定了基础。随着工业化、城市化的推进,以权力制衡为内在精神的制度模式,逐渐无法适应公共管理的需求。公共管理的效能化,要求在不同的国家机构之间实现"政党协调性"②。在代议制政府的社会基础方面,从资本主义经济发展中衍生的各种阶层集团,围绕政治权利、资源分配等议题,彼此之间形成了多元冲突的利益关系。美国学者阿尔伯特·赫希曼(Albert Hirschman)认为:"多元社会特别'擅长于'从它自身引致的社会冲突中获得力

---

① [美]安·罗彻斯特:《美国人民党运动》,马清文译,生活·读书·新知三联书店,1957年,第121页。

② [美]弗兰克·古德诺:《政治与行政》,王元译,复旦大学出版社,2011年,第60页。

量。"①多元社会尊重个体和群体的差异,有利于发挥人的潜能。但社会的自由发展也会扩大阶层、区域之间的差距,滋生各种利益矛盾。为了将各种竞争性诉求传递至公共领域,政党"通过表达人民的要求而代表他们"②。借助政党的代表功能,代议民主在多元化表达与权威性整合之间保持平衡。

代议制政府在理论上代表所有公民的权益,而当社会异质性导致公民无法就集体决策形成一致同意时,民主政治引入以保护少数为前提的有限多数原则。在代议民主的复合结构中,根据代表制的逻辑,多元的社会群体通过政治代表的途径表达各自的利益偏好。而根据民主制的逻辑,政治过程应该体现多数公民的意志。多数原则与多元社会之间的张力,是现代国家民主实践需要解决的基本问题。为了表达多元化的利益诉求,并依据多数规则将其整合为公共政策,政党开始发挥组织化协调的作用。它将公民、政府与政策输出相互"链接"起来。③ 政党的民主链接功能,既从程序上建构了政治统治的正当性,也从后果上促进了政策调适的有效性。政党政治在形式上表现为不同党派集团之间的横向竞争,在实质上则体现为国家与社会之间的纵向联系。政党竞争的目的不是强化冲突,而是将社会冲突制度化,以此实现国家的公共利益。在西方政治发展的语境中,政党本身就含有"部分"的意思。不同于追求狭隘利益的宗派或利益集团,现代民主体制下的政党是"代表整体的'部分'并试图服务于整体的目的"④。政党发挥的功能是协调利益表达和政治整合的关系,从中建构广泛的代表性。

政党成为局部利益的表达者和公共利益的整合者,这并非取决于政党本身的性质,而是取决于代议民主的激励机制。根据经济学家约瑟夫·熊彼特(Joseph Schumpeter)的观点,现代民主是政治精英为获得领导权而争取人民选票的"方法"⑤。在选举制度的环境中,政党为了掌握领导权,必须获

---

① [美]阿尔伯特·赫希曼:《自我颠覆的倾向》,贾拥民译,商务印书馆,2014 年,第6 页。

② [美]G. 萨托利:《政党与政党体制》,王明进译,商务印书馆,2006 年,第56 页。

③ Russell J. Dalton,David M. Farrell and Ian McAllister,*Political Parties and Democratic Linkage*, Oxford University Press,2011,p. ⅷ.

④ [美]G. 萨托利:《政党与政党体制》,王明进译,商务印书馆,2006 年,第53 页。

⑤ [美]约瑟夫·熊彼特:《资本主义、社会主义和民主》,吴良健译,商务印书馆,1999 年,第395 ~ 396 页。

得多数公民的支持。选举制、任期制的设计，促使政党进行公开竞争，以有效的政策纲领回应普遍的社会诉求。首先，从积极激励的角度，政治空间中的政党竞争具有识别代表能力的择优功能。政党在政治领域为获得选票支持而展开竞争，与厂商在市场领域为赢得市场份额而相互竞争具有相似性，它以模拟的方式建构了政党与公民之间的"政治市场"。在充分竞争的情况下，就像富有效率的企业将赢得市场份额那样，具有广泛代表性的政党将获得公民的支持。政党竞争不仅是赋予政治领导权的过程，还是识别代表能力的择优过程。其次，从消极激励的角度，时间序列中的政党竞争具有强化组织约束的自律功能。作为正式组织的政党相对稳定地活动于政治领域，公民与政党之间的选举互动不是一次性博弈而是长期博弈关系。在竞选期间，人们将根据政党的历史记录和对该党的未来预期，决定是否为其投票。为了获得多数公民的持续支持，政党有激励约束狭隘的机会主义行为，"避免滥用职权"[1]。无论是从政党之间竞争的角度，还是从政党与公民之间互动的角度，代议民主都依据激励机制的设计建构了政党政治的代表功能。

政党能够发挥利益表达和整合功能的关键在于，选举制度规范了精英统治与大众控制的关联性。在代议民主的程序中，不论政党候选人怀有何种动机，公民集体行使的选举控制权，都将激励他们在公共利益的方向上回应社会倡议。借助政党的协调作用，代议民主从制度逻辑上塑造了国家与社会之间的相互依赖，促进了精英与大众之间的政治合作。但这种逻辑上的潜能若要转变为现实，需要诸多条件的支持。比如，基本的政治共识、通畅的信息沟通、良性的政党竞争等。当上述条件不具备时，代议民主的激励机制就可能失灵，即公民只能以民主选举的形式向精英赋权，却无法获得有效的政策回应。由于激励失灵，选举不再是公民监控政党的制度化手段，而只发挥将政党统治合法化的作用。政党脱离了公民控制却合法地掌握了国家权力，"由社会的政党转变为国家的政党"[2]，这预示着代表性危机的到来。政党代表功能的异化，把普通公民推向了权力精英的对立面。社会大众由

---

[1]　Robert Axelrod, *The Evolution of Cooperation*, Basic Books, 1984, p. 184.

[2]　[美]拉里·戴蒙德、理查德·纲瑟:《政党与民主》，徐琳译，上海人民出版社，2012 年，第360 页。

此诉诸反建制、反精英话语,寻求政治代表的替代方式,从而为民粹主义的兴起提供了土壤。

二、政党国家化的代表性断裂

西方国家的民主政体在实践形态上采用代议制,"代表通过政党调节"[①]。获得广泛的社会支持,是政党合法执掌权力的前提条件。实现有效的利益整合,则是政党推动国家治理的现实要求。只有政党随着环境的变化不断地调整回应能力,在国家与社会之间提供有效的联通渠道,它才能塑造民主政治的代表性。而民粹主义的兴起,直观地显示了"主流政党本位的政治代表模式"的危机。[②] 代表性危机涉及政党能力和社会需求两个方面的冲突。一方面,政治舞台上的主流政党虽然名称各异、倾向有别,但它们逐渐脱离公民社会,成为国家统治机构的组成部分。不论这些主流政党处于意识形态光谱的何种位置,它们在缺乏代表能力方面,彼此之间越来越具有同质性。另一方面,由于经济全球化和西方国家后工业化的发展,社会群体及其政治心理越来越具有异质性,它们需要与之适应的政治代表渠道。在主流政党同质性与社会结构异质性的错位和断裂中,政治代表的状况不断恶化,民粹主义政党也因此获得了生长的空间。

政党本是连接国家与社会关系的"核心中介组织"[③]。政党脱离社会而融入国家所形成的政党国家化,使其表达和整合社会诉求的功能不断弱化。政党国家化是政治学家理查德·卡茨(Richard Katz)和彼得·梅尔(Peter Mair)等人,根据当代西方政党政治变迁得出的重要结论,它用来描述主流政党脱离社会控制并"被国家吸收"的情形。[④] 具体而言,"政党国家化是指政党日益服从于国家的逻辑,不但其职能而且其组织形态,逐渐地与国家同

[①]　Yves Mény and Yves Surel, *Democracies and the Populist Challenge*, Palgrave, 2002, p. 84.

[②]　Cristóbal Rovira Kaltwasser, Paul A. Taggart, Paulina Ochoa Espejo and Pierre Ostiguy, *The Oxford Handbook of Populism*, Oxford University Press, 2018, p. 287.

[③]　[美] G. 萨托利:《政党与政党体制》,王明进译,商务印书馆,2006 年,第 2 页。

[④]　Richard S. Katz and Peter Mair, Changing Models of Party Organization and Party Democracy, *Party Politics*, Vol. 1, No. 1, 1995, p. 16.

构,从而丧失了政党作为政治组织和政治运动的特征"①。

　　围绕政党国家化的形成原因,可以进行宏观结构和微观行为两种不同层次的分析。在宏观分析的意义上,政党国家化源于政府职能扩展所提供的制度环境。现代西方政治发展的突出特征是,公民权利的保障随着国家权能的扩张而不断健全。在普选权实现以前,普通公民被排斥在政治过程之外,国家事实上成为资产阶级的统治工具。而在普选权实现以后,社会成员在政党的领导下,通过政治参与提出各种社会经济诉求,逐步完善了国家的福利职能。福利国家的建立促使经济资源集中于公共管理部门,也逐步拉近了国家与社会的距离,为政党融入国家获取资源创造了条件。在微观分析的意义上,政党国家化还与公民群体的行为取向密切相关。普通成员的社会状况、政治偏好直接影响政党的组织形态和动员策略。在民主制度发展史上,正是因为普通公民缺乏代表权,政党才能够利用具有号召力的意识形态,动员社会成员为分享政治权利、分配社会资源而进行斗争。普选制度和福利国家本身是大众型政党斗争和妥协的成果,但这些成果的实现反过来却侵蚀了政党政治的社会基础。普选制度的实现宣告了大众选民时代的到来,它使公民个体投票的影响力微不足道。人们只能切身地感受实际的政策获益,所以愈发关切政治运行的最终结果。曾经为选举权而奋斗的积极抗争者,最终转变为政府决策的被动消费者。福利国家的建立,则使得普通公民无须借助阶级身份或政党认同,就能获得政府提供的普遍收益。社会成员因而不再热衷于全局性的政党活动,纷纷转向目的性更强的利益集团游说或社会运动,关注与自身利益直接相关的特殊议题。主流政党在失去社会支持的情况下,不得不寻求国家资源的援助,由此逐渐形成了政党国家化现象。

　　政党国家化是政治环境变迁下的组织形态转型,它深刻地改变了公民与政党之间的互动关系。作为社会与国家之间的连接纽带,政党既是人民的"代表者",也是人民的"统治者"。代表功能体现为政党深入社会动员选民,将其政治偏好整合为公共政策。统治功能体现为政党依据选举程序进

---

① 汪晖:《代表性断裂与"后政党政治"》,《开放时代》,2014 年第 2 期。

行竞争,保障领导权的和平转移。而在当代西方国家,由于部分决策权已经
转移至非党派的委员会等机构手中,加之公民通过网络渠道表达利益诉求,
主流政党的代表功能已经弱化。政党主要发挥输送精英、组织政府和分配
职位的统治功能。由于政党疏离社会而接近国家,它逐渐由"代表机构"转
变为"统治机构"①。尽管政党之间仍然为领导权展开竞争,但这些建制内政
党事实上垄断了公共职位的分配,选举成为领导权在精英内部自行转移的
"自我保护机制"②。主流政党与国家之间形成了封闭的共生关系,民主政治
的功能也因此集中于维护既有的权力结构而非推动社会变革。根据代议民
主的运行机制,政党是嵌入社会并服务于民主政治的中间组织,需要将多元
利益诉求整合为公共政策。当政党既发挥代表功能又发挥统治功能时,公
民的政治认同促使他们将政党视为民主体制的组织者。代议民主同时具有
建构正当性和代表性的双重作用。而在政党国家化的条件下,民主政治的
正当性功能与代表性功能出现了分离。政党竞争虽然在选举程序上更迭了
领导权、组建了合法政府,但代表民意的政治功能已经大为削弱。代表性削
弱将侵蚀公民对主流政党的信任,消解民主制度的社会基础,诱发其他"变
革者的民粹主义动员"③。

代议民主预设的功能是,公民可以通过选举程序控制政党、问责政府。
政党国家化则逆转了民主政治的运行目标,它导致主流政党通过选举程序
控制政权、逃避责任。周期性选举成为公民配合精英统治的政治仪式。由
此出现的后果是,代议制政府的"结构可能是民主的而实际过程则是寡头
的"④。政党国家化对民主政治产生的消极影响,首先表现为"资本密集型"
的政党竞选。⑤ 在政党国家化出现以前,大众型政党拥有相对稳定的阶级基
础,通过意识形态就能够有效地动员选民。而在政党国家化出现以后,由于

---

① Yves Mény and Yves Surel,*Democracies and the Populist Challenge*,Palgrave,2002,pp. 86 – 87.
② Richard S. Katz and Peter Mair,Changing Models of Party Organization and Party Democracy,*Party Politics*,Vol. 1,No. 1,1995,p. 23.
③ Peter Mair,*Party System Change*,Oxford University Press,1997,p. 19.
④ [美]G. 萨托利:《政党与政党体制》王明进译,商务印书馆,2006 年,第 103 页。
⑤ Richard S. Katz and Peter Mair,Changing Models of Party Organization and Party Democracy,*Party Politics*,Vol. 1,No. 1,1995,p. 20.

阶层结构的分化和政党认同的弱化，公民不再严格根据政党界限进行投票。与此同时，主流政党为了降低竞选失败的风险，不愿意介入涉及文化冲突、身份认同方面的争论。主流政党倾向于逐步靠近中间选民，制定具有趋同性的政策纲领。这种趋同现象体现的是政党理性，但它模糊了政党之间的边界，缩小了公民的选择范围。为了通过政治广告等途径将公民动员起来，政党的竞选成本不断攀升，选举活动越来越具有资本密集型的特点。其次，政党国家化导致了政党政治的利益集团化。现代政党最初由宗派发展而来，它超越政治宗派、发挥整合功能的关键在于，政党并不排他性地追求成员自身的特殊利益。政党国家化却表明，操纵领导权的狭隘倾向已经取代了整合民意的公共目标。政党虽然仍旧发挥着重要的选举功能，"但它趋向成为服务领导人的工具"[1]。政党政治因此具有了利益集团化的趋势。德国学者罗伯特·米歇尔斯（Robert Michels）曾经指出："正是组织使当选者获得了对于选民、受委托者对委托者、代表对被代表者的统治地位。"[2]在西方当前的政治环境中，脱离社会、疏远公民的主流政党同样暴露出寡头统治的特征。最后，政党国家化还将形成具有排斥性的政党体制。由于主流政党在获取权力阶段实施资本密集型竞选，在行使权力阶段进行利益集团化执政，它使政治舞台上出现了具有排斥民意表达的政党体制。建制内政党之间虽然存在选举竞争，但在垄断领导权和分割国家资源方面具有共同利益，它们竭力防范其他挑战性政党的出现。政党与人民之间就从原来的代表和被代表关系蜕变为排斥和被排斥关系，这在话语上很容易转换为社会大众与特权精英的对立，引发民粹主义的抗议。在西方国家进入后工业社会的背景下，排斥性政党体制的弊端尤其明显。由于人们已经从经济安全等生计问题的压力下解放出来，开始优先关注个人自主、自我实现等后物质主义价值。如果主流政党不能对上述需求做出回应，公民将转而"支持新议题和新

① Bernard Manin, *The Principles of Representative Government*, Cambridge University Press, 2002, p. 219.
② ［德］罗伯特·米歇尔斯：《寡头统治铁律》，任军锋译，天津人民出版社，2003年，第351页。

类型政党"①。

政党国家化是西方政治变迁的重要趋势,它在具体制度环境中的表现并不完全相同。在英国这样具有多数民主特征的国家,主流政党之间的竞争较为激烈,政党国家化的程度相对轻微。而在奥地利这样具有共识民主特征的国家,主流政党之间拥有长期合作的传统,政党国家化的程度就比较严重。② 多数民主和共识民主是政治学家阿伦德·利普哈特(Arend Lijphart)区分的不同制度模式。多数民主是指,统治权集中于多数选民支持的政党手中,落选政党只能作为无权的反对派。共识民主则试图超越"执政—反对"的政党竞争模式,通过多数派与少数派之间权力共享式的制度设计,增进全体社会成员的共识。与多数民主模式相比,共识民主具有制度优势,能够"更加包容地代表人民和他们的利益"③。然而,在瑞士、比利时等共识民主国家,民粹主义却显示出"愈演愈烈之势"④。这些国家长期由稳定的执政联盟进行统治,公民无法通过抗议性投票惩罚不负责任的政党。主流政党一方面以政治庇护的方式任命公职人员,另一方面却以建构共识的名义压制潜在竞争。共识民主模式中的政党国家化,导致了代表能力的削弱,刺激了民粹主义的反弹。民粹主义者于是利用激进的政策纲领动员选民,并借助比例代表制的支持不断壮大,冲击了主流政党的传统地位。利普哈特对此认为,共识民主制度和民粹主义政党的兴起之间具有相关性。但民主国家允许各种社会群体合法表达利益诉求,民粹主义政党也"有权利去竞争和被代表"⑤。民粹主义政党可以在客观后果上发挥代表性重构的作用。

---

① [美]罗纳德·英格尔哈特:《发达工业社会的文化转型》,张秀琴译,社会科学文献出版社,2013年,第3页。

② Richard S. Katz and Peter Mair, Changing Models of Party Organization and Party Democracy, *Party Politics*, Vol. 1, No. 1, 1995, p. 17.

③ Arend lijphart, *Patterns of Democracy*, Yale University Press, 2012, p. 274.

④ Cas Mudde and Cristóbal Rovira Kaltwasser, *Populism in Europe and the Americas: Threat or Corrective for Democracy*, Cambridge University press, 2012, p. 27.

⑤ Arend lijphart, The Pros and Cons – But Mainly Pros – of Consensus Democracy, *Acta Politica*, Vol. 36, 2001, p. 135.

三、民粹主义的代表性重构

人们通常从话语倾向的角度出发,将民粹主义视为自由民主的威胁,认为宣扬人民的直接统治将危及法治秩序,鼓吹精英与大众的对立会极化社会冲突。但当今民粹主义潮流对民主政体的挑战,与西方国家在民主发展史上遭遇的危机并不相同。西方国家曾经遭受法西斯主义等力量的冲击,后者在意识形态上截然对立,并提出了替代性的制度模式。而如今西方国家的民粹主义运动主要是抗议政治精英缺乏回应性、批判主流政党缺乏代表性,并未提出系统的政治蓝图。就民主政治的运行机制而言,既然政党国家化导致政治精英背离社会成员,那么民粹主义的现实诉求就是恢复人民的主体地位,缩小公民与国家之间的距离。民粹主义通过回溯民主政治的初始内涵,依据人民主权的理念批判自由民主的精英主义本质,"以民主名义的方式挑战民主"①。民粹主义者鼓吹人民至上,占据了政治道德的制高点。然而,一旦民粹主义者的目标从表达社会怨恨转向控制政策议程,他们同样需要服从选举制度的规范。通过公开的选举程序掌握政权,依然是统治正当性的前提条件。西方国家的民粹主义并未突破宪法制度的框架,但其对政治代表性的重构产生了重要影响。具体表现如下:

第一,民粹主义的代表性重构,在目标上表现为人民与国家之间政治距离的趋近。西方民主体制以国家与社会的区分作为前提,它通过精英与大众之间的合作,将社会认同转化为支持国家权力的信任,并将国家权力转化为促进社会公益的责任。由于社会经济环境的复杂化,现代国家的权力运作表现出技术化的特征,"主流政党与专家政治之间形成了日益增强的联盟"②。为了有效地应对公共事务的压力,西方国家逐步创建专业性管理机构,发挥专家治国的优势。这些非选举方式产生的职能机构,实施以问题为导向而非以民意为中心的运作模式,奉行效率至上的管理原则,并不对公民

---

① Yves Mény and Yves Surel, *Democracies and the Populist Challenge*, Palgrave, 2002, p. 8.

② Richard S. Katz and Peter Mair, *Democracy and the Cartelization of Political Parties*, Oxford University Press, 2018, p. 180.

承担直接回应的责任。民主制度原本是通过政治参与表达民意、借助政党组织整合民意,但由于非党派技术机构的广泛运用,公民就宗教、移民等重大议题表达意见的渠道就遭受了挤压。西方民主体制由此具有了"去政治化"的特点,各种本身具有政治属性的话题被转换为治理技术的问题,公众被专业知识的壁垒排斥在政策过程之外。行使决策权的政治精英可以依据抽象的学理分析民主政治的运行机制,而对于普通成员而言,他们需要借助经验性感受判断民主政治的运行状况。政治学者玛格丽特·卡诺凡(Margaret Canovan)指出,民主政体中隐含的悖论是,一方面需要"将人民带入政治",赋予他们参与选举和利益表达的权利;另一方面需要"将政治带给人民",促使他们以其可以理解的方式做出政治判断。[①] 如果说西方国家对专业技术机构的运用,导致政治过程脱离了人民控制,那么民粹主义则试图重新将政治带回人民。将政治带回人民,不单是改变精英化的权力结构,它还要适应大众化的认知要求,促使权力行使表现为"可理解的治国力量"[②]。针对精英化统治和大众化认知之间的冲突,民粹主义者开始重构民主政治的主体形象及民主过程的适用规则。首先,民粹主义者反对多元社会,在话语上建构人民的同质性,认为共同体的意志可以借助多数主义规则自发呈现。其次,民粹主义者反对中介机制,否定职业政治家的和技术官僚的作用,寻求常识和直觉的引导,倡导政治决策的"简洁性和直接性"[③]。民粹主义的话语特征和政策建议,体现了适应大众心理特征的简单化风格,它将复杂的社会经济危机归结为内部腐败或外来移民等可感知的影响因素,主张超越政治协商、专家治国的烦琐程序,实现普通公民直接参与决策。民粹主义的反职业化、反技术化的特征,虽然不符合精英政治的理性思维,但它迎合了大众政治的民意表达。

第二,民粹主义的代表性重构,在方式上受精英与大众之间沟通模式变迁的影响。西方国家代议民主的基本特征是,公民在周期性选举中将统治权委托给政党行使,执政党根据主流民意传递的政治信息制定政策,回应社

---

① Yves Mény and Yves Surel, *Democracies and the Populist Challenge*, Palgrave, 2002, p. 26.
② [英]沃尔特·白芝浩:《英国宪法》,夏彦才译,商务印书馆,2005年,第81页。
③ [英]塔格特:《民粹主义》,袁明旭译,吉林人民出版社,2005年,第4页。

会大众的利益诉求。借助政党组织的中介作用,公民需求与政策供给之间维持着总体性平衡。分散的公民通常在政党动员下参与投票,政党不仅要整合多元化的利益表达,而且要过滤极端化的政治倾向,以此保障民主体制的可持续运行。而随着通信技术,特别是新兴网络技术的发展,西方国家出现了"政治媒介化"的转型[①]。新媒体技术在政治沟通领域的运用,提高了政治参与的便捷性,对政党的代表功能产生了重大影响。首先,新媒体技术促使公民在常规的选举程序或政党渠道之外,直接同政治精英进行互动。在以报纸和广播为载体的传统媒体时代,政党掌握了政治沟通的主动权,普通公民主要是单方面地接收信息。但在新媒体时代,信息来源趋于多元化,"政治沟通的渠道影响了代表关系的本质"[②]。社会成员很容易围绕共同关心的议题实现水平联系,并与政策制定者进行双向互动。由于公民获得了媒体技术的赋权,政党组织曾经承担的代表功能相对弱化。社会成员的现实选择不是被动地接受政党动员,而是"绕过政党"采取集体行动。[③] 其次,公民通过媒体渠道提出多元化议题,重构了议程设定的规则,凸显了主流政党的回应性困境。主流政党长期以来虽然受到选举制度的任期约束,但它可以通过组织程序相对自主地设置议程、制定政策。政党内部的协商以及政党之间的妥协,都可以成为政策制定的有效方式。而在媒介化时代,政策过程开始面临网络舆论的压力,政党逐渐丧失平衡短期利益和长期利益的策略空间。尤其是各种涉及文化冲突、身份认同等公民自行倡议的政策议题,已经超越了主流政党的回应能力。最后,主流政党回应能力的不足,促使公民寻求政治代表的替代方式,它为利用媒体技术的"民粹主义挑战者"提供了机会。[④] 民粹主义者为了适应社交媒体的特点,倾向于使用人格化的方式声称为公民利益的真正代表者,并利用大众化的语言与公民沟通。针对主流政党回应性不足的问题,民粹主义政治家通常会利用强有力的承诺

---

① Hanspeter Kriesi, The Populism Challenge, *West European Politics*, Vol. 37, No. 2, 2014, p. 365.

② Bernard Manin, *The Principles of Representative Government*, Cambridge University Press, 2002, p. 219.

③ Daniele Caramani, Will vs. Reason: The Populist and Technocratic Forms of Political Representation and Their Critique to Party Government, *American Political Science Review*, Vol. 111, No. 1, 2017, p. 59.

④ Hanspeter Kriesi, The Populism Challenge, *West European Politics*, Vol. 37, No. 2, 2014, p. 367.

赢得公民支持。那些自认为遭受政治排斥的社会群体,则试图通过支持民粹主义政党重构政策议程。

第三,民粹主义的代表性重构,在结果上表现为国家与社会之间政党格局的调整。在传统的政党政治中,主流政党为了获得领导权,彼此之间存在激烈的选举竞争。虽然各个政党代表不同的阶层群体,具有不同的政策取向,但社会基础或意识形态的差异并不掩盖它们在基本价值上的共识。基于宪政体制的框架,竞争性政党彼此认可对方的法律地位,肯定政党在民主政治中的合理作用。从民主体系可持续运作的角度出发,政党竞争的目的是协调利益表达和政治整合的关系,以此建立"多元主义的共识"①。政党的功能就在于,从多元社会冲突中寻求政策共识,建构广泛的政治代表性。而民粹主义的兴起,对传统的政党政治形成了强有力的冲击。这些民粹主义者自我标榜为人民意志的真正代表,挑战主流政党的统治地位。民粹主义者在话语上将主流政党视为精英集团控制国家权力的工具,认为它们不是推动了民主运转,而是削弱了民主本身。根据代议民主的逻辑,国家与社会关系中的政党应该发挥代表人民利益、传递人民呼声的中介作用。现实的情形却是,主流政党已经从民主运行的中介体异化为阻碍物,它将人民隔离在政治过程之外。民粹主义者对此表现出反对政党政治的倾向,但他们为了掌握权力、控制议程,同样会建立"反政党的政党"②。所谓反政党的政党,显示了民粹主义者在激进话语与理性行动之间的悖论式困境。为了抗议缺乏代表性的政治建制,民粹主义者强烈地批判代议民主缺乏回应性。而当他们试图掌握政治权力时,仍需适应民主选举的程序,遵循政党政治的逻辑。反对政党的话语迎合了社会大众的不满情绪,建立政党的行动则为民粹主义精英执掌权力创造了条件。民粹主义者实际上反对的是主流政党的代表性缺失,并没有跨越全盘否定政党制度的"底线"③。

民粹主义的兴起反映了普通成员抗议精英政治的社会心理,是主流政

---

① [美]乔·萨托利:《民主新论》,冯克利等译,东方出版社,1998年,第104页。

② Hans-George Betz, The New Politics of Resentment: Radical Right-Wing Populist Parties in Western Europe, *Comparative Politics*, Vol. 25, No. 4, 1993, p. 419.

③ Cas Mudde, The Paradox of the Anti-party Party, *Party Politics*, Vol. 2, No. 2, 2012, p. 272.

党"代表失败"的结果。[①] 从社会抗议思潮向政党组织形态的转变,则显示了民粹主义重构代表性的行动取向。民粹主义虽然批判民主政体中精英主导的代议制度,但它并非从根本上反对代表,而是寻求真正维护人民权益的"民粹主义政治代表模式"[②]。民粹主义代表模式的设想,表达了在大众与精英之间塑造政治一致性的代表观念。围绕代表者和被代表者之间的关系,存在着委任式代表和信托式代表两种不同的政治观。委任式代表观主张,代表是按照公民意志行事的代理人,他们依照公民的指令进行决策。与之形成对照,信托式代表观主张,代表对公民的长远利益负责,可以根据具体形势的判断自主决策。在西方政党国家化的条件下,政治过程的回应性趋于减弱。由于主流政党的政策设计未能代表社会成员的根本利益,逐渐丧失了公民的信任,所以民粹主义者在话语上亲近委任式代表观。民粹主义者假定人民构成的同质性,认为公共利益可以不借助中介机制而自然生成,表现出轻视协商程序、追求实质结果的倾向。然而一旦民粹主义者从单纯地表达社会抗议转向创建政党组织,制度环境的约束将导致民粹主义者最终展现的只是"伪装的"委任式代表。[③] 话语修辞上具有反精英特征的民粹主义运动,在实践形态上则有赖于政治精英的组织动员。民粹主义者针对特定议题可能会强化全民公决等直接民主机制的作用,但为了实现集体行动的有效性,政治偏好存有差异的公民仍然需要将决策自主权授予政党精英。民粹主义政党要么作为在野党,通过倡议特定的议题间接影响政策过程,要么作为执政党(通常是执政联盟的成员),在分享政权的基础上直接提出政策主张。为了达成切实可行的政策方案,政党精英之间会出现"不可避免的妥协"[④]。在周期性的选举中,民粹主义政党最终将面临和主流政党同样的问题,那就是既要获得政治领导权,又要兑现代表性承诺。就此而言,民粹主义政党可以传递代表性危机的信号、激发边缘群体的政治参与,通过

---

① Cristóbal Rovira Kaltwasser, Paul A. Taggart, Paulina Ochoa Espejo and Pierre Ostiguy, *The Oxford Handbook of Populism*, Oxford University Press, 2018, p. 287.

② Francisco Panizza, *Populism and the Mirror of Democracy*, Verso, 2005, p. 78.

③ Daniele Caramani, Will vs. Reason: The Populist and Technocratic Forms of Political Representation and Their Critique to Party Government, *American Political Science Review*, Vol. 111, No. 1, 2017, p. 63.

④ Daniele Albertazzi and Duncan McDonnell, *Populists in Power*, Routledge, 2015, p. 3.

表达遭受排斥的利益诉求重塑政策议程,但民主制度的代表性建构问题并不会就此完全解决。尤其是在西方阶层结构、身份认同趋于多元化的背景下,社会群体都会在平等的旗帜下追求各自认可的民主代表性。这种理想化的追求有可能超越政党政治的回应能力,将西方国家推向制度形式与治理效能相分离的境地。亨廷顿认为:"希望政府达到的民主超出其所能,政府只得显示出比其实际上更加民主的样子。"①在民主政治已经具有天然正当性的现代社会,民主的话语越来越强势,民主的允诺也越来越高涨,但民主的效能未必尽如人意。当民粹主义政党面对社会多元化的挑战时,它需要决定哪些群体、何种议题将获得优先代表,并说服选民调整预期,接受制度约束条件下的可行方案。为了回应自由民主的代表性危机,民粹主义政党在重建国家与社会平衡关系的同时,也可能引发社会冲突的极化,由此产生新的代表性危机。

四、结　语

西方国家民粹主义的兴起,是当今世界政治的重要现象。从代议民主的运行机制出发,民粹主义的高涨是代表性危机的结果,即首先不是民粹主义诱发了代议民主的政治危机,而是民主政治的代表性危机催生了民粹主义。基于政党政治的分析视角,政党国家化是民主制度出现代表性危机的重要原因。在代议民主体制中,政党是链接国家与社会关系的中介组织,其核心功能是将多样性的利益诉求整合为一体化的公共政策。而当主流政党疏远公民社会、融入国家机构时,就失去了与普通公民的制度化联系,从开放式的代表组织蜕变为封闭式的统治组织。主流政党代表功能的弱化,诱发了民粹主义的抗议,使其寻求政治代表的替代模式。民粹主义者试图重建人民的主体地位,通过缩小普通公民与政策过程的距离,弥合国家与社会之间的代表性鸿沟。为了掌握政治权力、影响政策议程,民粹主义者同样必须遵循政党政治的逻辑。民粹主义政党可以表达边缘群体的利益诉求,激

---

① [美]塞缪尔·亨廷顿:《失衡的承诺》,周端译,东方出版社,2005年,第93~94页。

发社会成员的政治参与,发挥重构代表性的作用。但在西方阶层结构和身份认同趋于多元化的背景下,民粹主义政党也可能极化已有的社会矛盾。西方国家的代表性危机,涉及政策供给和社会需求两个方面的冲突。政党国家化导致的回应能力缺失,和社会多元化导致的公民诉求超载,都会导致危机情势的出现。从政党政治的视角讨论代表性的断裂和重构问题,主要是宏观结构层次的分析。如何评估社会观念变迁,特别是变革型精英的微观动员在民粹主义兴起中的作用,还有待进一步的研究。

在代表与排斥之间

——西方现代国家建构视野中代议民主发展的路径与动力 *

高春芽

（天津师范大学政治文化与政治文明建设研究院）

[**内容摘要**]代议民主是西方政治现代化的成果,它重构了民主、代表、选举这些富有古典或传统色彩的历史元素。代表制在起源上和民主政治并无关联,它将社会大众排斥在政治过程之外。为了论证政治排斥的合理性,存在选择性代表和实质性代表两种形式的代表观。前者根据普通成员的经济能力主张限制大众参与政治,后者则宣称政制能力的包容性,认为由小部分人选举产生的代议机构可以维护国家整体利益。这两种看似方向相反的排斥机制,共同强化了政治过程的封闭特征。随着代表制和民主制的融合,代表制开始展现平等的精神,民主制逐渐具备代议的形式。代议民主从程序上将社会同意转化为国家权力的正当性支持。政治参与不仅是建构政治代表性的必要环节,而且是公民获得制度容纳的重要标志。

[**关键词**]国家建构　代表　排斥　代议民主

民主制是历史现象,古希腊就建立了公民直接参与的民主政体。代表

---

* 原文发表于《政治学研究》,2017 年第 1 期,略有修改。

制也是传统事物,中世纪就存在市民代表参加的等级会议。但民主制与代表制相结合所形成的代议民主,则是政治现代化的成果。代议民主以选举的方式产生代表,伸张了代表政治的平等价值,并以代表的方式实行民主,扩大了民主政治的适用范围。在民族国家的空间环境中,民主、代表、选举这些具有古典或传统色彩的历史元素相互融合转化,逐渐成长为现代政治体系中的代议民主。西方国家代议制政体的社会基础最初比较狭窄,具有强烈的排斥性,只有特权集团或有产阶层拥有代表权。由于社会大众被各种资格限制剥夺了选举权,国家成为事实上的阶级统治工具。为了实现公民权益的合法代表,遭受政治排斥的社会群体发动了各种形式的集体抗争。现代国家由此经历了代议民主化的阶段,普遍选举最终成为民主政体建立的标志。从国家与公民之间关系的角度,民主发展既可以根据选举权的扩张做出判断,也可以从政治排斥的弱化加以分析。代议民主的发展即是突破各种选举限制,建立包容性政治制度的过程。本文以西方现代国家建构过程中的排斥机制作为分析视角,考察代议民主发展的路径与动力。

一、现代国家的代议制:规模与结构

现代国家的制度建构,是代议民主形成和发展的内在动力。从中央和地方关系的维度,现代国家结束了领土范围内政权散乱的局面,实现了强制性暴力的合法垄断,具有集权特征的国家机构成为政治秩序的权威维护者。从国家与社会关系的维度,权力的组织化渗透提升了政治一体化水平,社会诉求已是国家政权直接面对的客观现实。国家渗透社会的过程同时也是其嵌入社会的过程,政治系统的运行在观念和行为上有赖于社会成员的认同与配合。随着统治权社会基础的扩张,现代国家摆脱了传统政治的私人或地方属性,成长为具有代表性的公共机构。在传统政体中,统治的正当性主要源自社会习俗或宗教观念的支持,政治资源掌握在小集团手中,统治权只需获得关键精英的同意,不存在合法有序的精英竞争和大众参与。社会成员固守的依附心理,有利于统治者将其排斥在政治过程之外。而在现代国家的建构中,新兴阶层开始依据权利平等的观念寻求政治参与,打破封闭的政治过程。公民通过选举代表建立代议机构,并由其负责任地行使权力,逐渐发展为现代民主政治的普遍形态。代议民主的出现既和国家体量的扩张有关,也和国家属性的转变相连。作为政治世俗化的结果,现代国家既不是自然演化的产物,也不是神秘意志的体现,而被视为个人自愿结合的共同体。基于公民权平等原则的选举,是建构国家公共性的社会力量。在国家与公民关系的意义上,代议民主是大规模共同体中的制度创新,它通过公开选举的方式将社会同意转变为政治统治的正当性依据。政治服从不再是无条件的义务,社会同意成为论证政治服从的必要程序。从历史发展的角度,代议民主并非精英人物理性设计的作品,而是经济结构变迁、社会心理转换、政治得失权衡等诸多因素共同作用的结果。围绕代议民主的形成机制问题,政治学研究主要从国家规模的空间特征、人民主权的政治心理等角度展开论述。

首先是国家规模说。从社会环境的特征探讨政治发展的动力,是代议民主研究中广泛采用的分析路径。现代国家通常拥有广土众民,庞大的人口和地域规模,使得公民直接参与的古典民主制无从施行。如何在大型共同体中建立稳定的政治秩序,凸显为自治理念的重大挑战。基于国家规模的约束条件,代议民主是在直接民主缺乏社会支撑的情形下,处理公共事务的现实选择。代表制的实行"主要是因为社会规模过大"[①]。通过周期性的选举,以代议政治的形式实现公民自治的实质,成长为适应现代社会的"修改的民主政治"[②]。从国家规模的角度探讨制度创新的动力,肯定了代议民主具有现实主义和理想主义的双重逻辑。就现实主义而言,现代国家中的民主政治面临集体行动的难题,它从大型政治共同体中产生小型代表集团,通过代表行使统治和管理权,以此实现国家治理的效率原则。就理想主义而言,代议民主坚守公共利益的目标,借助程序上的社会赋权和政府问责,以此实现政治决策的正当原则。"国家规模说"关注代议民主生成的环境特征,从内生性的视角考察国家建构与民主形式之间的制度联系,但其中也蕴

---

① [美]科恩:《论民主》,聂崇信等译,商务印书馆,1988年,第83页。
② [英]约翰·穆勒:《约翰·穆勒自传》,吴良健等译,商务印书馆,1987年,第114页。

含着自我限制的潜在因素。首先,既然认为代议民主是国家规模约束下的政治选择,那么当社会制约变得宽松时,代议民主的合理性就会部分消解。在信息条件和组织技术的帮助下,社会规模的障碍趋于弱化。曾经被视为具有理想色彩的直接民主,可以成为符合现实条件的理性选择。其次,代议民主制的出现,促使人们关注国家与社会之间的结构性联系,选民参与和政党竞争被视为民主过程的主要特征。但将代议民主界定为国家与社会之间的衔接机制,容易忽视社会成员之间政治互动的民主意义。民主的最初内涵就包括公民之间"相互作用的直接性"①。选民的政治参与只是政府合法获得公共权力的起点,公民之间的协商同样可以营造民主政治的社会环境,提升自我治理的能力。

其次是人民主权说。从西方政治思想史中可以发现,广土众民通常被视为专制国家出现的有利条件,不利于实施共和政体。孟德斯鸠(Baron de Montesquieu)就认为:"国家越大,偶然事件便越多。"②只有强有力的专制君主才能当机立断,维护统治秩序。与国家规模说形成对照,有学者深入考察了代议政制的社会心理基础,认为代议民主形成的关键原因不是共同体规模的扩张,而是人民主权思想的传播。民主政治之所以能在民族国家的土壤中生根发芽,不是因为社会环境阻力小,而是因为政治观念的更新。代议民主的发展,是主权来源于人民思想从观念升华为制度的过程。西方近代君主曾经声称权力来自人民,以此反对教会统治,捍卫世俗王权的自主性。在商品经济和市民社会发展的背景下,资产阶级、无产阶级也先后依据主权学说,要求分享政治权力、维护公民权益。作为否定性的观念,人民主权学说对于批判专制统治,发挥了革命意义的作用。作为肯定性的力量,人民主权思想需要落实为日常的制度安排,依据政治权力建构公共秩序。虽然有些思想家竭力反对代议制,宣扬主权不可代表,但在民族国家的空间条件下,代议制最终成为人民主权的实践形式。代议民主在政治过程中实现了主权与治权的分离,"名义上的权力归属同实际行使权力便不能由同一只手

---

① [美]乔·萨托利:《民主新论》,冯克利等译,东方出版社,1998年,第126页。
② [法]孟德斯鸠:《论法的精神》(上册),张雁深译,商务印书馆,1961年,第126页。

来完成"。① 从选举中产生代表,并由选民对代表实行任期控制。选举和代表成为人民主权转化为政府治权的联结机制。熊彼特(Joseph Alois Schumpeter)把代议民主理解为"人民批准的治理",②形象地指出了人民主权和政府治权之间的区别与联系。如果说国家规模的视角,指出了大国民主和小国民主存在质的差异,人民主权视角下的代议政治则认可了大众与精英之间的分工。选民拥有参与政治的权利,并不等于他们具备统治国家的能力,政治代表是弥合其中差距的中介载体。代议民主肯定了权力来源于人民的原则,但就权力的具体实施过程而言,代表而非选民直接行使决策权。选民向精英赋权,代表向大众负责,这构成了代议民主的完整链条。从中可以发现,代议制具有技术和价值的双重属性。代议民主作为直接民主的替代性转换,是实现大型共同体自我治理的"技术性发明"。③ 国家治理通过公开的选举实现了统治权的和平转移,规范了公共利益的政策导向。但现代语境下的代议制不只是建构正当性权力的程序技术,还是肯定平等价值的"民主的技术"。④

除了从空间规模、社会心理的维度,探讨代议民主的形成机制外,财政社会学方面的研究还从国家与社会关系的视角,将代议民主的发展视为国家对社会依赖性增长的副产品,延续了"政治代表制的税收起源"。⑤ 西方现代国家的建构伴随着商品经济的发展,私人部门日益成为财政收入的主要来源。为了有效地提取税收,"国家不得不与私人部门讨价还价,并在政治上对社会做出让步"。⑥ 资源提取的制度化推动了政治代表的民主化,纳税人在国家与社会的连续性协商中,成长为具有选举权的公民。上述这些研究视角总体上具有结构-功能主义的倾向,将代议民主或者视为空间规模、社会心理变迁的结果,或者视为国家与社会关系自我平衡的表现。在宏观结构的视野中,代议民主显示了共同体规模扩张后,如何在制度创新中实现

---

① ④ [美]乔·萨托利:《民主新论》,冯克利等译,东方出版社,1998年,第33页。

② [美]约瑟夫·熊彼特:《资本主义、社会主义和民主》,吴良健译,商务印书馆,1999年,第364页。

③ 应奇主编:《代表理论与代议民主》,吉林出版集团有限责任公司,2008年,第29页。

⑤ [法]皮埃尔·罗桑瓦龙:《公民的加冕礼》,上海世纪出版集团,2005年,第32页。

⑥ 马骏:《治国与理财》,生活·读书·新知三联书店,2011年,第6页。

功能调适,通过社会赋权伸张政治平等的价值。代议民主的实质是政治包容性的生长,具体表现为选举权的扩大和政治回应性的增强。如果在宏观结构分析的基础上进一步深化,代议民主的发展还可以视为突破各种政治排斥的行动过程。任何长期存在的排斥性制度,除了依赖强制力量的支持外,还拥有与之配合并发挥合法化作用的政治观念。代议民主的发展即是否定排斥性代表观念和制度的过程,最终在社会抗争的推动下,实现普遍的"民主公民身份(democratic citizenship)"[1]。

二、政治代表的逻辑:委任与信托

代议民主包含代表制和民主制两种成分的复合,二者都曾以不同的历史形态存在。西方国家代议民主的理念基础可以追溯至中世纪,它"由一些具有不同来源的思想因素经过生长、转换、蜕变、更新以及相互融汇的复杂过程而形成"[2]。与流行的看法不同,在起源上"政治代表根本就不是一种民主现象"[3]。中世纪晚期出现的是具有等级身份意义的代表制,国王召集教士、贵族等特权成员组成议事机构,通过协商的方式解决司法、税收等问题。民族国家兴起后,代表和民主的观念趋于融合。代表由选举产生并对选民负责,被视为政治统治获得社会同意的表现。代表制具有了平等的精神,民主制具备了代议的形式。随着商业、城市的发展,尤其是阶级结构的变化,资产阶级、工人阶级等新兴力量开始要求选举代表进入议会,寻求平等的代表权。正是在选举权不断扩大直至实现普遍选举的基础上,代议制民主政体得以确立。代议民主的发展即是代表政治逐渐被赋予民主精神的过程。不同于历史上的王朝国家,现代国家是国民共同所有的政治共同体。现代国家确认了人民主权思想,但由于国家规模的扩张,社会成员需要借助代议政治的渠道选举代表,由其组成具有国民代表性的议事机构。议会在理想

---

① 郭忠华、刘训练编:《公民身份与社会阶级》,江苏人民出版社,2007 年,第 11 页。

② 丛日云、郑红:《论代议制民主思想的起源》,《世界历史》,2005 年第 2 期。

③ Andrew Rehfeld, Towards a General Theory of Political Representation, *The Journal of Politics*, Vol. 68, No. 1, 2006.

的意义上应该成为"国民的缩图"。① 通过将国民的各种诉求整合到集体决议中,公共权力发挥维护全体国民权益的作用。由于权力来源和权力行使的区分,如何保障代表在公益方向运用权力,是民主政治面临的直接问题。

现代国家围绕代表权限产生了各种争论,其中的焦点在于代表的自主性及其限度。有关代表的角色功能,即代表与被代表的关系,产生了委任式代表和信托式代表两种观点。委任式代表观主张,代表是选民的代理人,须按照选民的意志行事,并及时向选民报告。代表依照选区的指令进行决策以增进选区利益。而信托式代表观主张,代表产生后即为国民代表,可以根据对形势的判断自行决策。代表的行为方式不是选区导向而是国家导向,他根据自己的道德意识和理性判断自主地决策。美国学者皮特金(Hanna Fenichel Pitkin)将委任式代表观和信托式代表观,分别提炼为"遵命"和"独立"两种不同的政治主张。根据遵命式代表的主张,代表需要尽可能地与被代表者保持稳定的一致性,压缩代表的自由裁量权。在面对复杂的社会形势时,必须在征询选民意见的基础上再行决策。代表需要奉行选民的指示,而非按照自认为对选民最为有利的方式独立行动。基于服从的逻辑,代表实际上成为选民利益表达的工具。而根据独立式代表的主张,代表的职责是根据选民信息和国家利益的判断采取行动。社会环境中的复杂形势超出了普通选民的理解能力,它要求代表根据自身的经验和预见做出决策,并对选民的整体和长远利益负责。当选民利益表达悬殊而无法达成妥协时,代表的决断功能就会显得尤其重要。代表并非简单地呈现选民的利益诉求,而必须整合诸多利益表达。独立式代表观重视政治过程的时间维度,认为"代表者不受选民各种一时兴起的临时念头或愿望的约束,但必须服从选民的长远的和慎重的愿望"②。上述二元分类,有助于从观念上把握政治代表的行动逻辑。就现实情境而言,委任式代表和信托式代表"不可能穷尽代表

---

① [日]森口繁治:《选举制度论》,刘光华译,中国政法大学出版社,2005年,第17页。
② [美]汉娜·费尼切尔·皮特金:《代表的概念》,唐海华译,吉林世纪出版集团,2014年,第181页。

样式的所有类型"①。作为制度环境中的行动者,代表的决策行为受到多重
因素的影响。就此可以区分出介于委任式代表和信托式代表之间的第三种
类型,即代表既不是被委任者也不是受信托者,而是深受行动情境的影响。
代表的行为嵌入角色网络中,时而倒向选区利益,时而偏向国家利益。具体
情形视选区政党竞争、交叉压力的强度等环境因素而定。

　　围绕代表观念的不同认识,不只是显示思想领域的冲突。在西方现代
国家发展的背景下,代表权限的论争还反映了制度建构的方向。以美国为
例,一方面由于奠基时期人民主权观念的传播,防范代表僭越职权成为优先
关切的内容。汉密尔顿(Alexander Hamilton)认为,人民代表不能以自己的
意志取代选民意志,"人民与其代表相较,以人民的意志为准"。② 代表行为
不可超越人民意志的范围。但另一方面,美国的建国者深受共和主义思想
的影响,清醒地认识到普通大众在共和国中可能犯下的各种错误。当社会
大众的流行看法违背自身利益时,代表又该如何决策呢? 最终的底线只能
是宪法框架,"代表不论其所代表的是虚假的或真正的民意,均无权采取违
宪的行动"。③ 代表或选民均不得超越宪法权威,宪法本身是最具理性基础
的制度约束。这种围绕代表权限的政治认识,反映了对权力最终来源和权
力实际行使等问题充满张力的理解。在政治上确立统治权来源于人民同意
的观念,即是肯定了权力正当性不能违背人民的意志。而在动态的政治实
践中,权力有效性又需要代表排除意见干扰,在宪法规范的框架内,做出合
乎社会发展趋势的判断。

　　代表作为描述公民与国家之间关系的重要概念,其具体内涵深受现代
国家政治实践的影响。法国大革命的激进民主试验,促使观察者认识到大
众理性能力的限度。在权力制度化和公民教育没有充分发达以前,缺少经
验的社会大众直接卷入政治有可能导致破坏性的后果。政治统治和社会服
从既是维护公共秩序的前提,也是保护大众自身利益的需要。英国思想家

---

① Heinz Eulau,John Wahlke,William Buchanan,and Leroy Ferguson,The Role of Representative,*The American Political Science Review*,Vol.53,No.3,1959.
② [美]汉密尔顿、杰伊、麦迪逊:《联邦党人文集》,程逢如等译,商务印书馆,1980年,第393页。
③ 同上,第394页。

柏克(Edmund Burke)由此开始从利益的角度阐发政治代表的内涵,论述代表在国家与社会关系中的作用。柏克认为:"代表概念指的是一种为了全国的利益而通过德性和智慧所进行的贵族统治"①。代表的责任是关照民众利益,而非吸收社会表达。准确地识别和增进国民利益,以审慎的讨论作为前提,这需要代表具有宽广的胸襟和缜密的理性,大众的介入反而会影响政治代表的有效性。首先,从代表产生方式的角度,代表由选举产生,并不意味着选民与代表之间存在委任-代理关系。在政治程序的意义上,"选举绝不是委任权限的行为,只是指定谁为议员的行为"②。其次,从代表功能的角度,选举产生的代表是国民代表而非选区代表。代表组成的议会维护国民的整体利益,它在宪法规定的范围内开展议事活动。议会不是代表之间进行特殊利益交易的场所,而是相互协商增进国家利益的公共机构。最后,从代表过程的角度,代表需要倾听民意,但他们并非民意的追随者,而是"民众的指引者"。③ 代表的作用就在于准确把握社会发展方向,通过凝聚民意达成共识,做出恰当的政治规划。

柏克的论述带有显而易见的贵族风格,他实际上将代表与被代表者之间的关系视为精英与大众的关系。只有借助政治精英的德性和理性,才能保护国家利益。柏克认为:"代表对民众意愿的服从毫无关系,代表是指通过一个选出来的精英去做对国家有益的事。"④代表的功能不是指向局部民众的特殊意愿,而是基于精英判断基础上的国家利益。在赋予代表维护国家利益的角色后,免受民众约束的自主行动就成为代表过程的应有之义。在社会结构相对稳定、社会成员相对同质的情形下,由有限选举产生的代表可以在形式上维护全体国民的利益。而在利益异质性增强、阶级冲突加剧的条件下,利益代表将面临实践上的困境。

---

① [美]汉娜·费尼切尔·皮特金:《代表的概念》,唐海华译,吉林世纪出版集团,2014 年,第211 页。

② [日]美浓部达吉:《议会制度论》,邹敬芳译,中国政法大学出版社,2005 年,第71 页。

③ [英]埃德蒙·柏克:《自由与传统》,蒋庆译,商务印书馆,2001 年,第165 页。

④ [美]汉娜·费尼切尔·皮特金:《代表的概念》,唐海华译,吉林世纪出版集团,2014 年,第209 页。

三、基于社会成员能力的排斥:选择性代表

代议民主的发展,直观地表现为政治参与范围的扩展,选举权成为公民合法行使的基本政治权利。由于事关公共福祉,各国均会从选民资格的角度规定,哪些人可以行使选举权,哪些人不能行使选举权。对选举权的限制可以区分为"自然的排斥"和"法律上的社会排斥"。① 前者是为保障公民权利的有序、有效行使而采取的规范性要求,比如行为能力、年龄、国籍等;后者则是统治阶层为维护既得利益而采取的排斥性限制,比如财产、纳税、教育等。在西方国家的民主发展中,先后出现的排斥性限制包括:基于社会身份的等级限制,基于纳税状况的财产限制,基于教育水平的能力限制,基于男女差异的性别限制等。马克思(Karl Marx)曾经指出:"只有这样超越特殊要素,国家才使自身成为普遍性。"②只有在等级、财产、性别等特殊主义的资格限制悉数解除的前提下,才能在普遍选举的基础上体现国家的公共性,维护社会成员的正当权益。

在现代国家的建构中,长期存在着政治思想与制度实践之间的张力。一方面,具有普遍主义特征的自然法思想流行于社会之中,否定身份等级的合理性;另一方面,各种特殊形式的资格限制又大行其道,排斥社会大众参与政治的权利。从人与制度关系的角度,可以区分出两种形式的政治排斥。一种是,根据普通成员的社会经济状况,认为他们在财产占有、政治经验等方面的能力不足,限制大众参与政治。具体表现为设定财产资格等方面的门槛,在选择性地赋予部分人选举权的同时,排斥大众参与政治。另一种是,根据政治制度的能力,认为由小部分人选举产生的代议机构,是国家整体利益的代表。即使普通成员没有参与选举,他们的利益在实质上也不会遭受忽视。基于社会成员能力标准的排斥具有明显的保守色彩,它认为社会大众不具备参与政治的素质,其权益无须代表。而基于政治制度能力标

---

① [法]皮埃尔·罗桑瓦龙:《公民的加冕礼》,吕一民译,上海世纪出版集团,2005年,第80~81页。

② 《马克思恩格斯文集》(第1卷),人民出版社,2009年,第30页。

准的排斥,则认为代议政治能够自动地维护公共利益,社会大众没有参与政治生活的必要,因为其权益已经代表。以上两种看似方向相反的排斥机制,共同强化了政治过程的封闭特征。现代国家的民主发展即是消除各种观念和制度方面的限制,实现普遍平等的公民权。

在西方民主发展史上,政治排斥长期表现为财产资格限制,它将没有财产或纳税的阶层排除在选民群体之外。贡斯当(Benjamin Constant)就曾经认为:"只有财产能使人民具备行使政治权利的能力。"①借助国家机器的强制作用,将财产权的排他性转化为公民权的排斥性。选举权排斥还衍生出与之配合的意识形态,从德性、能力和后果的角度将财产资格限制合理化。在那些主张财产资格限制的人看来,无财产者受困于生计问题,尚处于动物层次的自然状态,没有真正进入政治生活。选举是不同于私人事务的政治活动,公共精神是行使政治权利的基本前提。无财产者受到生存条件的制约,私人利益将主导其政治动机,从而妨碍公民权的有效行使。更为重要的是,政治统治涉及社会资源的提取和分配,一旦人数上具有优势的无财产阶层获得选举权,他们就会通过合法的方式转移有产阶层的财富,从而威胁财产权的稳定。以财产占有作为获得公民权的限制性规范被称作"有产公民模式"②,它延续了中世纪以来就存在的代表制精神,将公民与国家之间的关系解释为私人化的交易属性。依照"有产公民模式",国家的财政收入需要财产所有者的支持,公民的财产也需要国家权力的保护,国家与公民之间存在资源提取和社会同意的契约关系。同意征税在制度实践上表现为有产阶级选举代表组成议事机构,监督权力对资源的配置和使用。财产资格的支持者实际上认为,国家不是公民之间的政治联盟,而是"一个合资公司,在这个公司中,每一位合伙人均按投资比例获取相应的利益"③。就像公司股东拥有公司股份那样,拥有财产的公民也在国家的总体利益中拥有对应的份额。拥有财产意味着所有者和共同体之间存在相互依赖关系,这促使他们在关

---

① [法]邦雅曼·贡斯当:《古代人的自由与现代人的自由》,阎克文等译,商务印书馆,1999年,第105页。

② [法]皮埃尔·罗桑瓦龙:《公民的加冕礼》,吕一民译,上海世纪出版集团,2005年,第31页。

③ [美]茱迪·史珂拉:《美国公民权》,刘满贵译,上海世纪出版集团,2006年,第34页。

心个人利益的同时关注公共利益。而没有财产不仅意味着缺乏可靠的个人财富,而且预示着他在共同体中处于游离状态,没有激励关注公共利益。

将特定群体排除在公共生活之外,是西方政治史上长期存在的社会现象。与古代雅典城邦民主制完全从身份上排除公民权相比,财产资格的排斥性有所缓和,经济状况的民事特征成为能否获得公民权的判断标准。不同于出生等先天因素,财产的社会流动性预示了选举权扩张的政治空间。马克思曾经认为:"财产资格限制是承认私有财产的最后一个政治形式。"① 人类社会的重要特征就是,资源的分布容易呈现累积性的不平等,那些握有经济资源的集团往往同时控制权力、声望、知识等社会资源。而现代国家的民主政治,试图将社会资源的优劣同公民权利的差异区分开,将民族、宗教、阶级等社会特征"和公共政治隔离"。② 由于先天条件和后天环境的不同,人们的地位、能力会出现分化的情形,这是人类社会的自然规律。如果根据社会资源的多寡决定政治权利的有无,那么政治制度只会延续社会领域中的不平等,通过看似合法的方式将其固化。既然财产资格是人为设定的限制,通过人为的努力废除这种限制,就会成为政治行动的指向。托克维尔(Alexis de Tocqueville)曾经指出:"当一个国家开始规定选举资格的时候,就可以预见总有一天要全部取消已做的规定,只是到来的时间有早有晚而已。"③现代国家的民主发展,即是趋近于依据普遍的公民身份而非社会资源占有状况,赋予政治权利的过程。

四、基于政治制度能力的排斥:实质性代表

与选择性代表基于个人能力的标准排斥选举权形成对照,实质性代表从制度能力的角度论证政治排斥的合理性。根据实质性代表的逻辑,代表由拥有选举权的公民选举产生,其他社会成员即使没有参与投票,仍然能够获得适当的利益代表。选举结果由参与投票的选民控制,并不意味着选举

---

① 《马克思恩格斯文集》(第1卷),人民出版社,2009年,第29页。
② [美]查尔斯·蒂利:《民主》,魏洪钟译,上海世纪出版集团,2009年,第21页。
③ [法]托克维尔:《论美国的民主》(上卷),陈玮译,商务印书馆,1988年,第63页。

程序直接限定代表的范围和内容。其中的原因在于,拥有选举权的群体和没有选举权的群体虽然在权利行使上存在差异,但他们的利益偏好和社会观念具有共通性。当代表在主观意图上维护拥有选举权的公民利益时,没有选举权的群体也会在客观后果上获得代表。此种"搭便车"效应实质上发挥了利益代表的作用。代议民主理论通常指出,选举程序是产生代表的正当方式,它在赋予政治权力的同时,规范了代表的行为方式。实质性代表观则表明,选举程序只是建构代表性的方式之一,政治制度的自我运行同样可以产生符合社会要求的整体代表性。由部分公民选举产生的代议机构具备有效的"协商功能"(deliberative function),[1]可以普遍地代表国民利益。根据实质性代表的逻辑,选举权排斥可以和政治代表彼此相容。那些没有选举权的群体,可以获得事实上的"政策代表"(policy representation)。[2] 代表的标准不在于是否通过投票表达了个人意志,而在于政治系统的利益输出是否满足了社会需求。

实质性代表在观念上可以区分为两种情形。其一,代表被视为选区代表。现代国家中的代议政治建立在选区划分的基础上,由选举产生的代表所组成的代议机构制定的法律或政策,普遍适用于全国范围。那些在本选区未获得代表的社会成员,其利益诉求可能和其他选区产生的代表具有一致性。当这些代表影响决策过程时,实际上维护了选区外社会成员的利益。由特定选区产生的代表,在客观后果上促进了社会整体利益。单个选区看似存在代表不足的问题,但这些选区的加总合成,发挥了"制度性代表"(institutional representation)的功能。[3] 其二,代表被视为国民代表。代表由选区产生,但他们并不只对投票支持其当选的选民负责,还要对国家整体利益负责。由代表共同组成的代议机构是国民利益的代表机关。个别代表可能存在倾向性决策,但在成员众多的代议机构中,"某方向上的极端不当代表会

① Heinz Eulau, John Wahlke, William Buchanan, and Leroy Ferguson, The Role of Representative, *The American Political Science Review*, Vol. 53, No. 3, 1959.

② Robert Weissberg, Collective vs. Dyadic Representation in Congress, *The American Political Science Review*, Vol. 83, No. 4, 1978.

③ John Jackson and David King, Public Goods Private Interests and Representation, *The American Political Science Review*, Vol. 83, No. 4, 1989.

被相反方向同等程度的不当代表所抵消"①。代议机构保障了代表的政治地位,赋予他们在制度范围内作为自主决策者的角色。不同于单个选区内选民与代表之间的对应关系,代议机构作为团体发挥了"集体代表"的作用。根据实质性代表的逻辑,选举只是产生代表的方式,实际代表性的来源主要不是选举控制,而是代议制度的运行过程及其能力。

针对实质性代表的观点,批评者从代表资格的角度指出,由排斥性选举产生的代表,虽然在客观后果上能够维护社会成员的利益,但这并非真正的代表。合意的代表必须来自相关的社会群体,表达他们的意志,增进他们的权益。现代国家中的政治代表并不能简单地等同于利益照顾,它意味着普通社会成员的公民身份获得承认,并通过选举等授予方式将权力委托给代表。公民授权是产生合法代表的基本程序,"受到人民委托,才有资格代表人民表决"②。在人类发展史上,任何统治类型都会在一定程度上保护社会成员的利益。政治系统的运作需要以稳定的税收作为前提,当统治集团的资源提取量在社会总产出中维持相应的比例时,统治者同社会成员之间就存在共损共荣的利益关系。为了以抽税的方式实现长期稳定的收益,统治者主观上的自利行为将在客观后果上表现为不同形式的社会保护。③ 在传统的政治观念中,国家为最高统治者所有,政治权力掌握在垄断性的精英集团手中。而在现代政治的语境下,国家"是生活在一部普通法之下并由同一个立法机构代表的人们的联合体"④。建立政治联合体的目的是维护社会成员的共同利益,拥有平等的政治代表权是公民获得国家保护的现实要求,也是国家公共性的制度体现。

在现代西方国家中,针对代议制度的评价可以区分出正当性和有效性两个标准。前者突出普遍选举的赋权功能,而后者强调政策输出的制度效能。实质性代表观以政治能力而非选举程序为中心,论述代表机制的包容

① Robert Weissberg, Collective vs. Dyadic Representation in Congress, *The American Political Science Review*, Vol. 83, No. 4, 1978.
② [法]西耶斯:《论特权 第三等级是什么?》,张芝联等译,商务印书馆,1990年,第53页。
③ Martin McGuire and Mancur Olson, The Economics of Autocracy and Majority Rules: The Invisible Hand and the Use of Force, *Journal of Economics Literature*, Vol. 34, No. 1, 1996.
④ [法]西耶斯:《论特权 第三等级是什么?》,张芝联等译,商务印书馆,1990年,第23页。

性。政治过程中似乎存在"看不见的手",既能整合个人和公共利益,也能平衡参与者和被排斥者的利益。实质性代表观试图分离普遍选举和政治代表的关联性,认为政治参与的程度不足以作为判断代表性的标准。代议机构的制度功能、代表的自主决策,比选民的意志表达发挥更为重要的作用。代议政治的关键不是选举形式,而是制度能力。根据此种功能主义解释,选举权排斥就不再等同于政治代表排斥。实质性代表观从政策后果而非公民权利界定代表性,在逻辑上将政治排斥合理化了。首先,实质性代表观从利益政治的角度界定政治代表的内涵。政治代表"就是进行托管,由精英来照顾其他人"。[①] 精英对大众的关照可以看作政治开明的表现,但利益照顾无法成为代表性的衡量标准。现代国家中公民权利的本质在于主动地参与政治生活,而不是被动地接受来自精英集团的利益保护。其次,是否获得政治代表,不能单纯地从旁观者的角度加以判断,社会成员的自我感知不容忽视。人们如何理解和表达自身的诉求,是代议民主的运行基础。公民能够行使政治权利,切实地感受政治参与的过程,这本身就是获得社会尊严并被公共生活接纳的表现。政治参与提供了无法替代的"心理收益"。[②] 如果人们宽泛地理解公民利益的具体所指,它既包括"福祉"也包括"态度"。[③] 在低收入水平条件下,大众的优先目标是衣食住行方面的经济条件,利益导向的实质代表存在相应的社会基础。而在经济发展促成收入水平提高后,公众将会重视政治参与的价值。选举参与不只是产生代表,同时也是见证政策主张提出、辩论、整合的过程,发挥着政治动员和公民教育的作用。

五、超越政治排斥:代议民主化

代议民主化的基本特征是包容性的拓展,公民普遍成长为权利的主体,

---

① [美]汉娜·费尼切尔·皮特金:《代表的概念》,唐海华译,吉林世纪出版集团,2014 年,第211 页。

② Robert Weissberg, Collective vs. Dyadic Representation in Congress, *The American Political Science Review*, Vol. 83, No. 4, 1978.

③ [美]汉娜·费尼切尔·皮特金:《代表的概念》,唐海华译,吉林世纪出版集团,2014 年,第191 页。

选举权成为个人免受政治排斥的标志。普洛特克(David Plotke)对此指出:
"代表的反面是排斥。"①所谓超越政治排斥,即是寻求政治接纳、获得政治代
表。从代表与被代表关系的角度,政治代表性包含主观和客观两种要素,它
们分别表现为心理认同和实际功能。代表的本质是社会认同,选举并非建
构代表性的唯一渠道。通过任命、抽签等方式产生的代表只要获得社会信
任,同样可以合法而有效地行使代表权。政治代表的重要维度是存在与行
动。② 存在的维度是正当性的维度,即代表需要具备民众认同的资格,可以
充任代表的角色。行动的维度是有效性的维度,即代表需要采取实际行动,
创造符合社会诉求的效能。只要公众依据相应的规则认同某些人在承担具
体的功能,政治代表就客观存在。就此而言,代表政治与民主政治并无必然
的关联。在西方现代国家的建构中,由于人民主权思想的兴起、政治平等意
识的觉醒,代表的正当性开始建立在权利话语的基础上。人们不再单纯地
从利益政治的角度思考政治代表的后果,而是将公民权利作为政治代表的
前提。政治代表的对象不是利益,而是具有各种具体利益诉求的社会成员,
"政治权利的基础由经济实力转向个人地位"。③ 政治代表的正当性已经无
法同选举程序相分离,代表过程也愈来愈紧密地和政治责任联系在一起。
选举既是公开表达选民偏好、赋权于代表的过程,也是构建代表责任的监控
机制。在选举政治的制度环境中,政治代表的实质是对选民负责的"民主代
表"(democratic representation)。④

代议民主同其他形式政体相比,突出的特征是运行过程有赖于选民的
周期性参与。公民行使选举权不仅是建构政治代表性的必要环节,而且是
公民自身免受政治排斥、获得政治承认的表现。从遭受排斥到获得代表,
"选票一直是社会正式成员的一纸证书,其主要价值在于它能将最低限度的

---

① David Plotke, Representation Is Democracy, *Constellations*, Vol. 4, No. 1, 1997.

② Andrew Rehfeld, Towards a General Theory of Political Representation, *The Journal of Politics*, Vol. 68, No. 1, 2006.

③ 郭忠华、刘训练编:《公民身份与社会阶级》,江苏人民出版社,2007 年,第 12 页。

④ Jane Mansbridge, Rethinking Representation, *The American Political Science Review*, Vol. 97, No. 4, 2003.

社会尊严赋予人们"①。政治排斥通常并不会直接引发社会抗争,它只是肯定了特权结构存在的事实。只有社会成员在主观上实现了"认知解放"(cognitive liberation)②,认识到政治排斥的不合理性,争取选举权的行动才会发生。现代国家中最初只有少数成员拥有选举权,排斥性的措施维护了既有的统治秩序,也导致特权精英与普罗大众之间的差异显著化,"投票权的不平等成为'看得见'的不平等"。③ 感知到的不平等直观地呈现了政治排斥的存在,并使其成为社会抗争的明确对象。西方国家争取民主权利的意识觉醒长期滞后于政治排斥,随着无产阶级及其他边缘群体平等观念的萌发、组织力量的壮大,他们开始采取争取选举权的集体行动,实现"代表向社会下层的民主化的扩张"。④ 普选权的确立推动代议政治转型为代议民主政治。

就政治发展的动力而言,西方国家普遍选举的实现通常是社会抗争和政治妥协共同作用的结果。从统治集团决策的角度,由政治排斥转向支持普选存在两种可能:军事政治冲突中寻求无产阶级的支持,错误地认为无产阶级具有保守性质。⑤ 选举权扩大通常不是由统治者的道德觉醒所促成,而是因为民主化本身具有稳固统治基础的可能。当权力集团面对军事挑战、财政困局等内外压力而又难以应对时,为了缓解政权危机,赋予公民选举权就有可能发挥重构统治正当性的作用。普选权由此成为决策集团应对政治危机、扩展统治基础的副产品。从社会力量抗争的角度,民主化始于新兴阶层依据权利观念否定政治排斥的合理性,将代表权议题升级为寻求政治承认的集体行动。根据罗桑瓦龙(Pierre Rosan Vallon)的总结,现代国家中的代议政治民主化,可以区分为渐进式英国道路和激进式法国道路。在英国

---

① [美]茱迪·史珂拉:《美国公民权》,刘满贵译,上海世纪出版集团,2005年,第3页。
② Doug McAdam, *Political Process and the Development of Black Insurgency 1930 – 1970*, Chicago: University Of Chicago Press, 1999.
③ 严海兵:《选举与国家认同——西欧民族国家建构的历史经验》,《学海》,2012年第4期。
④ [法]汉娜·费尼切尔·皮特金:《代表的概念》,唐海华译,吉林世纪出版集团,2014年,第54页。
⑤ 参见[德]马克斯·韦伯:《经济与社会》(第一卷),王迪译,上海人民出版社,2010年,第415页。

改良色彩的道路中,社会抗争促成了政治让步。通过逐渐降低财产资格,有产公民的规模越来越大。国家将选举权赋予公民获得了建设性的成果,它以制度化的方式吸纳抗议性的利益诉求,在总体上保持政治稳定的前提下推进了代议民主的发展。与此形成对照,法国的普选史则充满了政治动荡。由于强大王权的传统,社会与国家之间的妥协难以达成。普遍选举的诉求"要么被完全地实现,要么被全面地否定"。① 排斥公民代表权所导致的结果是,法国在剧烈的革命冲突之后,从形式上确立男性普选权。

在西方国家争取普遍选举的历程中,先是资产阶级打破身份限制,同封建贵族分享选举权,继而无产阶级打破阶级和财产限制,拥有选举权,最后,女性公民打破性别限制享有同男性公民平等的选举权。在少数国家,还存在打破种族限制,实现种族平等的问题。西方发达国家建立普遍制度的历程,呈现社会推动、逐次跟进的特征。首先,社会力量是选举制度变迁的重要动力。商品经济的发展改变了传统的社会结构,资产阶级的力量不断壮大,而工业化生产又催生出数量庞大的工人阶级,他们都试图借助选举渠道谋求政治权利、改善自身的福利状况。其次,选举制度在波浪式前进中不断完善。在资产阶级打破身份限制拥有选举权后,他们又对政治参与呼声高涨的工人阶级的选举权进行各种限制,比如财产限制、教育程度限制等。工人阶级最终通过社会运动、罢工等政治斗争方式取得平等选举权。此外,西方国家的选举制度最初从议会选举开始,所以它同议会制度的发展之间相互渗透。在政党作为动员政治参与、竞取国家权力的组织出现后,选举制度的变迁同政党组织的发展之间又相互影响。政党通过壮大选民队伍扩展自己的社会基础,而选民则通过政党组织实现利益整合。

六、结　语

代议民主是西方现代性发展的成果,它重构了民主、代表、选举这些富有古典或传统色彩的历史元素,体现为国家范围内的制度创新。代表制在

---

① ［法］皮埃尔·罗桑瓦龙:《公民的加冕礼》,吕一民译,上海世纪出版集团,2005 年,第71 页。

起源上具有特权属性,它将社会大众排斥在政治过程之外,和民主政治并无关联。在国家渗透社会与社会认同国家的双向运动中,代表制和民主制实现了融合。代表制开始展现平等的精神,民主制逐渐具备代议的形式。代议民主以选举的方式产生代表并由其行使管理权,伸张了自我统治的理念。随着统治基础的日益巩固,现代国家成长为公共利益的代表机构,社会成员转变为政治权利的主体。代议民主从程序上将社会同意转化为国家权力的正当性支持,并将国家权力转化为促进社会公益的责任性承诺。政治参与不仅是建构政治代表性的必要环节,而且是公民获得制度接纳的重要标志。代议民主的初衷是超越政治排斥,以代议的方式实行民主。如果公民只能以民主选举的方式向代表赋权,而不能通过选举之外的主动方式影响政治过程,这将是代议民主的异化。代议民主通常被视为国家规模约束下的现实选择,但它与公民自治的理想之间仍然存在距离。当代协商民主理论对此进行了反思,开始倡导大众参与和政治协商的积极意义,为民主政治的发展注入了活力。

当代中西政治视野中的多元与一体 *

常士闇

（天津师范大学政治文化与政治文明建设研究院）

[内容摘要] 多元文化主义产生以来对不少多民族国家产生了重要影响，其中也对中国学界产生了一定的影响。多元文化主义的强调族群权利，族群和国家的分野以及族群在诸多政治领域的自决权，但从中国的实践看，如果简单运用这种理论来解释中国的政治整合和民族区域自治制度势必带来诸多的社会与政治问题。在坚持文化自信、道路自信和理论自信的背景下，对中国民族政治的选择不仅需要从中国本身的文化和机制特点进行研究，也需要对中国学界产生过影响的一些西方思想观点，尤其是西方的多元文化主义理论进行反思，指出其内在逻辑，点明其与中国多民族国家建设存在的差距。本文从中华民族共同体这一基本视角出发，对西方多元文化主义难以套用中国做出一个解释。

[关键词] 多元文化　加拿大　中国　和而不同

第二次世界大战后，随着西方国家的战后重建和经济复苏，大量非西方国家人口进入发达国家，使本来多民族国家的状况更加多元化。伴随多民

＊ 本课题为 2018 年国家社会科学重点项目《多民族发展中国家政治整合经验教训及其对我启示研究》（18AZZ001）成果之一。

族、种族、多宗教、多文化状况的发展,自由主义内部开始出现新的调整,多元文化主义理论在西方国家发展起来,产生了一大批具有重要影响的学者,①产生了不同派别的多元文化主义思想。与此同时,在苏联、东欧和非西方国家也在经历着巨大变革。其中,伴随市场化和全球化而带来的民族问题日益凸显,民族主义和族群民族主义也应运而生。在此背景下的以族群权利为核心内容的多元文化主义也在这些国家有了生根和传播的基础。一些学者以多元文化主义为模式,试图在这些国家的"民主化"进程中,推广自由主义的群体权利。② 比如,金里卡(Will Kymlicka)就力求按照多元文化主义的理论模式解释东欧、亚洲和非洲国家的多民族国家状况。他与澳大利亚华裔学者何包钢共同主编,由十多个相关国家的学者共同撰写的《亚洲的多元文化主义》一书就尝试用多元文化主义理论方式来评价印度尼西亚、新加坡、缅甸、马来西亚,印度、老挝、斯里兰卡等10多个亚洲国家与地区的多民族状况。赫夫内尔(Robert W. Hefner)在《多元文化主义政治:多元主义与马来西亚、新加坡和印度尼西亚的公民身份》③一书中同样运用多元文化主义理论分析了马来西亚、新加坡和印度尼西亚。日本学者高桥一生于2005年主编了《东亚的多元主义和社会:一致与冲突》④一书,主要从现代化的角度分析了新加坡、缅甸、马来西亚、印度尼西亚等国家的多元政治发展状况,其中尤其从民族主义和价值选择角度对这些国家的民族状况提出了新的制

---

① 如查尔斯·泰勒、迈克尔·沃尔泽、威尔·金里卡、耶尔·塔米尔、马丽恩·杨、詹姆斯·塔利、比丘·帕瑞克、内森格莱泽、钱德兰·库卡塔斯等,见常士间:《异中求和:当代西方多元文化主义政治思想研究》,人民出版社,2009 年。

② [爱尔兰]玛丽亚·巴格拉米安:《多元论:差异性哲学和政治学》,张峰译,重庆出版集团,2010 年,第 266 页。

③ RobertW. Hefner, ed., *The Politics of Multiculturalism : Pluralism and Citizenship in Malaysia , Singapore ,and Indonesia* ,University of Hawai'I Press ,2001.

④ Kazuo Takahashi , *Pluralism and Society in East Asia* ,World affairs Press ,2005.

度设计①。

多元文化主义在国际学界大行其道的同时,在中国学界也展开了对多元文化主义的讨论。众所周知,20 世纪随着中国的现代化建设的发展和西部开发战略的实施,国内民族问题的重点发生了新变化。如果说新中国成立初期的民族工作重点在于消灭民族压迫和不平等。随着各个民族地位的提升和各个民族经济和社会的发展,各个民族地区有了巨大发展和变革;改革开放后,随着现代化深入到民族地区,带来了民族群体的巨大变化,也带来了不同民族群体发展上的巨大反差,由此极大地刺激了族群身份的对比。对外开放带来的国际上民族主义和族群民族主义向国内和民族地区的渗透也极大地刺激了国内民族群体意识的增长。在此背景下,如何对待族际关系以及族群与国家的关系也就成为 21 世纪以来相关学科关注学界讨论的重要问题。比较有代表性的观点主要集中在两个方面,一是从国家或中华民族视角,提出政治整合论、族际政治文明论②。在这些讨论中,一方面承认了各个民族有自己的文化特点和目前中国面临的民族问题;另一方面,指出了中国的民族问题的解决以及民族利益格局的调整必须是在中国这样一个大前提下进行解决和调整。不同于上述观点的是,也有的学者将多元文化主义,主要是"民族群体权利"作为认识和分析中国民族问题的理论依据。如有学者提出:"族际政治研究把民族作为各种利益载体和单位,承认群体的

---

① 可以说,多年来采用多元文化主义的理论和观点,认识和评价多民族国家的作品屡见不鲜,如霍洛威茨(Horowitz, D.)的《冲突中的族群》(*Ethnic Groups in Conflict*, University of California Press, 2000.),赖利(Reilly, Ben)的《民主和多样性:亚洲太平洋地区的政治工程》(*Democracy and Diversity: Political Engineering in the Asia – Pacific*, 2006.),罗纳德(Andrew Reynolds)的《民主结构:宪政设计,冲突管理和民主》(*The Architecture of Democracy: Constitutional Design, Conflict Management, and Democracy*, Oxford University Press, 2002),利普哈特(Lijphart, Arent)的《多元社会中的民主》(*Democracy in Plural Societies: A Comparative Exploration*, Yale University Press, 1977)都大量涉及多元族群社会的"群体权利"与民主问题。可以说以多元文化主义的视角和概念认识多民族国家问题目前成为国外研究民主的一个重要视角。同时,进入 21 世纪以来,随着欧洲国家恐怖主义事件的增多,逆向全球化和民族主义在欧洲的发展,多元文化主义在欧洲又受到了批判和质疑,它从反面衬托出了多元文化主义在实践运用中呈现出的问题和局限。

② 周平教授认为,族际政治的关键并不是简单的族际政治化,而是族际政治整合。即承认族际政治的存在,但关键要从中华民族这样一个大前提下进行整合;常士訚教授认为,族际政治从来是在一定的国家中的族际政治,族际政治的关键是不同民族之间形成一种和谐关系,并通过和谐关系促进民族之间的相互镶嵌关系。

存在,承认群体的差异,承认个人对群体的认同和归依心理所蕴含的巨大的社会能量,探讨群体沟通和群体权利的保障,把保障民族政治权利提高到与尊重公民政治权利和党派政治权利同等的地位,归于个人政治权利、党派政治权利和民族政治权利同样的尊重和关注。"①甚至也有一些学者提出:民族区域自治"是一种不完整的权利保障概念""少数民族的政治权利不能只限于自治权,还应包括共治权",并提出要实现"对少数民族政治权利的进一步扩展和提升"。②

两种理论的争论实质上都涉及一个问题,即在认识和解决中国的民族问题上,是从中国实际和战略大局出发还是以西方多元文化主义理论为依据? 要回答这样一个问题,既需要对西方多元文化主义的基本要点和逻辑展开反思,也要对中华民族多元一体格局和中国处理民族问题的一般政治逻辑展开深入分析,并且也只有通过二者的比较,才能对如何认识西方的多元文化及为什么坚持对中国民族区域自治制度保持自信有一个明确的认识。

一、一多关系格局各有重心

自国家产生以来,一体和多元之间就紧密地联系在一起,并成为政治学家讨论的问题。尤其近代以来,随着社会分工和一体化的发展,多元与一体不仅构成了现代社会的一个重要的内容,而且也深入社会学、政治学,并在多元文化主义理论中得到了集中体现。在这一理论中,自由主义是核心和基础,不过,不同于古典自由主义的是,在强调个人权利的同时,群体的权利,特别是少数人群体的权利构成了各个人权利一个重要的组成部分。并通过对平等和差异的讨论逐渐显现并演绎出来,这在美国自由主义思想家罗尔斯的《政治自由主义》中已经酝酿。在论证正义理论时,罗尔斯提出了公民的平等原则和差别原则的理论,这两个原则相辅相成,公民平等原则构

① 王建娥、陈建樾:《族际政治与现代民族国家》,社会科学文献出版社,2004年,第8页。
② 王建娥:《族际政治民主化,多民族国家建设和谐社会的重要课题》,《民族研究》,2006年第5期。

成差别原则的基础①,借此实现以自由为本,"多元共存"的构想。如果说,在罗尔斯等人的思想中,"差异"并没有上升为少数人的"群体权利"。多元文化主义则向前进了一步,在此进行了大量的工作。泰勒基于身份问题提出了"承认的政治"理论。在他看来,基于人的文化"本真性",人的身份和认同有其文化根源,提出要承认"个人或群体独特的认同"。然而,现代社会发展的一个重要特点就是,"这种独特性被一种占统治地位或多数人的认同所忽视、掩盖和同化,而这种同化是扼杀本真性理想的罪魁祸首"②。基于此,泰勒提出:"必须承认不同文化具有平等的价值。我们不仅应当允许它们继续存在,而且要承认它们的价值。"尤其在一个多民族社会中,如果"某个群体不能得到其他群体对其平等价值的承认",将导致"可能的分裂"。③在这样一个思想脉络基础上,多元文化主义代表人物金里卡指出:晚近的"政治哲学"没有关注少数群体的文化权利,"像罗尔斯和德沃金这样的哲学家们完全忽视了它。对于第一次世界大战后的政治理论家来说,少数群体权利是一个重要的哲学问题,而且在许多国家中依然是一个迫切的政治问题"④。现在要做的工作就是为"少数群体的权利进行辩护"⑤。在他看来,"多元文化国家中的一种全面的正义理论,既包含赋予每个个体而不考虑其群体成员身份的普遍性权利,又包含特定的群体上有差别的权利或少数族群文化的'特殊地位'"⑥。在这种认识的基础上,他做出了一个计划,即在东欧、亚洲和非洲的新民主化国家进一步推进"少数派权利的自由理论"。在他看来,在这些国家中,由于民族主义者、宗教极端主义和军事独裁者执掌政权,自由主义要在这些国家生根,就要推进"少数派的权利理论"以满足这些国

---

① 参见[美]罗尔斯:《政治自由主义》,万俊人译,译林出版社,2000年,第242~243页。

②③ [加拿大]查尔斯·泰勒:《承认的政治》,童之林等译,见汪晖:《文化与公共性》,生活·读书·新知三联书店,1998年,第301页。

④ [加拿大]威尔·金里卡:《自由主义、社群与文化》,应奇等译,上海世纪出版集团,2005年,第3页。

⑤ 同上,第4页。

⑥ [加拿大]威尔·金里卡:《多元文化公民权:一种有关少数族群权利的自由主义理论》,杨立峰译,上海世纪出版集团,2009年,第7页。

家少数族群的"需求和渴望"。① 从上述思想的基本逻辑看,在西方的多元文化主义中,自由是主线和根本,多元是自由主义的延伸和补充。对此,也有西方学者指出:"多元文化主义"不过是"自由-民主政治在文化上的一种包容形式,它寻求的是统一而非分裂"。② 也就是说,多元文化主义只有嫁接在自由主义制度基础上才有价值。

多元文化主义的逻辑在一些发展中国家,如印度、印度尼西亚得到了承认。印度开国总理尼赫鲁在面对国内存在的多元文化上提出了"多样性中的统一(Unity among Diversity)"③的理念;在印尼,从苏加诺、苏哈托到苏西洛时期的官方的思想中,多元文化主义不仅见于官方"多样性中的统一(Unity in Diversity)"话语中,也存在于某些规范的实施上。④ 然而,这些国家在处理一体与文化多样性的关系上摇摆不定。一方面印度自诩自己是"当今世界上最早走上多元文化道路的国家"⑤;另一方面,"社会结构中——尤其在农村——权力关系越是民主化,政治金字塔顶端的决策就越个人化和集中化"⑥。在印尼,"在多元文化社会的顶端,政府把保持政治统治置于到优先地位上。而且为了保持这种政治统治权,国家一直都在创建一个统一的政体"⑦。这些国家,多元与一体都保持强势地位,"控制与反制"构成了这些国家的突出特点。

与西方多元文化主义理论和发展逻辑不同的是,中国的一元与多元关系无论在历史上,还是在现实中都体现为:一元和多元既存在着矛盾,又互

---

① [爱尔兰]玛丽亚·巴格拉米安:《多元论:差异性哲学和政治学》,张峰译,重庆出版集团,2010年,第266页。

② [澳]罗·霍尔顿:《全球化与民族国家》,倪峰译,世界知识出版社,2006年,第156页。

③ 参见杜赞奇:《从民族国家拯救历史——民族主义话语与中国现代史研究》,王宪明译,社会科学文献出版社,2003年,第204页。

④ See Norman Vasu, Yolanda Chin and Kam - yee Law, *Nations, National Narratives and Communities in the Asia - pacific*, Routledge, 2014, p. 190.

⑤ 王建娥:《包容与凝聚:多民族国家和谐稳固的制度机制》,中国社会科学出版社,2018年,第96页。

⑥ [美]乔尔·S.米格代尔等:《国家权力与社会势力:第三世界的统治与变革》,郭为佳等译,江苏人民出版社,2017年,第103页。

⑦ Norman Vasu, Yllanda Chinaand Kam - yee Law, *Nations, National Narratives and Communities in the Asia - pacific*, Routledge, 2014, p. 190.

相嵌入,在这种辩证统一关系中,一元是主线和方向,同时又包容和承认多元。

众所周知,中华民族共同体是由56个民族组成的,但这个共同体绝非民族群体简单相加而成的"部落联盟",而是在保持各个民族文化特色,基于长期的历史文化纽带和共同利益而形成的一个有机共同体。从族体(ethnic - national community)角度看,中华民族话语中的"民族"与西方话语中的民族存在很大的差别。在西方话语中,最初的拉丁文"民族 natio"意指真实或虚构的同一血缘或种族的社会集团。① 到了中世纪后期,随着民族国家进程的发展,那些有着不同血缘和文化背景的居民群体被整合进王朝国家的版图,这些居民被称为"民族"。真正的民族是在近代资产阶级反对封建专制王权中产生的。在这样一个时期,"民族"超越了古代狭隘的血缘或出生观念,而和"人民"或公民结合到一起,国家不是某个王或某个家族的,这有些类似于中国的"天下非一人之天下,天下为天下人之天下"。与之不同的是,中国古代是一个"族类"观念极其发达的国家,有所谓的"家族""宗族""王族""公族""世族""族属""同族""异族"之说,"族"字可以说冠之以不同的群体或类别上。这里的"族"字与英语的"族(民族,nation)"没有对应之处。不过,该字与人群结合在一起使用时,确实带有"同宗共族"血缘关系意蕴。在解释"族"字所具有的血缘含义时,人们较多采用的是春秋时期的"非我族类,其心必异"之说。民族学家郝时远研究员指出:这种观念已经逐渐从"宗族观念"放大到了"周边民族的范围"。"这种放大一方面意味着'中国'内部认同的整合程度(包括兼并)在加强,另一方面则反映了周边蛮夷戎狄已经成为逐鹿中原、挑战王权的新势力。前者进一步增强着'吾族'的认同,后者则强化着'非我族类'的观念,因为这些外族除了血缘关系及其所带包的政治观念不同于周外,还表现在体现'民族'特征的其他相异的要素方面"②。

---

① 拉丁文 Nation、nationis 在演变为现代意义之前,意为种类、种族、人群。人们也用 genus(生),由此有 indigene(土生)一词。西塞罗使用 genus romanum 来指罗马民族。(参见[法]吉尔·德拉诺瓦:《民族与民族主义》,郑文彬等译,生活·读书·新知三联书店,2005年,第4页。)

② 郝时远:《类族辨物:"民族"与"族群"概念之中西对话》,中国社会科学出版社,2013年,第13页。

至于"民族"一词不曾出现在古代文献中,真正出现已经进入晚近时代。

费孝通先生在对中华民族多元一体格局的历史分析中,通过大量事实说明,"中华民族作为一个自觉的民族实体,是近百年来中国和西方列强对抗中出现的,但作为一个自在的民族实体则是在几千年的历史过程所形成的"[1]。"中华民族的'一体',是指各兄弟民族的'多元'中包含着不可分割的整体性,而不是其中某个民族同化其他民族,更不是汉化,或者马上实行'民族融合'。"[2]至于"多元",则是指:"各兄弟民族各有其起源、形成、发展的历史,文化、社会也各具特点而区别于其他民族"[3]。显然,中华民族是一个由56个民族组成的共同体。"虽然这个民族实体和构成其中的56个民族都称为'民族',但在层次上是不同的。而且在现在所承认的50多个民族中,很多本身还各自包含更低一层次的'民族集团'。所以可以说,在中华民族的统一体之中存在着多层次的多元格局。"[4]

从国体上说,且不论国体和政体之间的复杂关系及其争论,"任何民族都是以一定的政治结构组成的"。在中国,历史上的中华民族在长期的历史实践中形成了自己的政治结构,并通过"大一统"结构的连接作用而形成了"统一的多民族国家"。人们视这样一个国家是建立在"一盘散沙"的社会基础上的。但总体上,统一的时间要长于分裂的时间。进入民国时代,中国正经历着政权剧烈变革和新的国家重组。但在这样一个权威衰落的时代,各个民族依然紧密地结合在一起,没有一个民族脱离于中华民族这样一个政治共同体。新中国的建立使中华民族的发展获得了巨大的政治保证。今天的中华人民共和国,如宪法中明确指出的,"是全国人民共同缔造的统一的多民族国家"。因此,中华人民共和国是中华民族多元一体格局的集中体现。中华民族多元与一体的关系如费孝通先生用英文表达的是"一体中的多元(Diversity in Unity)"[5]。多元与一体之间相互嵌入,辩证统一。2014年,在中央民族工作会议上,习近平同志明确指出:中华民族多元一体格局,

---

① 费孝通主编:《中华民族多元一体格局》,中央民族大学出版社,1999年,第3页。

②③ 同上,第309页。

④ 同上,第36页。

⑤ 参见费孝通主编:《中华民族多元一体格局》,中央民族出版社,1999年。

一体包含多元,多元组成一体,一体离不开多元,多元也离不开一体,一体是主线和方向,多元是要素和动力,两者辩证统一;中华民族包括各民族是一个大家庭,中华民族与各民族的关系是一个大家庭和家庭成员的关系,各民族的关系,是一个大家庭里不同成员的关系。[1] 习近平同志的这一认识是对中华民族多元一体关系的概括,鲜明地表现了中国政治格局中一多关系的独特之处。

二、族际政治取向各有所依

当代西方多元文化主义理论的核心内容是族群政治化。这种认识是西方国家族群政治发展的必然结果。尤其战后,随着各国移民群体规模和数量的不断扩大,逆向殖民化带来的外来移民与本土民族群体的矛盾冲突,极大地凸显了族群政治在国家政治生活中的地位。面对如此复杂的矛盾冲突,承认和保护民族群体,通过法律和制度的保障维护"民族群体的权利",族群政治化在多元文化主义理论中得到了集中体现。

问题是如何理解族群"政治化"呢?国内有学者指出,族群"政治化"的本质就是:"'民族'为单位重建世界各地的政治实体。"进而言之,"每个'民族'都有权利建立属于自己的独立国家的意识形态,也就是'民族自决'原则"[2]。这种"民族政治化"的概念来源于西方民族国家建构的经验,其本质是将族群变成一种"实体",使其拥有"权利",尤其是"民族自决权",因而所谓的"化"不过是在宪法和法律上开辟一个权利与义务的空间,使其固化,既保障自主的最大化,同时也防止来自国家或其他优势力量的民族群体的侵犯。而"去政治化"就是将族群问题限制在文化领域,不将其"实体化",主要将民族问题限制在"文化领域"或"私人领域"。并通过这样一个"去"的进程,使民族群体从对本族群的认同中解放出来,转移到对国家认同上来。

"族群政治化"在多元文化主义的理论中得到了进一步发展,并集中体

---

① 中国民族报:《全面系统地学习习近平民族工作思想》,2016 – 07 – 17,http://news. cnr. cn/native/gd/20160717/t20160717_522703900. shtml。

② 马戎:《族群、民族与国家构建:当代中国民族问题》,社会科学文献出版社,2012 年,第 11 页。

现为"两种群体权利":即"内部限制"和"外部保护"的理论。前者涉及"保护群体免遭来自内部持异议者动摇的响应(例如,个别成员决定不遵守传统的做法和习惯),而第二种倾向于保护群体免遭来自外部压力的冲击(例如,更大社会的经济或政治决定)。"①按照这样一种设计,"内部限制"性权利容易带来处在一定民族群体中的成员即使有国家公民身份,一旦其认同与"集体"的认同或利益发生冲突时,集体将其视为"持异议者"而对其限制,迫使其放弃对国家的认同。因而所谓的内部限制就是"集体"以权对作为国家的"公民"采取"限制"措施,由此保证群体的认同和团结;"外部的保护"性权利在于与"他者(包括国家)"分开,从而达到保护自身的目的。集体的两种"权利"鲜明体现出通过单元性的"化"里和"化"外,为单元提供一定的自主权力,以防止单元与单元之间的相互侵犯。这样单元与单元之间的"化"界在实际中极易形成一种以邻为壑的局面。尽管多民族国家民族群体之间在社会一体化和市场化的影响下走向交流与合作,但相互之间的竞争、矛盾和冲突成为一种常态。甚至在一定的条件下,这种常态性的矛盾演变为一种族群之间的战争。

显然,族际政治化的核心就是族群享有"实实在在权力"的政治实体或单位。金里卡指出:"只有当一个少数群体的语言、教育、政府就业和移民等方面有实实在在的权力的时候,它才有可能保持其社会性文化。如果少数民族在上述任何一个方面处于劣势,他们维持其社会性文化的希望就会遇到严重的危险。但是只有当在共同的决策中有一定的发言权时,他们才能行使这些权利。也就是说,必须有某种能确确实实为其所控制的政治实体或单位。"②同时还有另一个方面就是"分享权力"。即"所有重要团体的代表参与到政治决策中去,尤其在行政权力层面上更是如此"③。

---

①　[爱尔兰]马丽娅·巴格莱米安等:《多元论:差异性哲学和政治学》,张峰译,重庆出版社,2010年,第252页。

②　[加拿大]威尔·金里卡:《少数人的权利:民族主义、多元文化主义与公民》,邓红风译,上海世纪出版集团,2005年,第165页。

③　Arend Lijphart, *The Wave of Power – Sharing Democracy*, from Andrew Reynolds, ed., *The Architecture of Democracy*: *Constitutional Design*, *Conflict Management*, *and Democracy*, Oxford Univerity Press 2002. p. 39.

　　但是需要看到的是,通过这种"实实在在"的权利和"分享权力"的民族"政治化"能否促进公民对国家认同,增进政治凝聚力呢? 人们有不同的评价。有学者在评价加拿大的多元文化主义时指出:"加拿大的多元文化主义很好地展现了民族、种族、文化集团的多样性",实现了"民族、种族、文化集团多样性和国家一体性的完美结合"。① 基于此,"多元文化主义具有超越时空的价值蕴含,它的价值影响所及,将惠于现时人类的一切民族、种族、文化集团,荫其子孙"②。对于一些人担心多元文化主义会分裂国家,金里卡认为,目前鲜有这样的事实。③ 也有学者认为,赋予"民族群体集体权利"意味着民族群体凭借内限制和外保护权,获得更大的群体自足性和自主性。在发达国家,这种自足性受到了个人权利为本的自由主义宪法和法律秩序和自由主义民主的影响。即使族际发生冲突,可以通过法治和民主得到解决。但这样一种构想在内部为教派充斥、族际关系紧张的发展中国家,效果令人担忧。如在一些宗教教义具有权威影响的国家,妇女受到歧视,要求妇女为男性统治的规范而付出高昂的代价——寡妇自焚殉夫、不自主的婚姻、杀害女婴,以及女性阉割和为家庭荣誉而死。在这些国家,神权政治和家长制的统治文化都披上群体权利的外衣。对内,加强对群体内成员严格,甚至是严酷的控制,以此保证群体的团结,但它消解了法律的普遍性,强化了群体认同优于国家认同。显然,在一个社会和政治一体化脆弱的国家,多元文化主义更容易使国家建立在沙滩上。今天的中东地区正是这种所谓的"群体权利"的典型。在那里,以家族为中心的同心圆逻辑,即"'家族—部族—部落联盟—国家'的方向依次外扩,越往外忠诚越差,感情越淡漠"④。在这种国家中,家族或部落的竞争助长了对抗逻辑的发展:"对话是争论的开始,而争论又是内战或分裂的开始。"⑤实实在在的"族群权利"并没有带来"包容",

---

　　① 陈云生:《宪法人类学——基于民族、种族、文化集团的理论建构及实证分析》,北京大学出版社,2005 年,第 542 页。

　　② 同上,第 549 页。

　　③ 参见[加拿大]威尔·金里卡:《少数人的权利:民族主义、多元文化主义和公民》,邓红风译,上海世纪出版集团,2005 年,第 116 页。

　　④ 马晓霖主编:《阿拉伯巨变》,新华出版社,2012 年,第 445 页。

　　⑤ 同上,第 449 页。

而是群体竞争和对抗的借口。

多元文化主义的"族群政治化"本质上不过是西方长期存在的重"分"传统的沿用。这种文化滥觞于古希腊时代,[①]到了近代,自由主义思想家通过"权利"普遍化,使生活在民族国家中的所有成员在拥有自由的"边界",享有权利的同时,又通过"契约"被组织到以资本为基础的国家中。在殖民地,西方的这种重"分"传统发展成为殖民当局"分而治之"政策产生的来源。通过"分"使殖民地内部的不同族群以邻为壑,而殖民统治者可以各个击破,从殖民地人民身上榨取更多的血汗。然而,二战以后,随着殖民地的独立和主权国家的发展,逆向殖民得到发展,原来的殖民地人获得了移民西方国家的便利条件,他们与移入国家的"自由秩序"发生了"文明的冲突"。为了缓和移民群体、少数人群体与西方本土民族的冲突,同时也为了有效地吸纳移民人口参与到移民国家的社会与经济建设中去,一些国家通过多元文化主义法律承认了族群文化的权利和政治权利。20 世纪 80 年代,加拿大制定了多元文化主义法,其中明确规定了多元文化是加拿大公民权的主要特征,加拿大各民族、种族、文化集团等群体在政治、经济、社会等方面享有平等权利。也即这些不同的民族、种族和文化集团在法律上享有"集体权利"。[②] 通过这种集体权利,一方面,鼓励不同民族、种族和文化集团参与到加拿大的社会和经济建设中去;另一方面,又是将这种多元文化群体置于宪法和法律范围内,依法治国,依法治族。这种法治设置增进了少数人群体和移民对国家的认同,对 70 年代的西方经济和社会发展起到了积极作用,其所获得的成果也对西方其他国家具有示范作用。一代又一代移民的涌入进一步扩大了种族和文化集团的规模,现实中的种种问题促进了这些群体"集体权利"要求的发展。而一些欧洲国家,如英国、荷兰、瑞典、德国通过多元文化主义宽容形式,使移民和外来的文化群体尽快融入社会中去,实现一体化。但随着不同

---

① 亚里士多德在讲到城邦的财产制度时指出:"财产可以在某一方面[在应用时]归公,一般而论则应属私有。划清了各人所有利益的范围,人们相互间争吵的根源就会消除。"见[古希腊]亚里士多德:《政治学》,吴寿彭译,商务印书馆,1981 年,第 54 页。
② 转引自陈云生:《宪法人类学——基于民族、种族、文化集团理论建构及实证分析》,北京大学出版社,2005 年,第 471~472 页。

民族和文化群体发展差异的固化,不同集体权利和认同需求与资源分配产生了矛盾。马克·凯塞尔曼指出,现实中,"种族、宗教和民族主义者的运动的需求可能更难通过精确的政治分配的形式来满足,因为团体的需求是超越仅仅获取经济利益的"①,它涉及精神的、文化的认同方面,这是一个没有边界、难以测量到的"需求",尤其是后者成为一种族群联合和行动的力量,直接指向现有的政治秩序和政治合法性。如果"政治分配"安全满足这些要求,则涉及宪法、法律的统一性受到影响;如果不能满足这种需要,不同族群就与国家之间形成将一种对立或对抗。进入 21 世纪以来,在法国、英国、荷兰发生的恐怖袭击事件昭示,通过多元文化主义的宽容性政策解决不同文化群体和种族的和谐共存,并非那样理想。

中国是多民族国家,各个民族在这一古老的土地上休养生息,命运与共。在长期的历史交往中,各个民族之间、各个民族与国家之间在经济上、文化上和政治上形成了相互嵌入的关系。正是在这种关系中,中央政府通过官僚和文化体系渗透到了民族地方,民族群体也借用制度体系的保障进入汉族地区,甚至参与到中央政府活动中。尤其新中国建立后,中华民族多元一体,生成为一种包含了各个民族成员在内的国族,它又在宪法上成为"国体";不同民族在交往中,既保留着自己的文化认同,又在相互交流和沟通中形成了对中华民族的认同。基于这样的基础,中国形成了独具特色的民族区域自治制度。在这种制度中,一方面,民族地区的自治权力和文化权力受到了宪法和法律的承认和保护;另一方面,各个民族区域自治地方的管理又处在中央政府的管辖之下。

中国自古就有中央集权的传统,这种传统主要通过两个不同层次的"中心"力量得到维系和巩固的:一个是政治权威在整个社会中的中心力量。在这种格局中,"权力的平衡向国家倾斜"②,官僚体系渗透社会,它与家国一体文化格局相接,使一盘散沙的小农经济得以聚合到一起;另一个是汉族的中

---

① [美]马克·凯塞尔曼:《转型中的欧洲政治》,史志钦译,人民出版社,2016 年,第 25 页。
② [美]福山:《没有放之世界皆正确的政治制度》,本文为作者在清华大学产业发展与环境治理中心十周年系列学术讲座——国家治理与公司治理上的发言。由伊文翻译整理,四月网,2015 – 04 – 23。

心力量。如费孝通先生指出的:"中华民族多元一体格局存在着一个凝聚的核心。"汉族构成了一个"凝聚的核心",成为多元一体的骨架。① 在长期的历史发展进程中,汉族进入少数民族聚居地区,蔓延于各个民族之中,而不同民族群体又向汉族居住的地区流动和交流,形成了点线结合、纵横交错的"网络",由此多元的民族有了向心发展的趋势。在古代社会中,这样两个力量,前者构成了国家的权力核心,后者作为社会基础,两者存在着矛盾,但彼此又相互嵌入,难解难分。

新中国建立了具有自己特色的民族区域自治制度。在这个制度中,虽然各个民族区域有了宪法和法律规定的自治权力,但中国共产党作为领导全国人民各项事业的核心力量,其影响并未止于汉族生活地区,而是逐渐深入到了各个民族地区和基层,在大山或有着浓厚的宗教氛围的民族村寨,都有党的支部和党员的身影。正是党的领导深入基层,发挥着重要的领导作用,有效地领导和组织了民族地区的事务,保证了国家的统一和民族的团结。在这种背景下,西方多元文化主义所主张的"族群政治权利"不可能得到独立发展,更不可能出现像某些发展中国家那样,产生一个反映和动员民族群体的民族党或民族主义政党。国外华裔学者何包钢指出:"中国特色的多元文化主义被严格限制在了文化生产、分配和符号形成等软领域。只要转向到了多元文化主义的政治制度方面,国家安全的考虑就会胜于对少数人权利的考虑。政党-国家允许文化自治,前提是不威胁到中国的统一。"② 尽管何包钢的观点带有西方多元文化的一些取向,但他的评价还是比较中肯的。

一个国家的族际政治在相当程度上与一个国家的经济基础有着密切关系。西方国家的族群政治化更多地与私有财产权的社会联系在一起。有西方学者在讲到"民族国家"的领土时指出:"领土的持有是一个财产权问题。国家,包括'民族国家',是土地财产的集体所有者。"③在西方,领土的维护和

---

① 参见费孝通主编:《中华民族多元一体格局》,中央民族大学出版社,1999年,第31~32页。

② Will Kymlicka &Baogang He, ed., *Multiculturalism in Asia*, Oxford University Press, 2005, p. 79.

③ [英]伊斯特凡·洪特:《贸易的猜忌:历史视角下的国际竞争与民族国家》,霍伟岸等译,译林出版社,2016年,第429页。

支持主要通过私有财产权的确立联系在一起。尤其近代以来,随着市场经济的发展,整个国家的经济制度按照产权归属、运用等组织起来。这种基于私有财产权的经济体系和社会组织构成了西方民族国家的基础。不仅如此,这样一种制度也随着西方的殖民扩张传播到了非西方国家。目前,世界上的不少发展中国家,如印度、南非等不少国家就是按照这一基本秩序组织起来的。由于私有财产权带有明确排斥性和严格的"边界"要求,由此也决定了拥有这一产权的个人、集团或群体在处理彼此的关系时,首先把保护自己的财产权作为首要前提,并在此基础上营造一种社会秩序,自然国家不过是这些私有财产的守护人。维护私有财产及其在此基础上形成的利益格局,也就成为国家的重要义务。

然而,这种状况与中国的根本制度是大相径庭的。中华人民共和国宪法规定了七大重要资源为国家所有。[①] 表明了国家对重大战略资源的所有权。尽管市场经济的发展,地方和个人获得一定的利益并得到了法律的保护和承认。但重大资源为国家所有可以有效地防止,各个地区和民族地方由于资源发展的不平衡而带来的社会内部的绝对分化和国家的分裂。此外,由于国家拥有了更多的支配和分配公共物品的条件,这为国家通过政治权力的运用,帮助和支持弱小民族的发展提供了强有力的支持,为各个民族共同团结奋斗、共同繁荣发展提供了坚强的物质保障,为国家的统一提供了有力的经济和社会保证。尽管改革开放和市场经济的发展,中国在发展国营经济的同时,也出现了其他带有私有财产的经济实体,但重要战略资源的国家所有依然是中国经济秩序的根本,是各个民族得以共存和发展的共同基础,也是组成"命运共同体"关键所在。理解中国的族际政治一定要把握这样一个根本。

如果说西方国家在解决族际关系的问题上侧重于族群利益和认同,中国则首先是从一种综合和全局的角度来认识。习近平同志在 2018 年 6 月

---

① 根据中华人民共和国宪法规定:矿藏、水流、森林、山岭、草原、荒地、滩涂等自然资源属国家所有;由法律规定属于集体所有的森林和山岭、草原、荒地、滩涂除外,城市的土地也是国家所有的。农村和城市郊区的土地,除由法律规定属于国家所有的以外属于集体所有,宅基地和自留地、自留山也属于集体所有。

23日中央外交工作会议上提出了三观,即历史观、大局观和角色观。"所谓正确历史观,就是不仅要看现在国际形势什么样,而且要端起历史望远镜回顾过去、总结历史规律,展望未来、把握历史前进大势。""所谓正确大局观,就是不仅要看到现象和细节怎么样,而且要把握本质和全局,抓住主要矛盾和矛盾的主要方面,避免在林林总总、纷纭多变的国际乱象中迷失方向、舍本逐末。""所谓正确角色观,就是不仅要冷静分析各种国际现象,而且要把自己摆进去,在我国同世界的关系中看问题,弄清楚在世界格局演变中我国的地位和作用,科学制定我国对外方针政策。"新时代,"是我国日益走近世界舞台中央、不断为人类做出更大贡献的时代"。这三观不仅与中华民族伟大复兴有着密切的联系,也影响到如何正确认识多元文化与基本价值之间的关系。

今天,世界上不少发展中国家内部的民族问题林林总总,族际矛盾和冲突不断。而霸权主义国家和国际势力为了巩固自己在全球中的核心地位,不惜利用发展中国家的民族矛盾,拉一边打一边,制造矛盾和摩擦从中渔利,致使这些国家的发展步履艰难,甚至陷入"失败国家"的境地。在实现中华民族伟大复兴的事业上,中国要认真吸取发展中国家的教训,在世界发展的大势中正确地定位自己。中国是社会主义国家,坚持民族平等原则,维护民族团结和国家统一是国家的重要前提,承认民族文化差异、维护民族群体的权利义不容辞。但民族文化差异的承认以及民族群体权利的维护,最终要放在有利于国家统一和民族团结这样一个大局中,而不是循着西方的逻辑舍大局顾小家。

三、实现凝聚取道有别

实现多民族、多种族和平和谐地共存之道是多元文化主义理论的一个重要目的,为实现这一目的,多元文化主义从交往理性出发,提出不同民族群体通过民主和制度的渠道,通过协商,达成共识,并在共识的基础上获得民族凝聚。而这些认识都和制度建构密切联系在一起。菲利克斯·格罗斯指出:"在多元文化主义政策体系之外,需要一套公正平等的政治制度,需要有与之相配套的政策体系。"①威尔·金里卡指出："只有当一个少数群体的语言、教育、政府就业和移民等方面有实实在在的权力的时候,它才有可能保持其社会性文化。如果少数民族在上述任何一个方面处于劣势,他们维持其社会性文化的希望就会遇到严重的危险。但是只有当在共同的决策中有一定的发言权时,他们才能行使这些权利。也就是说,必须有某种能确确实实为其所控制的政治实体或单位。"②

格罗斯的观点和金里卡的观点都表明了,在一个多族群的国家中,少数民族群体的权利和利益的实现只有通过直接影响和参与"权力实体"才能实现,中间不需要任何代表的环节。循此逻辑,自然在制度安排上,自治和共治自然构成了其中的两个环节。就前者而言,少数民族群体在自己的文化、经济和群体事务上享有自主决定的权力;就后者而言,少数民族群体和其他民族群体享有同等的代表权,参与议会或政府工作,通过协商对话,确立规则,公平地享有社会和财富资源。对此,有中国学者总结指出:"在民族平等社会公正的前提下,满足不同族裔集团多样性的群体诉求,在对传统民族理论、概念和政策实践进行批判性反思的基础上,寻求各个族体之间达成共识和共治的可行途径,让群体权利进入现代国家的政治决策过程,使它同个人权利一道成为现在国家政治理论的重要组成部分"③。通过这样一种自治和共治过程实现多元的凝聚,这种认识依稀体现了17世纪西方"社会契约论"基本逻辑,即个体在理性的昭示下,通过签订契约,在一个共同的规则下,组织政府,建立共同体。共同体中的每个个体由于这样一个"契约"行为而得到共同体的承认并受到同等的保护。

然而,这样一种机制如果要付诸实践需要一定的条件:①伦理自觉。即不同民族群体在其精英或政党的影响下既能顾及大局,又能以积极的态度参与国家事务,也就是以大局为重。②包容性制度。即建立对话和协商机

---

① [美]菲利克斯·格罗斯:《公民与国家——民族、部族与族属身份》,王建娥等译,新华出版社,2003年,第226~232页。

② [加拿大]威尔·金里卡:《少数人的权利:民族主义、多元文化主义与公民》,邓红风译,上海世纪出版集团,2005年,第165页。

③ 王建娥等:《族际政治与现代民族国家》,社会科学文献出版社,2004年,第11页。

制。③开放的社会。即社会成员流动,打破圈里和圈外,我者和他者之分,所有的成员都成为公民,享有平等权利。④良好的国内经济环境。即一定程度的物质保证,使不同民族群体能够和平共存。⑤相对安全的国际环境。在这样一个环境中,地区和国际环境使多民族国家能够自主地安排本国的民族事务。

但今天的多民族国家处在世界体系之中,受内部分工和社会分化的影响,各种利益偏好和身份认同影响着不同民族群体的伦理自觉。尤其是诸多的发展中国家,政治制度和利益分配等机制依然处在发展中,各种利益和要求复合一体,难以适应多元的利益和认同上的要求。西方多元文化主义提出的,通过族际政治民主化分享权力的"凝聚"之道,面临着诸多的问题和挑战。金里卡在《亚洲的多元文化主义》中指出:"在西方,采用多元文化和少数人权利政策主要出现在政治民主和市场经济巩固之后。这些国家采用'多元化'的政策时民主已经巩固,经济实现了繁荣。然而在亚洲,多元文化主义的诉求与民主化同时并举;而且后者驱动着前者。"①在这种背景下,"民主"化带来的往往是"家族"或"部落"之"主"的释放。对此,亨廷顿早在20世纪70年代就指出:"每个领袖、每个人、每个集团,都只在追求(或准备追求)个人短期的物质目标,而毫不考虑更广泛的公众利益"②。对于这些国家而言,"可以无自由而有秩序,但不能无秩序而有自由。必须先有权威,然后才能对它进行限制"③。亨廷顿说的这种状况虽然发生在20世纪六七十年代,经过半个世纪的发展,不少发展中国家已经发生了巨大变化,一些国家已经告别了建国初期的无序状态。经过半个多世纪,甚至更长的政治发展,不少国家已经建立了基本的政治秩序。国家也有了一定的经济支持并能够为社会提供一定的服务和公共产品。在此条件下,国家进一步推进了多元文化政策,发展了民族集体权利。在这里,多民族发展中国家并不是由于有了包容而走向凝聚,而是由于有了一定物质基础和基本的政治秩序后而走

---

① Will Kymlicka &Baogang He. ed.,*Multicultualism in Asia*,Oxford University,2005,p. 10.

② [美]塞缪尔·亨廷顿:《变革社会中的政治秩序》,李盛平等译,华夏出版社,1988年,第31页。

③ 同上,第8页。

向了"包容"。

不同于多元文化主义理论的地方是,中国实现多民族的向心凝聚有着自己的路径。

首先,中国政治制度的突出特点是中国共产党的领导。当代诸多的西方国家和一些非西方国家总体上采取的是多党政治。在这些国家中,政党更多以"部分利益"的代表或"游戏党"的特点而出现。而中国共产党是"整体利益党"①。在其身上有着强烈的"追求理想"的责任。这一政党从成立那一天起就肩负起了中华民族复兴的重要使命,并通过艰苦卓绝的斗争,在推翻帝国主义、封建主义和官僚资本主义后赢得了中华民族各族群众的认同;新中国建立后,中国共产党领导人民进行了社会主义建设和现代化建设,实现了中华民族从站起来到强起来的转变。没有中国共产党,就没有新中国,没有中华民族的伟大复兴。中华民族正是有了这样一个坚强的领导力量才由弱变强。中国也存在着八个不同的民主党派,但他们不是其他国家中的民族党;中国的民主党派也不是像西方或一些非西方国家的反对党那样存在,而是作为参政党,在共产党的领导下共同致力于中华民族的复兴。中国共产党与其他民主党派的关系既保证了国家的统一,也有效地将各个不同的民族和不同的群体紧紧地团结在了一起,因而使多民族国家的凝聚力生成建立在核心力量的保证上,而不是建立在各种竞争或自发力量而最终合成的"合力"上。

在将各个民族组织起来,共同团结奋斗、共同繁荣发展的征程中,民族与民族之间,不同民族与国家之间确实出现了不少新的变化和新的问题。在解决这些问题和矛盾方面,学界中有一些学者受西方多元文化主义思想启发,侧重于从"政体"上解决问题。如有学者提出:"把保障民族政治权利提高到与尊重公民政治权利和党派政治权利同等的地位,归于个人政治权利、党派政治权利和民族政治权利同样的尊重和关注。"②认为在全球化挑战面前,多民族国家"只能是在坚持多元文化主义的核心价值、尊重少数民族

① 张维为:《中国超越:一个"文明型国家"的光荣与梦想》,世纪出版集团,上海人民出版社,2014年,第115~116页。

② 王建娥、陈建樾:《族际政治与现代民族国家》,社会科学文献出版社,2004年,第8页。

政治权利、保护多元社会民族和文化多样性的前提下,创造出灵活多样的方法,发展和完善自治－共治机制。通过制度化沟通渠道和机制的建设,促进族际之间的良性沟通和互动,使各个民族在对国家政治权利的共享中,在对国家公共事务的平等参与和管理中,产生对国家高度的政治认同和主人翁意识,自觉地维护国家统一和社会的安宁"①。这些观点可能来源于西方和一些非西方国家的经验,但很难套用于中国。

处在改革开放中的中国当然要进行政治体制改革,但这种改革不是像苏联和东欧国家那样,走多元化道路,通过"颜色革命"或"新制度"选择来实现,而是要在坚持马克思主义的国体和政体辩证统一关系的理论基础上进行,其中民族区域自治制度的完善正是基于这一理论。从实践经验的角度看,20世纪90年代,苏联、南斯拉夫等多民族国家出现分裂,一个重要的方面就是否定了国体和政体上的巩固,追求"民主转型"或"民主巩固"。而中国在"黑云压城城欲摧"的国际环境中坚持了国体和政体上的稳定,并在此基础上处理国家和民族之间的关系,因而为巩固中华民族凝聚力提供保证。

值得注意的是,一些学者提出了"自治－共治"论。因为中华人民共和国是工人阶级(通过共产党)领导的,以工农联盟为基础的人民民主专政的国家,中国是统一的多民族国家。人民实现对国家公共事务管理的权威机关是人民代表大会。这样一个权威机构并不是简单的具有民族身份的代表相聚,而是由不同界别、不同群体的代表组成的。不可否认,界别中的代表都有自己的民族身份,但这种身份不是唯一的,也不是主要的。人大代表来源于社会各界各方,本身表明了国家政治事务上的"人民民主"不是"族群民主""民族共治"。

应该承认,目前民族地区的一些民族群体提出了自己的权利要求。但在中国这样一个多元一体格局中,民族与民族之间、民族与国家相互镶嵌的条件下,民族群体权利的内容、立法都不是孤立的,而是在国家的总体制度中加以调整的。而且从政治学的角度看,一定政治权利的设立,相应地要在政治制度或国家结构组织上都做出相应的调整。为建立"群体权利"而不

① 陈建樾等:《族际政治在多民族国家的理论与实践》,社会科学文献出版社,2010年,第216页。

顾及其他国家的整体性安排,不仅导致国家在立法和制度安排上出现矛盾,甚至将加剧民族群体的身份竞争。在诸多条件和因素尚不具备,甚至经验不足的条件下,采取"制度选择"的路径带有相当的风险,而目前中国提出国家治理体系和治理能力现代化的观念和路径选择更有实践价值:其一,治理的变革可以更好地保证中国政治制度的稳定和制度得到不断的完善;其二,通过治理体系和治理能力的提升,不断解决族际间存在的问题,具有较高的灵活性;其三,更加符合中国传统。中国自古以来就有强调"治理"的传统。政治学家徐大同教授指出:西方政治思想关注的是"政体"问题。中国古代的思想体系从一开始就与政治实际紧密联系,主要解决统治者"做什么"和"怎么做"的问题,是一种具有明显的务实性的思想体系。中国古代就把政治理解为对国家事务的管理,所谓"政者事也","治者理也"。① 无论历史和现实都决定了治理对保持政治稳定,适应外部变化的世界的重要地位。因而中国通过保持结构稳定,增进动态治理的思路更能促进中华民族凝聚力的巩固。

中国是社会主义国家,国家获得凝聚的基础和原则是坚持走"中国特色社会主义道路",并将维护"祖国统一"作为国家最高利益所在和各族人民的根本利益所在。各民族一律平等,是社会主义核心价值观的体现,也是立国的根本原则。国家凝聚离不开包容差异,但这种包容是在"社会主义核心价值原则""国家统一"基础上的包容。在这样的前提下,一方面,各个民族群体成员都是中华人民共和国的公民,享有宪法和法律赋予的各种政治、经济、文化等诸多方面的权利;另一方面,在民族地区实行民族区域自治制度,民族地区的民族群体行使当家做主的权力,管理本地区的共同事务。如果说,西方多元文化主义更多通过赋予民族群体的"权利"保护自己,并通过参与国家事务来保证自己的权利免受侵犯,中国则是通过实实在在的民族政策和制度,维护了国家的统一和民族的团结。不可否认,目前我国的民族区域自治制度存在着不完善之处,解决问题也只有通过不断推进国家治理体系现代化,提高国家治理能力才能实现,试图通过"强化集体权利"改变现有

---

① 徐大同:《中国传统政治文化讲录》,江苏人民出版社,2015 年,第 34 页。

的民族区域自治制度的做法,在中国是难以施行的。

四、总 结

在多民族国家发展的历史上,各国在实现民族共生共存又保持凝聚的问题上进行了艰难的探索,尤其现代以来,随着民族交往的普遍展开,各个国家都面临着多元文化的诸多问题。在此方面,加拿大最早开始了这一方面的理论和政策的探索,其中不乏真知灼见,对不少多民族国家的民族政治和民族政策产生了重要影响。不过,由于受历史和现实的限制,加拿大等西方国家学者提出的多元文化理论依然是在特定环境下的产物,他们在对亚洲和其他发展中国家的多民族状况分析时,依然没有离开西方的价值观。由此,他们对非西方国家的认识,甚至对非西方国家解决民族共生之道的探索和评价,都在不同程度上与非西方国家的现实存在着相当的距离,甚至对这些国家的国家建设百害而无一利。

事实上,进入 21 世纪以来,多元文化主义政策和理论也在发生着巨大的变化。原来支持和主张多元文化主义理论和政策的国家也在发生新的调整。在加拿大,进入 21 世纪以来,多元文化主义由自 20 世纪 70 年代强调族群的多样性,逐渐转变为"整合"的多元文化主义(Integrative Muticulutureal-ism)。① 在英国,70 年代开始推行多元文化主义政策,经过 40 余年的沧桑,英国步入"超级多样化"社会。2001 年,在英国内政大臣泰德·坎特(Tde Cantle)勋爵主持下,以政府的形式推出了《坎特报告》(*Cantle Report*),首次提出了"共同体凝聚(community cohension)"的概念②。在欧洲大陆,随着西班牙、法国、德国等诸多国家发生恐怖袭击案件,多元文化主义观念遭受到了欧洲国家一些政府官员和社会评论家的强烈批评。他们甚至宣称,多元文化主义作为政府的政策已经完全失败,社会融合正成为诸多国家政要和

---

① See Jean Lock Kunz and Stuart Skyes, *From Mosaic to Harmony: Multicultural Canada in the 21ˢᵗ Century*, PRI Project Cultural Diversity, 2008. p. 6.

② See Ted Cantel, *Community Cohension: A new Framework for Race and Diversity*, Palgrave Macmillan, 2008, p. 50.

社会所支持的目标。[①] 这些事实说明,多元文化主义在一定的时期具有一定的积极性,但本身存在的局限性也是不可忽视的。其所暴露出来的问题说明,今天国家依然是人类社会的主要形式,作为共同体的国家依然是民族共存的重要形式。

党的十九大以来,中华民族的伟大复兴进程提到了日程,在新的时代,一方面需要深入挖掘中华民族中优秀的文化资源,以增进我们的文化自信和制度自信;另一方面也需要站在国家和国际两个大局的角度,对已经深入中国,并对中国学界有过重要影响的外来文化,特别是西方的多元文化主义理论有一个反思性分析。

中国是多民族国家,56 个民族共同创造了中华人民共和国,无论是少数民族还是人口最多的汉族,在地位上都是平等的,各个民族在长期的共同团结奋斗、共同繁荣发展中形成并建立了自己的精神家园。站在中华民族共同体建设,中华民族伟大复兴的角度来认识多元文化,处理它与一元文化的关系是中华民族的传统。与西方多元文化主义,甚至某些发展中国家的状况不同,在中华民族共同体中确实存在着民族文化的多样性,但无论从历史上,还是在现实中,多元首先是一体中的多元,这种文化逻辑与印度等一些国家的多元中的一体逻辑是截然不同的。不可否认,多元文化主义理论中提到的诸如尊重差异、民族平等、族际对话等观点有其合理价值,但这些合理价值也只有和中华民族共同体建设、中华民族复兴的伟大事业结合在一起时才有借鉴意义。简单地用多元文化主义来解释和评价中国的民族区域自治制度和中华民族共同体建设都是不足取的。

---

① 参见汪波:《欧洲穆斯林问题研究》,时事出版社,2017 年,第 7 页。